中华民族史记

第四卷

华胡混血

徐杰舜◎主编

李安辉 王升云◎著

海峡出版发行集团

THE STRAITS PUBLISHING & DISTRIBUTING GROUP

福建教育出版社

图书在版编目（CIP）数据

华胡混血/李安辉，王升云著． －福州：福建教育出版社，
2014.8

（中华民族史记/徐杰舜主编；4）
ISBN 978-7-5334-6509-4

Ⅰ．①华…　Ⅱ．①李…　②王…　Ⅲ．①中华民族－民族
历史－三国时代～唐代－通俗读物　Ⅳ．①K28-49

中国版本图书馆 CIP 数据核字（2014）第 150575 号

《中华民族史记》总目

目 录

华胡混血

中华民族发展的新舞台

　　三国、两晋、南北朝，历时近四百年。除西晋统一外，大部分时间呈现汉族和各少数民族政权鼎立并存的局面，既是分裂混战的时期，也是各民族大规模迁徙和融合的时期，还是人才辈出、豪杰争强、各领风骚的英雄时代。这一时期的民族关系，是汉族作为主体民族与少数民族之间的互动，其中既有汉族的少数民族化，也有少数民族的汉化，更有汉族、少数民族之间的同化、组合与融合。所谓"五胡乱华"，实际上是进入中原腹地的匈奴、鲜卑、羯、氐、羌等少数民族与汉族融合以及被汉族吸纳的历史过程。此时，先秦以来出现的民族或族群，除汉族和部分少数民族外，绝大多数都在历史舞台上销声匿迹了，代之而起的是一批面目全新的民族和族群。

　　隋朝的统治时间虽然短暂，但是结束了西晋以来260余年的分裂割据局面，重新统一了中国。大一统的唐朝以其璀璨的辉煌与空前的繁荣开创了中国历史的新纪元，也架构了中华民族互动的新舞台。辽阔的疆域内，许多新的民族竞相亮相。北方的突厥、回纥，西南的吐蕃、蛮等民族先后建立政权，各民族接触、互动频繁，中原先进的政治、经济和文化的传播，推动了各少数民族的发展，也促进了民族大融合，民族关系比以往更加稳定和牢固。

　　唐宋之际的五代十国，汉族与吐蕃、回鹘、沙陀、契丹等民族又演绎了一幕幕人文荟萃、精彩生动的历史话剧。50多年的历史变迁，胡汉交融，大破大立，那些或高亢激昂、或哀婉悲壮的场面，令人感慨唏嘘、荡气回肠！

文姬归汉图（局部）
南宋佚名作。描绘蔡文姬与丈夫匈奴左贤王及孩子在一起的情景。美国波士顿艺术博物馆藏。

1. 赤壁之战 三国鼎立

大江东去，浪淘尽，千古风流人物。故垒西边，人道是，三国周郎赤壁。乱石穿空，惊涛拍岸，卷起千堆雪。江山如画，一时多少豪杰！

遥想公瑾当年，小乔初嫁了，雄姿英发。羽扇纶巾，谈笑间，樯橹灰飞烟灭。故国神游，多情应笑我，早生华发。人生如梦，一尊还酹(lèi)江月。

这首《念奴娇·赤壁怀古》是北宋著名文学家苏轼在游览赤壁古战场时，触景生情，感慨而作。

东汉末年，群雄并起，军阀割据，经过激烈的兼并战争，最终形成曹操、刘备、孙权三家比较大的势力，其中曹操占据以今河南许昌为中心的北方中原地区，刘备占据今四川一带，孙权则据有长江中下游以南今湘、赣、浙、闽等地区。

东汉献帝建安十三年(208)，孙权、刘备与曹操在赤壁（今湖北赤壁西北，一说在嘉鱼东北）进行了一场举世闻名的战争——赤壁之战。

这年的七月，曹操在基本统一了北方之后，集中兵马，号称百万，准备一统南北。曹操亲领十多万大军南征荆州（今湖北、湖南一带），企图一举消灭刘备。那时孙权也正想吞并荆州和益州（今成都），再向北发展，并且已统军攻克夏口（今武汉），打开了西入荆州的门户。而刘备在谋士诸葛亮的帮助下，也制定了先占荆、益，联合

"嘉禾六年"铜弩机

三国·吴。江苏镇江丹徒区出土，是迄今所知东吴唯一一件铭文兵器。嘉禾六年即公元237年。弩机在三国时代是一种先进的新式武器，赤壁古战场出土了多件。镇江博物馆藏。

绿釉陶水井

三国·蜀汉。陕西勉县出土。

孙权，进取中原的策略。

　　孙权、刘备都是曹操攻击的对象，他们都势单力薄，面临被歼灭的危险。形势危急，诸葛亮亲自赴吴地向孙权求救，但孙权见曹操势力大，心存疑惧，其部下也分成和与战两派，议论纷纷，莫衷一是。

　　诸葛亮经过纵横捭（bǎi）阖（hé）的外交活动，消除了孙权的顾虑。孙权的军师鲁肃、周瑜和诸葛亮一起分析形势：曹军号称百万，实际上不过十五六万人，他们长期征战，远道而来，早已疲惫不

说，并且不善于水战；攻占荆州虽然接收了七八万人，但这些人都心怀猜疑，并不是真心附曹；曹操兵马虽多，却不是不可战胜的，只要有五万精兵，足以克敌制胜。于是，孙权挑选三万精锐水兵，会同刘备人马，共约五万人，组成联军，由周瑜指挥，联合抗击曹操。

　　这时，曹操已乘胜夺取了江陵（今湖北江陵），他送信恐吓孙权，声称要决战吴地，并于当年冬天率兵顺长江水陆并进东下。孙刘联军则逆水而上迎击曹军，两军相遇于赤壁。

　　曹操的陆军面对大江失去了威势，新编的水军和荆州新附的水兵战斗力差，加上曹军水土不服，又逢疾疫流行，士气低落，初战就失败了。曹军只好退回长江北岸，与停留在长江南岸赤壁一侧的孙刘联军形成了隔江对峙之势。

　　由于北方籍兵士不习惯坐船，曹操下令将几艘或十几艘战船编为一组，用铁链、铁钉连锁在一起，上铺木板，以减少风浪造成的颠簸，人马在船上行动可如履平地。吴将黄盖见曹军船只首尾连接，建议用火攻之计，得到采纳。为了接近曹军战船，黄盖写了一封诈降书，

>>>阅读指南

　　燕京晓林、土等民：《三国赤壁之战新解》。中国广播电视出版社，2008年1月。

　　张振昌：《图说三国鼎立》。吉林人民出版社，2010年5月。

青瓷釉下彩盘口壶
三国·吴。江苏南京长岗村出土。它将制瓷工艺和绘画艺术有机地结合在一起，证实我国早在三国时期就已具备烧制釉下彩瓷的先进工艺。

派人送到曹营。

为了消除曹操的疑心，周瑜和黄盖联合演了一出"苦肉计"：一天，周瑜正与众将商议抗曹对策，黄盖故意打断周瑜的话，极力主张降曹，并当众顶撞周瑜，骂他不识时务。周瑜勃然大怒，下令将黄盖斩首。在众将苦苦求情后，周瑜才免黄盖一死，但命令重打一百军棍，打得黄盖鲜血淋漓。俗语"周瑜打黄盖，一个愿打，一个愿挨"说的就是这件事。

周瑜和黄盖演的双簧戏瞒过了所有文武官员。混入周瑜帐下的两个曹军密探也见证了周瑜怒杖黄盖的过程，他们送回的密报使曹操对黄盖"投降"一事深信不疑。当晚，黄盖率领数十艘船，顺东南风向曹营驶去。前面的十艘船满载浸油的柴草，用布遮掩，插着与曹操预先约定的旗号。曹军毫无戒备，听说黄盖来降，争相走出营门观望。当黄盖的船只接近时，曹操的部下看出了破绽，曹操立即下令黄盖的船队在江心抛锚，不准靠近水寨，但为时已晚。黄盖一声

龙首石构件
三国·魏。河北临漳县邺城遗址铜雀台遗址出土。

川成都称帝建国，国号汉，史称蜀汉。孙权先是向曹魏称臣，被曹丕封为吴王。229年，孙权正式称帝建国，国号吴，旋即迁都建业（今江苏南京），史称东吴或孙吴。魏、蜀、吴三国鼎立格局正式形成，史称三国时期。

令下，士兵点燃柴船，火船乘着猛烈的东南风快速驶入曹军船阵。顷刻之间，火海一片，大火迅速蔓延至岸边曹营，曹军人马烧死、溺死者无数。孙刘联军乘势攻击，曹军伤亡惨重。曹操见败局已定，急忙率军退走。孙刘联军水陆并进，一路追击。曹操怕后方有失，就退回到北方，孙刘联军取得了赤壁之战的胜利。

赤壁之战是中国军事史上以弱胜强的著名战例之一，对魏、蜀、吴三国鼎立局面的形成，具有决定性意义。曹操经过这次挫败，再也没有力量南下扩张。建安二十五年（220），曹操病死，他的儿子曹丕继任东汉丞相。同年，曹丕强迫汉献帝刘协将皇位禅让给他。曹丕登基做了皇帝，国号魏，建都洛阳，史称曹魏。刘备战后乘机攻占武陵、长沙、桂阳、零陵四郡（均在今湖南境内），不久又夺取南郡（今湖北荆州），214年夺得益州（今四川）。221年，刘备在今四

三国时代，魏、蜀、吴群雄荟萃，英才辈出。为了巩固和发展各自的势力，虽然兼并战争从未间断，但三国统治者都积极发展生产，安定社会秩序，注意与边疆少数民族改善关系。曹魏屯田和九品中正制的推行，蜀汉"西和诸戎，南抚夷越"的策略，孙吴汉族和山越族共同开发江南的政策等，促进了经济的发展和民族关系的改善，为后来西晋的统一奠定了基础。

>>>寻踪觅迹

赤壁古战场遗址 由赤壁山、南屏山、金鸾山三山组成。赤壁得名于孙刘联军火烧曹军战船，江面一片火海，把南岸崖壁照得通红。赤壁山临江悬崖上的"赤壁"二字为唐人题刻，经千年风雨的侵蚀和惊涛骇浪的拍击，字迹至今清晰完整。其他景观还有翼江亭、拜风台、凤雏庵、碑廊和文物陈列馆等。

2. 曹操征三郡乌桓

东临碣石，以观沧海。

水何澹澹，山岛竦峙。

树木丛生，百草丰茂。

秋风萧瑟，洪波涌起。

日月之行，若出其中。

星汉灿烂，若出其里。

幸甚至哉，歌以咏志！

这首诗是曹操撰写的乐府歌辞《步出夏门行》第一章，被后人称为《观沧海》。东汉建安十二年（207）秋天，曹操在征服三郡乌桓的归途中，路过河北昌黎碣石山，策马上山，遥望渤海，回想自己功盖寰（huán）宇，意气风发，在山上刻石记功，并写下这篇诗作，感悟人生。

东汉末年，辽东、辽西和右北平三郡的乌桓形成了强大的部落联盟，并以柳城（今辽宁朝阳）为政治中心占据今辽西地区，史称"三郡乌桓"。辽西蹋顿部最为强大，为三郡首领。此时正值中原群雄逐鹿，袁绍称雄北方。为了拉拢和利用乌桓，袁绍假借汉献帝的名义封乌桓众首领为单于，并把平民女子作为自己的女儿嫁给蹋顿

东胡羊首青铜刀
内蒙古巴林左旗出土。

青铜祖柄勺
春秋早期。乌桓祖先东胡男性生殖崇拜的典型遗物。

等乌桓首领为妻。袁绍在官渡之战中被曹操打败，抑郁而死，其子袁熙、袁尚投奔蹋顿，企图东山再起，乌桓也蠢蠢欲动，不断入塞骚扰。曹操决心远征三郡乌桓，消灭袁氏残余势力，除掉后患。

曹操采纳谋士郭嘉的主张：乌桓自恃地处边远，肯定不会做防备。兵贵神速，我们远涉千里，要出其不意，突然袭击，才能一战告捷。就在大军将启程之际，天公不作美，大雨连绵而至，原定的出征路线泥泞不可行，进军时间一拖再拖。这时乌桓早已得到消息，有了准备，曹军的偷袭计划破灭。

幸运的是曹操找到了当时的名士、人称"地理通"的田畴。田畴给曹操指明了另一条攻取乌桓的道路——出卢龙塞（今河北喜峰口）往辽西，这一区域乌桓没有设防，可攻其不备。

阴阳立人曲刃剑柄
内蒙古宁城县南山根出土。剑柄两面分别铸男女裸体像，男性两臂下垂，双手护小腹，女性曲臂双手交叉于胸前，可能与东胡氏族祭祀、部族信仰、生殖崇拜或宗教礼仪有关。

207 年七月，在郭嘉的再一次建议下，曹军抛弃辎重，在田畴的带领下，轻装从无终（今天津蓟县）出发，千里奔袭三郡乌桓。临走前，曹军故意在原定的进军道旁留下一块大木牌，上面写着："现在夏季暑热，道路不通，且等到秋冬，再出兵讨伐。"乌桓果然中计，放松了戒备。

曹军一路急行军，突然来到距离柳城不远的白狼山（有今辽宁大阳山和大黑山二说）附近。蹋顿与袁氏兄弟得到消息，仓促集结数万骑兵迎战。时值八月，曹操登山观望，发现乌桓军队虽来势凶猛，但阵容不整，阵形松散，下令纵兵攻击。乌桓军由于事先毫无准备，本就心中惶惶，见曹军勇猛，一下子就崩溃了，蹋顿被斩杀，

投降曹操的乌桓兵和汉人共有 20 多万。曹军乘胜追击，占领了柳城。袁尚、袁熙再次逃亡，投奔辽东太守公孙康，公孙康害怕，就诱杀了他们，把头颅送给了曹操。其他乌桓首领和余众也投降了曹操。

平复三郡乌桓后，曹操把乌桓降众一万余户全部迁入中原，把乌桓身强力壮者编入军队，随同曹操转战南北。享有"天下名骑"美誉的乌桓军队对于曹操统一北方，以及后来与吴、蜀对峙起了巨大作用。

三郡乌桓是乌桓部族的核心和主体，他们的内迁和消亡，使其他乌桓部族迅速分化瓦解。魏晋之后，乌桓与其他各族错居杂处，民族成分发生了很大变化。内迁的乌桓大部分融入汉族，留居塞外故地的则被同宗的鲜卑人接纳。在北方草原上繁衍生息四百多年的乌桓消失在历史的长河中，代替乌桓走上历史舞台的是同源的鲜卑。

>>>阅读指南
马长寿：《乌桓与鲜卑》。广西师范大学出版社，2006 年 7 月。
王仲荦：《说曹操》。中华书局，2009 年 5 月。

>>>寻踪觅迹
辽宁省博物馆 收藏有辽宁西丰县西岔沟西汉北方游牧民族墓地等出土的众多相关文物。
碣石山 跨越河北昌黎、卢龙、抚宁三县，有大小上百座奇险峻峭的峰峦，主峰仙台顶在昌黎一侧。史载秦皇、汉武曾到此祭祀求仙。曹操写下《观沧海》后，遂以观海（渤海）胜地著称。山东无棣县也有碣石山。

3. 蜀定南中

陶三轮车马俑

三国·蜀汉。四川成都三河镇马家山出土。是由3000多块碎陶片复原而成的。它的出现把文字记载的三轮马车存在的历史向前推了近八百年。

在云南大理市下关，有一道天然石梁，人称天生桥，桥旁立着一块石碑，上题："汉诸葛武侯七擒孟获处"。

七擒七纵孟获是蜀汉丞相诸葛亮平定南中时发生的事情，作为历史佳话流传至今。

蜀汉的南中，汉代称为西南夷，主要包括今云南、贵州西部和四川西南部，

>>>阅读指南

柳春藩：《正说诸葛亮》。中国青年出版社，2008年5月。

陈寿：《三国志》。

居住着叟(sōu)、昆明、僰(bó)、濮、僚等众多少数民族。随着汉朝在西南夷设置郡县，大批汉人迁入与当地少数民族杂居，并逐渐融合。到了东汉末年，南中地区形成一些"大姓"，如焦、雍、娄、孟、毛、李、陈、赵、谢、杨、吕等。这些大姓大多是由迁徙或做官留居当地的汉族士人发展而来的，也有的是当地少数民族中的豪强，还有的是由汉族变为少数民族领袖的。大姓往往是当地政权的实际掌握者，拥有家兵或私人武装，孟获就是其中的代表之一。

蜀汉政权建立后，采取"西和诸戎、

传说诸葛亮发明了一种叫作"木牛流马"的运输工具，后人根据历史记载制作了各种模型

"南抚夷越"的民族政策，设置都督控制南中，并任用当地的夷汉豪强为官，但蜀汉对南中的统治并不牢固，刘备死后，孟获等大姓势力举兵反蜀。

蜀汉建兴三年（225）春天，诸葛亮率军分三路赶赴南中平叛。诸葛亮接受了参军马谡（sù）"攻心为上、攻城为下，心战为上、兵战为下"的建议，采取先抚后攻、宽猛并济的手段，除了惩罚个别首恶，对其他部众，包括孟获这样的反蜀首领，都以安抚怀柔为主。

传说孟获身材魁伟，待人慷慨，在益州少数民族和汉人中很有威信，但打仗有勇无谋，一见蜀军就挥兵迎战，中了埋伏被活捉了。孟获被押到蜀军营寨，诸葛亮立即给他松绑，并带他参观蜀军大营，劝他归降。孟获说：先前我不知汉军底细，所以兵败。现在看了汉军营寨，已有良策，如果让我再战一次，必定胜利。诸葛亮笑着说：我现在就放你

回去，你整顿好人马再来交战。说完就把孟获放了。

孟获趁着夜黑偷袭蜀军大营，一路上没有遇到任何阻碍，直到冲进营寨才发现是个空营。孟获正要退出，突然一声呐喊，涌入的蜀军把他团团包围，逮了个正着。原来诸葛亮料定孟获会来劫营，就摆了座空营，专等孟获来上钩。

诸葛亮叫部下杀牛宰羊，像对待贵宾般热情地款待了孟获及其部下。他问孟获：这回你又输了，服不服啊？

孟获说：这次是一时不慎，中了你的诡计，又不是被你们打败的，如何能服？诸葛亮又把孟获放了，叫他准备好

"直百五铢"钱

东汉建安十九年（214）刘备入蜀后铸于成都。当时由于军费开支过大，财政运转困难，大臣刘巴建议铸钱以弥补亏空。每一枚当作百枚当时全国通用的五铢钱用，故称直百五铢，又叫直百钱。

吹箫与观赏者等陶房

三国·蜀汉。重庆忠县涂井崖墓出土。

了再来交战。

孟获回去后听了亲信的建议，暗藏利刃，假装来投诚，结果被诸葛亮识破，当场拿下。孟获认为这次是他自己送上门来的，还是不服。

这样反复了六次，孟获都被蜀军活捉，又都被放了回去。当孟获第七次被蜀军生擒时，诸葛亮派人传话说：丞相害羞，不愿再见孟获了。把孟获放回去，让他整顿人马再来决一胜负。

孟获恳请诸葛亮出来相见，表示心服口服，愿意归附蜀汉。经孟获说服，其他大姓和少数民族首领也都表示愿意归附，蜀汉重新控制了南中。

诸葛亮七擒七纵孟获的记载最早见于东晋人写的《华阳国志·南中志》，后世很多学者认为这是民间神化诸葛亮的附会，不可信。史书对于孟获也没有确切记载，但孟姓在汉代的确是南中最著名的两个大姓之一。孟获其人及七擒孟获的传说反映了蜀汉对南中大姓和少数民族的怀柔策略。

平定南中后，诸葛亮趁战胜之威，施行了一系列和抚措施，加强蜀汉的统治。诸葛亮调整郡县设置，以夷治夷，任用当地少数民族酋长担任汉官，如孟获官至御史中丞，他的弟弟孟琰官至虎步监。诸葛亮撤出南中时，不留人、不留兵、不拿粮。夷汉相安无事，南中一度出现了"纲纪粗定、夷汉粗安"的局面。

诸葛亮还在南中积极推广汉族先进的耕作技术，兴修水利，发展生产，并派人教授织锦的方法和其他手工技艺，对西南少数民族地区的开发做出了贡献。今天，西南的景颇、傣、佤、苗、彝等族中还流传着诸葛亮教他们的祖先用牛犁地、开荒种地等民间故事，基诺、布朗、哈尼等族把诸葛亮当作"茶祖"之一进行供奉，传说是诸葛亮赐给他们祖先茶籽的。

>>>寻踪觅迹

武侯祠 诸葛亮的纪念地有很多被称为武侯祠，比较著名的有四川成都武侯祠、陕西勉县武侯祠、陕西岐山武侯祠、河南南阳武侯祠、湖北襄阳古隆中武侯祠、重庆奉节白帝城武侯祠、云南保山武侯祠等。

孟获殿 也叫海龙寺，位于四川雷波县马湖风景区内，建造于明万历十七年(1589)，也是我国唯一的一座彝族寺庙。

4. 蜀魏争夺氏族

曹操书法

《衮雪》是曹操存世的唯一书法作品。东汉建安二十年(215)，曹操征张鲁到汉中，经过今陕西勉县石门栈道时，看到汹涌澎湃的河水冲击石块，引得水花四溅，犹如滚动之雪浪，就写下"衮(滚)雪"二字刻于河中礁石上。

东汉末居住在陇西、汉中一带的氏族，由于与曹魏、蜀汉两大集团为邻，时常被卷入战火，成为魏、蜀争夺的对象。三国崛起时，氏族豪强也乘势而起，在武都地区（今甘肃成县一带）形成兴国氏王阿贵、百顷氏王杨千万、下辨氏帅雷定、河池氏王窦茂四股势力，他们各自称雄，既不依附蜀汉，也不归附曹魏。

曹操"挟天子以令诸侯"后，东汉徐州刺史、谏议大夫、偏将军马超和镇西将军韩遂割据一方，氏王阿贵和杨千万等随马超举兵对抗曹操。东汉建安十八年（213），马超率领氏羌人和曹军作战，被曹操派同族兄弟夏侯渊击败，阿贵被杀，马超逃往氏人部落。马超听说刘备在围攻成都，便写信给刘备，表示愿意

"魏率善氏邑长"印

对于归附的氏羌部落，曹魏采取"以胡制胡"策略进行安抚，授予其大小首领王、邑长、仟长、佰长等头衔。

>>>阅读指南

王铭铭：《中间圈——"藏彝走廊"与人类学的再构思》。社会科学文献出版社，2008 年 12 月。

张胜冰：《从远古文明中走来——西南氏羌民族审美观念》。中华书局，2007 年 2 月。

吹箫胡人俑
三国·蜀汉。重庆忠县涂井出土。

归降。刘备得信后马上派人援助马超，夏侯渊失败，马超成了蜀国大将，杨千万也率领部下跟随马超投奔了刘备，另一部分氐人则投降了曹操。

215年，曹操率军攻打割据汉中的五斗米教教主张鲁，准备从武都进入氐人居住的地区，遭到氐人的拦截。曹操派名将张郃（hé）等打败了氐人。同年四月，因氐王窦茂率领一万多户氐人据险抵抗，不肯降服，曹操对其进行血腥镇压。第二年，夏侯渊袭击武都氐人、羌人，缴获氐人粮食十多万斛（hú，容量单位）。曹操一再以武力镇压，但氐人并不畏惧，仍然竭力阻挡曹操南下，曹操担心氐人日后为蜀汉刘备效力。

219年，曹操担心刘备向北袭取武都氐人地区，进逼关中，就征求管辖武都的雍州刺史张既的意见。张既建议劝氐人向北迁移到粮谷充足的地方，避开刘备，以免被利用，并对先迁移的氐人给予重赏，有利可图，氐人就会效仿。曹操就派张既到武都，把五万多户氐人迁徙到今陕西扶风、甘肃天水一带居住。随后，武都氐人又陆续自愿或被强制迁到关中等地，也有一些氐人迁往蜀汉地区。

与曹魏相比，蜀汉对待氐人较为温和，主要采取怀柔、安抚和收服、利用的办法，谋求与氐人合作，共讨曹魏。蜀汉从曹魏手中夺取汉中、武都、阴平三郡时，得到了氐人的大力支持。蜀汉名将姜维与曹魏争夺渭水上游陇西、南安一带时，也借助了氐人的力量。

氐族也在蜀魏的争夺中逐渐壮大，分布地区日益扩大，强盛时人口近百万。

由于战争的原因，氐族不断迁徙。在与汉族的频繁接触和交错杂居中，转习农耕，逐渐汉化。隋唐之后，氐族在史籍中已很少记载。

经国内外众多专家学者多年的考察和研究，学术界已基本认定，今天藏族的分支——白马藏人是古代氐人的遗裔。白马人主要聚居在四川平武县，有4000余人。他们的服饰十分独特，不论男女，头上都戴一顶盘形羊毛毡帽，帽子上插有一根或两三根白色鸡翎。

>>>寻踪觅迹

四川平武县 氐人遗裔白马藏族聚居地，主要分布在白马、木座、木皮、黄羊关等八个乡一百多个寨子里，保留有古代氐族的许多特征。

仇池山 位于甘肃西和县，是西晋及南北朝时期杨氏氐人建立的地方割据政权中心的遗址地，也是氐人的发祥地之一。

5. 东吴镇抚山越

山越人善于开矿冶炼、铸造兵器，好武习战；气力强大，翻山越岭、踏荆棘险境如履平地；不受朝廷的严格统治，也不向官府缴纳赋税。山越还组成强悍的武装与官军对阵交锋，凭借山险居高临下施放檑木滚石，往往使官军无法仰攻。

山越聚居在东吴腹心地带，在政治、经济、军事上都是一支不可忽视的力量。东吴政权要逐鹿中原，就必须先控制山越。东吴的开创者孙坚及其子孙策、孙权都非常注意镇抚山越，甚至将山越与东汉末年权臣、西凉军阀董卓相提并论，曾有"南破山贼、北走董卓"的说法。

青瓷飞鸟百戏堆塑罐
三国·吴。江苏金坛市唐王镇出土。又称谷仓罐、魂瓶，是三国至两晋时期长江中下游地区特有的随葬物。罐上塑楼台、飞鸟、走兽、人物，集捏塑、模印、堆贴于一身，反映了青瓷工艺和雕塑技术在当时已达到相当高的水平。

东汉末期至三国时期分布于今江苏、安徽、浙江、福建、江西等省部分山区的山越，是以古越族等土著后裔为核心，融入汉族移民而形成的族群混合体，其得名主要与居住在山区有关。

"大泉当千"钱
铸于东吴孙权赤乌元年至九年（238～246），一钱可当五铢钱一千枚。由于钱值太虚，遭到社会抵制后，孙权即令停铸，并让官府作价收回。

青瓷羊
三国·吴。安徽马鞍山市吴国名将朱然墓出土。

对手们也想利用山越来牵制东吴。割据淮南的袁术曾暗中派使者将印绶授予丹阳郡（今江苏南京）宗帅祖郎，要他煽动山越，共同讨伐孙策。曹操也曾通过授予丹阳宗帅费栈印绶，让他煽动山越作为内应，以便内外夹击东吴。因此，孙权感到镇抚山越的迫切性与重要性。

为了巩固政权，补充劳动力与兵源，孙权从建安五年（200）掌权之时起，就派兵遣将镇抚山越。东吴军队擒获大量山越人，强迫他们纳租服役，将他们编入军队或赐给地主、官吏做奴婢。山越不断起兵反抗，凭借地势险要的深山，攻城陷阵，杀死官吏，给东吴政权造成很大威胁。建安八年（203），孙权向西征

讨江夏（今湖北武汉江夏区）太守黄祖，准备破城之际，山越再次起兵，严重威胁孙吴后方，孙权只好撤兵。从公元200年开始，历经38年之久，东吴先后动用了陆逊、诸葛恪、黄盖等30多位将相大臣，平定了山越人的无数次反抗。

东吴嘉禾三年（234），孙权任命诸葛恪为抚越将军兼丹阳太守，前往丹阳郡镇抚山越。诸葛恪到达后，发布公文通知各地方长官，命令他们对归附的山越

>>>阅读指南
　　宁琳：《百越文化》。吉林文史出版社，2010年5月。
　　马植杰：《三国史》。人民出版社，2004年3月。

平民，一律设屯聚居。然后调兵遣将据守险要，将山越分割包围，只修缮防御工事，不进行正面交锋。等到秋收季节来临、稻谷成熟时，命令士兵把稻子收割干净，连稻种也不留。山越人原有的粮食吃尽，新稻又无法收割，饥饿难忍，只好一一出山归降。诸葛恪下令：山民只要痛改前非，接受教化，都应当抚慰，迁移到外县的，不能随意猜疑或拘押逮捕。山越人知道官府的目的只是想让他们离开山区，便于管理，于是扶老携幼，大批出山，有的加入了东吴军队的行列。三年时间，归降的山越人口约十万，其中有四万人当兵，诸葛恪亲自统领一万人，其余的分给其他将领。

人面瓦当

三国·吴。江苏南京大行宫出土，南京市博物馆藏。

经过东吴数十年的镇抚，长江以南绝大多数山越被迫从深山中迁徙到平原地带，一部分成为东吴的纳税编户，一部分用以补充兵源。据统计，东吴强盛时，大概有30万士兵，其中少数民族兵丁不下16万，山越就占了13万。

山越人定居平原，客观上加速了江南地区的经济开发，促进了山越与汉族的融合。隋朝初期还有关于山越的零星记载，此后就不见山越的踪迹了，它已完全融合到其他民族之中。

陶舂米俑

三国·吴。湖北武汉出土。

>>>寻踪觅迹

山越民俗风情园　位于黄山脚下的安徽休宁县海洋镇，是一个综合型的旅游景区，再现了古徽州先民山越人原始的生产生活方式和人文风情。

江苏、安徽、浙江、福建、江西等山越活动区各地博物馆均有相关文物。

6. 东吴远征夷洲

贵族生活图漆盘
三国·吴。安徽马鞍山雨山乡吴国名将朱然墓出土。画面描绘了吴国贵族宴宾、出游、驯鹰、对弈、梳妆等情景。朱然墓出土了 80 余件漆木器，填补了三国绘画史的空白。马鞍山市博物馆藏。

三国时期，中国东南海上有一个岛屿，当时人们叫它夷洲，也就是现在的台湾。岛上的土著民族山夷，以杀人头的多少来确定勇武的等级。山夷是今高山族的主要先民，其先祖为百越。

魏、蜀、吴三国鼎立形成后，经过励精图治，东吴经济繁荣，商业兴旺，江海水运发达，孙权便萌生了开疆拓土的强烈愿望。听说古代地理文献《禹贡》记载过夷洲，孙权便产生派人去找夷洲的念头。

东吴黄龙二年（230）春天，孙权召集朝中大臣陆逊、全琮等商议派遣军队寻找夷洲一事。陆逊劝谏说：跨海远征夷洲，风波难测；士兵在异乡水土不服，容易得疾病，劳民伤财，会得不偿失。全琮也极力反对，认为夷洲是少数民族地区，有海隔绝，水土气毒，军队进入，必生疾病。孙权没有接受他们的意见，而是立即命令卫温、诸葛直率领有兵士一万多人的船队，航海去夷洲和亶州（今菲律宾国吕宋岛，也有说是日本列岛），一同前往的还有丹阳太守沈莹。

船队没有找到亶州，但到达了夷洲南部并在那里登陆。人马刚上岸，还没来得及欣赏岛上的风景，当地山夷即击鼓聚集，拿着长矛、弓箭、木棍冲杀过

>>>阅读指南
　　叶兴建：《台湾高山族》。福建教育出版社，2011年5月。
　　张崇根：《台湾四百年前史》。九州出版社，2005年8月。

来，如此落后的装备当然敌不过东吴士兵的铁甲铜盔，山夷很快就败退了。

吴军就地扎起营寨，准备与山夷建立友好关系，开发夷洲，但士兵很快就出现水土不服、疾病丛生的情况，由于缺医少药，死者十之八九。卫温、诸葛直不得不下决心，于第二年（231）春带着余下的士兵和抓获的夷洲人回到了吴国。卫温、诸葛直无功而返，孙权很生气，以"违诏无功"的罪名处死了他们。

卫温等人夷洲之行虽然没能达到孙权预期的筑城据守、占领夷洲的目的，但这是中国政治势力最早抵达台湾，也是台湾自古以来就是中国神圣领土的重要证据。从此，台湾与祖国大陆的联系逐渐密切起来。

后来，随同卫温去夷洲的丹阳太守沈莹在他撰写的《临海水土异物志》（也

东吴士兵——青瓷跑姿持盾俑
三国·吴。湖北武汉出土。

称《临海水土志》、《临海异物志》）一书中详细记载了夷洲的地理方位、气候物产、人种风俗等情况。书中称夷洲在临海郡（今浙江台州市一带）东南两千里的地方，土地无雪

卑南文化玉双人兽形玦
卑南文化距今约三千年，首先发现于台湾台东县卑南乡，是台湾最大、最完整的史前人类遗址，遗址上建有台湾史前文化博物馆。从出土器物看，专家认为卑南文化与良渚文化（浙江）、昙石山文化（福建）、青莲岗文化（江苏）等大陆东南沿海诸地文化相近。

霜，草木不死；四面是山，住着山夷；既生五谷，又多鱼肉；人民各自别异，有的髡头，有的穿耳，女子嫁人后要拔去上门齿。《临海水土异物志》可以说是我国最早的地方志，也是最早记载台湾和高山族的书，它让大陆对夷洲有了更多的了解。

>>> 寻踪觅迹

台湾 中国第一大岛，风光秀丽，物产丰富，人文独特。高山族人口约50万，分为14个族群。

安徽马鞍山市博物馆 以包括三国文物在内的六朝时期文物占主流。

7. 胡笳吹出传世名篇

文姬归汉图（局部）
南宋陈居中作。描绘汉使迎接蔡文姬归汉，文姬与匈奴左贤王话别的情景。台北"故宫"藏。

> 欲死不能得，欲生无一可。
> 彼苍者何辜，乃遭此厄祸。
> 边荒与华异，人俗少义理。
> 处所多霜雪，胡风春夏起。
> 翩翩吹我衣，肃肃入我耳。
> 感时念父母，哀叹无穷已。
> ……

这是蔡文姬的《悲愤诗》片断。蔡文姬是东汉陈留（今河南开封陈留镇）人，她的父亲蔡邕是东汉文学家、书法家，也是曹操年轻时的老师和朋友。蔡文姬受到良好的家教，博学多才，在文学、音律、书法等方面的造诣都达到了很高的水平。

蔡文姬16岁嫁给河东世族卫家，丈夫卫仲道才学出众，夫妇俩非常恩爱。可惜好景不长，不到一年，卫仲道便死了。蔡文姬不曾生下一儿半女，卫家人嫌她克死了丈夫，于是才高气傲的蔡文姬不顾父亲的反对，毅然回到了娘家。

东汉末年社会动荡，23岁时，蔡文姬在战乱中被匈奴人掳去，南匈奴左贤王纳她为妃。她在南匈奴居住了12年，生了两个儿子，还学会吹奏胡笳，学会了一些少数民族的语言，但思乡之情从未间断。

曹操统一北方后，得知蔡文姬的消息，感念与蔡邕的交情，也怜惜蔡文姬的才华，就派使者携带黄金千两、白璧一

文姬归汉图（局部）
金代张瑀作。吉林省博物院藏。

双，到南匈奴赎回了蔡文姬，这年蔡文姬35岁。在曹操的安排下，她嫁给了屯田都尉董祀（sì）。

回到中原的蔡文姬又思念起留在匈奴的儿子，想到母子别离时"儿呼母兮号失声，我掩耳兮不忍听"，她感伤不已。在理智与情感的挣扎中，她一唱三叹，写下了长达108句的《悲愤诗》，倾吐离乱之苦，发出哀怨激愤的感慨。

蔡文姬琴艺超人，归汉之后，她参考胡人的声调，结合自己的悲惨经历，创作了哀怨惆怅、令人断肠的琴曲《胡笳十八拍》。

为天有眼兮何不见我独漂流？
为神有灵兮何事处我天南海北头？
我不负天兮天何配我殊匹？
我不负神兮神何殛（jí）我越荒州？
制兹八拍兮拟排忧，何知曲成兮转悲愁。
……

所谓"胡笳十八拍"，是指蔡文姬谱写的笳谱及歌词的总称。胡笳是汉代流行于塞北和西域的一种管乐器，后代形制为木管三孔。用胡笳奏乐，其音悲凉。唐代诗人刘商在《胡笳曲序》中说："胡人思慕文姬，乃卷芦叶为吹笳，奏哀怨之音，后董生以琴写胡笳声为十八拍。"这就是说，《胡笳十八拍》原为笳曲，后来经蔡文姬丈夫董生之手翻译成琴曲。"十八拍"是乐曲，即十八乐章，作为歌辞，也就是十八段辞的意思。

《悲愤诗》与《胡笳十八拍》是北方游牧文化和中原传统文化相互冲撞融合的艺术体现。蔡文姬以其悲凉的身世，成就了诗歌史上的杰作，不能不令人感慨万千。

>>>阅读指南
蔡文姬：《悲愤诗》、《胡笳十八拍》。
史林：《曹操与蔡文姬》。中国言实出版社，2002年5月。

>>>寻踪觅迹
蔡文姬墓　位于陕西蓝田县蔡王庄村，并建有蔡文姬纪念馆，陈列相关文物，介绍蔡文姬生平和东汉末年社会风土人情。

华
胡
混
血

鼓吹骑马俑
陕西咸阳平陵乡十六国墓出土。有专家认为此墓是前秦或后秦墓葬。

8. 五胡十六国

陕西咸阳市十六国墓葬出土的彩绘女乐俑

从西晋永兴元年（304）刘渊称王起至北魏统一中国北方（439）止，在这135年间，汉族和入主中原的"五胡"先后在北方和巴蜀地区建立了16个割据政权，史称"五胡十六国"。

五胡指匈奴、鲜卑、羯、氐、羌五个少数民族，十六国指前赵（匈奴）、后赵（羯）、前燕（鲜卑慕容氏）、后燕（鲜卑慕容氏）、南燕（鲜卑慕容氏）、北燕（汉）、前秦（氐）、后秦（羌）、西秦（鲜卑乞伏氏）、前凉（汉）、后凉（氐）、南凉（鲜卑秃发氏）、北凉（匈奴）、西凉（汉）、夏（匈奴）、成汉（氐）。此外，还有冉魏（汉）、西燕（鲜卑慕容氏）、代（鲜卑拓跋氏）、西蜀（汉）等割据政权。

十六国时期，中国北方陷入分裂混战状态，"五胡"等少数民族和汉族互相厮杀、抗衡、争霸，同时也展开合作并互相融合。入主中原的少数民族更多地接触到汉文化，逐渐接受汉文化，进而自觉学习和普及汉文化。十六国各族政权纷纷从历史典籍中寻找族源依据，从血统上认同汉族，藉以标榜自己的正统地位。匈奴夏国"自以匈奴夏后氏之苗

牛车

陕西咸阳平陵乡十六国墓出土。

裔也"；氐族前秦自称"有扈（hù）氏之苗裔"；羌族后秦认为"其先有虞氏之苗裔，禹封舜少子于西戎，世为羌酋"；鲜卑前燕、后燕、南燕、西燕自认"其先有熊氏之苗裔"；鲜卑南凉奉黄帝为远祖；鲜卑代国则自认是神农氏后裔。对汉文化的认同成为民族融合的黏合剂，促进了这一时期的民族大融合。

>>>阅读指南

陈羡：《纵横十六国》。重庆出版社，2006年5月。

火焰塔：《五胡录》。中国三峡出版社，2010年1月。

>>>寻踪觅迹

麦积山石窟 中国四大石窟之一，位于甘肃天水市。始建于十六国后秦时期，后代累有增修重建，历时1500余年。现存佛教窟龛194个，泥塑石雕、石胎泥塑7200余身，壁画1300余平方米，有"东方雕塑艺术馆"之称。

彩绘木马

甘肃高台县北凉古都骆驼城遗址出土。

9. 氐人李氏建成汉

成汉时期的陶俑
成都市博物馆藏。

西晋末年，晋王朝内部矛盾激化，宗室诸王争权夺位，战祸连年，加上天灾不断，疾疫流行，赋税沉重，产生大量流民，不断爆发反晋起义。

西晋元康八年（298），关中地区由于连续几年闹灾荒，天水、略阳、扶风、始平、武都、阴平等六郡（今甘肃东南和陕西西部）数万家十几万流民逃荒到梁州（陕西汉中）和益州（今四川），氐人李特一家也在其中。李特兄弟为人豪爽，乐于助人，深得流民敬重。

流民们辗转来到益州，李特家族在今四川绵竹安顿了下来。这时，早有割据野心的益州刺史赵廞（Xīn）想借机利用流民反晋，于是开仓赈粮，并竭力拉拢李特兄弟和六郡大姓。赵廞让李特兄弟出面组织一支流民武装，由于李特兄弟在流民中素有威望，很快就聚集了万余人。

西晋永康元年（300），赵廞造反，流民武装也参加了。不久，赵廞害怕李氏兄弟势力太盛对自己不利，便以"大逆不道"的罪名杀了李特弟弟李庠及其子侄十余人，激起了李特和流民的反抗。李特起兵攻破成都，赵廞兵败被杀。

第二年，西晋朝廷任命罗尚为益州刺史。罗尚三月到达成都后，就下令流民必须全部返回原籍，并限定他们七月必须上路。流民们分散在各地富豪家做佣工，七月庄稼还未收割，缺乏钱粮，回家乡就没有了收入来源，于是推举李特为代表向官府求情，请求宽限到十月秋收后再回乡。

李特代表流民多次到官府求告，罗尚不但不答应，还命令官吏用暴力强迫流民返乡，并在归途上设立关卡，抢夺

"汉兴"钱

成汉政权所铸，"汉兴"是成汉昭文帝李寿的年号。这是中国最早的年号钱，是古代钱币从重量记名到年号记名的转折点。

流民财物，同时暗地里调兵遣将准备围攻李特，李特被迫起兵反晋。

当罗尚率领人马来到绵竹时，被李特迎头痛击，大败。接着，起义军向成都进军，攻下了成都附近的雒（luò）县（今四川广汉），打开官府的粮仓救济当地贫苦百姓。李特还学汉高祖刘邦，约法三章，起义军纪律严明，受到百姓拥戴，蜀中豪强大族纷纷归附。

西晋太安二年（303）正月，起义军攻下成都治所少城。罗尚联络各地地主豪强，袭击起义军，李特阵亡，起义军损失惨重。李特的弟弟李流接领起义军，将罗尚围困在成都。不久，李流把军权交给了李特的儿子李雄，起义军再次振兴，声势更加浩大。十二月，李雄率军攻占成都，罗尚潜逃。西晋永兴元年（304）十月，李雄称成都王，306 年六月改称帝，国号大成，建都成都。

李雄在位 30 年，为政宽和，与民休息，轻徭薄赋，百姓富实，境内出现难得的太平局面。这是成国的强盛时期，疆域有今四川东部和云南、贵州的一部分。

李雄死后，子侄们为争夺帝位兵戎相见。338 年，李雄的堂弟李寿夺取政权，自立为帝，改国号为汉。历史上将李雄的成国与李寿的汉国合称为成汉。

李寿滥杀无辜，大肆任用亲信，百姓疲于劳役，怨声载道。343 年，李寿去世，长子李势继位。李势沉溺于酒色，不理国事，国政腐败不堪，导致僚人反叛，加上遭受天灾，成汉国势日衰。

东晋永和三年（347），东晋荆州刺史桓温趁成汉内部不稳之际，率军沿长江直上，很快就攻下成都，李势投降，立国 44 年的成汉政权灭亡。

李特领导秦（州）雍（州）六郡流民起义是西晋末年匈奴、氐、羌、卢水胡等少数民族起义的延续与发展，成汉政权的建立加速了西晋的崩溃。

>>>阅读指南

徐斌、颜邦逸：《喋血的时代——三国、西晋、东晋、南北朝》。长春出版社，2009 年 1 月。

白翠琴：《中国历代民族史·魏晋南北朝民族史》。社会科学文献出版社，2007 年 5 月。

>>>寻踪觅迹

成都市博物馆 成都是成汉政权的中心，收藏有相关文物。

10. 僚人入蜀

冷水冲型铜鼓
以广西藤县冷水冲出土铜鼓为代表，流行于东汉初至北宋年间，其主要铸造者和使用者就是僚人。

历史上越、僚、濮等民族曾时兴一种奇特的成人仪式，就是在男女成年时敲折或拔去上颚门齿，称为"凿齿"，有的还装上狗牙作为装饰，并以此为美。凿齿之后男女才可谈婚论嫁。这些民族住干栏式建筑，以铜鼓为礼器，盛行竖棺葬。由于长期生活在比较恶劣的自然环境中，他们练就了一些特殊的生存技能和功夫，如能潜在水底持刀捕鱼、饮水不用口喝而用鼻饮等。

僚或俚是魏晋至隋唐时期对我国岭南和云贵地区一些民族的泛称，支系繁杂，分布广泛，其先民是先秦及秦汉时期的百越。东晋咸康四年（338）开始的僚人入蜀是历史上西南少数民族的一次大迁移。

僚人入蜀主要有两个原因。一是昆明人的东侵。从汉代开始，原来居住在洱海地区的昆明人逐渐东移，进入今滇东、黔西、川南一带，侵入僚人的势力范围，双方发生长期激烈的冲突。昆明人骁勇善战、凶悍无比，僚人不是他们的对手，山川被占领，财物被掠夺，只好远迁另谋生路，其中有大量僚人随秦雍六郡流民涌入巴蜀地区。二是今云、贵、川西南部的南中地区，从公元302年南中大姓起兵反晋开始，长期处于战乱之中，僚人深受其害，地广人稀的巴蜀地区成了他们逃避掳掠和战乱的理想之地。

另一方面，汉末以来，巴蜀地区兵祸连年，居民大量死亡和流失。西晋末年，随着秦雍六郡流民入蜀以及成汉政权与晋军的反复争战，巴蜀地区动荡不安，数十万蜀人纷纷逃往他乡避乱，造

北流型铜鼓

以广西北流市出土铜鼓为代表，流行于西汉至唐代，僚人是其主要铸造者和使用者之一。

成城乡人口剧减，土地荒芜，一派"夜无烟火"、"城邑皆空"的荒凉景象，蜀地的社会经济受到了严重影响。直至成汉建国30年后，仍然是"郊甸未实，都邑空虚"。338年，通过篡位好不容易当上成汉皇帝的李寿，面临着粮草不足、兵源匮乏的危机。经过反复思考，他终于想出了一个办法，就是引牂牁（今贵州）僚人入蜀。

李寿的邀请得到了正处于水深火热之中的僚人的热烈响应。短短数年间，10余万家约50多万牂牁僚人穿越崇山峻岭，渡过急流险滩，迅速涌入巴蜀地区并蔓延开来，晋代今四川、重庆境内共有15个郡，其中14个郡有僚人的踪迹。

僚人来到号称天府之国的巴蜀，并未水土不服，反而如鱼得水。他们在这个山清水秀、土地肥沃的地方扎下根来，种粮食、织葛布、凿盐井，把这里当成了第二故乡。同时，他们仍然沿袭以前的生活习俗。今川、渝各地的竹王祠、竹王传说和以铜鼓命名的地名等，都是僚人的文化遗存；壮、布依、傣、侗、水、毛南、黎等民族居住的干栏式房屋和短衣左衽的衣饰以及女子的筒裙，都是其先民僚人文化传统的沿袭。

僚人大规模入蜀对巴蜀社会和历史产生了重要而深远的影响。蜀地的人口、民族结构乃至后世蜀人的体格都因此发生了变化。僚人在与蜀地民族的交错杂居中逐渐分化，一部分与汉族融合，一部分发展为今天西南的一些少数民族。宋代，僚人的族称在文献上消失。

>>>阅读指南

《尤中文集·第2卷·中国西南民族史/中国西南民族地区沿革史（先秦至汉晋时期）》。云南大学出版社，2009年5月。

《尤中文集·第3卷·中国西南的古代民族/中国西南的古代民族续编》。云南大学出版社，2009年7月。

>>>寻踪觅迹

四川、重庆、云南、贵州、广西等古代僚人分布区各地博物馆均收藏有相关文物。

11. 汉朝"外甥"建立前赵

十六国之匈奴汉国史称"前赵"，其创立者刘渊自称是匈奴冒顿单于的直系后裔，是汉朝的"外甥"。这是因为汉高祖刘邦曾以宗室之女作为公主，嫁给冒顿单于为妻，冒顿的子孙以母亲刘氏的姓作为氏族的姓氏，人称"冒姓刘氏"。

东汉建安年间，曹操分匈奴为五部，刘渊的父亲是匈奴左贤王刘豹。刘渊少年时代就酷爱读书，曾作为质子（人质）来到曹魏，在汉地居住多年，深受汉文化的影响。他刻苦好学，曾拜当时上党（今山西长治）大名士崔游为师，遍习《诗经》《周易》《尚书》《毛诗》等经典，博览《史记》《汉书》和诸子学说，还特别喜欢研读与征伐有关的权谋兵书。他射艺精熟，臂力过人，又生得体貌伟岸，姿仪不凡，颇受当时太原一些名流的器重。

晋惠帝年间（290～306），西晋皇族为了争夺政权，爆发了一场历时16年的动乱。夺与争权的主要有汝南王司马亮、楚王司马玮、赵王司马伦、齐王司马冏

锁谏图（局部）

唐朝阎立本作。绘匈奴汉国廷尉陈元达冒死向皇帝刘聪进谏的情景。刘聪大怒，命令将陈元达全家处斩。陈元达用预先准备的铁链把自己锁在一棵大树上据理力争。美国弗利尔美术馆藏。

(jiǒng)、长沙王司马乂(yì)、成都王司马颖、河间王司马颙(yóng)、东海王司马越等，故史称"八王之乱"。动乱由宫廷权力斗争引发一连串的相互残杀和混战，给西晋社会造成了极大破坏，隐伏着的阶级矛盾、民族矛盾爆发，西晋的统治危机加剧。匈奴刘氏贵族见有机可乘，开始策划"兴邦复业"。

西晋永兴元年(304)，匈奴各部贵族共推刘渊为大单于。刘渊很快就召集了五万人马，起兵反晋。同年十月，刘渊自称汉王，建立汉国，追尊蜀汉后主刘禅为孝怀皇帝，立汉高祖以下三祖五宗为神主加以祭祀，并设置百官。

接着，刘渊乘胜进军，接连攻占今山西高平、太原等地，各族起义队伍纷

"亲赵侯"印
马钮作为官印印钮目前仅见于十六国时期。此印是"赵"政权颁发给其他部族的官印，但无法确定是前赵还是后赵。

纷归降，迅速在并州(今山西太原一带)掀起了各族人民共同反晋的巨大浪潮。西晋永嘉二年(308)，刘渊正式称帝，迁都平阳(今山西临汾)。刘渊建立的政权以"汉"为国号，意思是继承汉王朝的正统地位，因为刘渊的祖先与汉朝刘氏宗室曾"约为兄弟"。

两年后，刘渊病死，长子刘和继位，不久四子刘聪取而代之。刘聪和他父亲一样，自幼聪慧好学，文武俱佳，汉化程度很深。传说他通习经史和百家之学，对兵法尤为精熟，又善书法、诗赋，工草隶二体，有诗百余篇、赋颂50余篇。他臂长如猿，武艺精强，善于骑射，能拉开150千克重的大弓。

西晋永嘉五年(311)，刘聪军队攻破西晋都城洛阳，杀了大批西晋官员和百姓，晋怀帝做了俘虏，在两年后被杀，史称"永嘉之乱"。西晋部分旧臣拥立怀帝

锁谏图（局部）
刘聪的刘贵妃听说他要杀陈元达，就在后堂写条子劝谏，刘聪态度趋于缓和并纳谏。

山西方山县左国城遗址
十六国时期刘渊在此起兵并立国建都。

安设立太学和小学，选拔 13 岁至 25 岁资质可教的 1500 名学生，聘请著名学者传授儒家文化。太学生通过考试，可授予官职。太学是汉代设在京师的全国最高教育机构，少数民族政权举办太学，表明他们对汉族文化的认同。

刘渊及其继任者刘聪、刘曜都文武双全，他们年轻时都曾游历洛阳，广结名士和豪杰，汉化程度很深。他们建立的政权，认同中原文化，在统治汉人的过程中，为消除胡汉矛盾，推动胡汉民族融合起了积极作用。

的侄儿司马邺继承皇位，他就是晋愍(mǐn)帝。西晋建兴四年(316)，刘聪军队攻陷长安(今陕西西安)，晋愍帝投降。风雨飘摇的西晋王朝经匈奴人最后一击，仅维持了 52 年就灭亡了。中原广大地区随之成为刘聪的统治范围。

刘聪在位期间，是匈奴汉国最强盛的时期，他在政治、军事等方面都有一些建树，还创立了一套胡汉分治的行政体制。刘聪统治后期，昏庸残暴，汉国政权迅速走向衰败。

东晋大兴元年(318)，刘聪病死，族侄刘曜(yào)窃取了汉国政权，自立为帝，建都长安，第二年改国号为赵，史称前赵。

刘曜统治时期，实行胡汉分治政策，所用文臣多是匈奴和汉族儒生。他在长

>>>阅读指南

林幹：《匈奴史》。内蒙古人民出版社、人民出版社，2010 年 1 月。

陈勇：《汉赵史论稿——匈奴屠各建国的政治史考察》。商务印书馆，2009 年 8 月。

>>>寻踪觅迹

左国城遗址 位于山西方山县南村，始筑于春秋战国时期，十六国时期匈奴人刘渊在此起兵反晋并立国建都。方山县博物馆设有县史专题展览，展出相关出土文物。

12. 后赵石勒 "听读"

鎏金铜佛像

铸造于后赵太祖石虎建武四年(338)，是中国迄今为止发现的有确切纪年铭文的最早佛像。美国旧金山亚洲艺术馆藏。

"石勒听读"说的是十六国时期后赵的建立者石勒读书的故事。石勒是羯(jié)族人，他不识字，却很重视学习汉族文化，一般人读书是靠眼睛看，他主要是靠听。石勒经常让人给他读《春秋》《史记》《汉书》等儒家经史著作，有一次听人读《汉书》，当听到秦朝遗老郦食其(Yìjī)劝刘邦册封早已被秦兼并的原六国贵族的后代，并且还要刻印章授予他们时，石勒不由得大惊，说道："此法大错，

这样刘邦还怎么能得天下？"等听到谋臣张良谏阻高祖刘邦时，石勒说："幸亏有张良这一劝。"可见石勒学习汉文化是深得其奥妙的。

羯族又称羯胡，魏晋时活动在今山西长治、晋城一带，与汉人杂居，这时他们已从游牧转向农业。

石勒的祖父与父亲都是羯族部落的小头目。由于羯人地位低，石勒帮人干过农活，也曾随乡亲到洛阳做过小买卖，一度还逃过荒。西晋太安年间(302～304)，并州发生饥荒，社会动荡不安，并州刺史司马腾劫掠胡人，把他们卖到外地换取军粮，石勒也被掠卖到山东做了奴隶。因善于相马，石勒结识了牧马场的首领汲桑，俩人聚集起一支队伍，

后赵石勒铸造并颁行的 "丰货" 钱

"大赵万岁" 瓦当
河北临漳县十六国后赵时期邺城遗址出土。

"石安韩丑" 砖
后赵。陕西西安出土。石安是后赵的一个
县，韩丑是造砖的工匠。

号称"十八骑"。他们先投奔西晋成都王
司马颖的故将公师藩，后来转投匈奴汉
国，石勒成了刘渊手下的一员大将。

　　石勒驰骋疆场，屡立战功，在帮助
匈奴汉国灭掉西晋的过程中，自身的力
量也逐步强盛起来。深受汉文化影响的
石勒深知人才的重要性，在攻城略地的
过程中，他十分注意招揽和使用人才。
石勒下令，凡捉到读书人，不许处死，
一定要由他亲自处置。他把有文化的汉
族人集中起来，组成一个"君子营"，作
为出谋划策的智囊团，其中就有著名的
谋士张宾。在汉族知识分子的帮助下，
石勒以襄国（今河北邢台）为中心，很

快发展成为割据一方的强大势力。

　　东晋大兴二年（319），刘曜将国号由
"汉"改为"赵"，称帝建前赵。石勒不
愿受刘曜的统治，于是自称大单于、赵
王，定都襄国，因其辖区是战国时期赵
国故地，所以国名也是"赵"，为了与前
赵区分，故史称后赵。

　　在建国的过程中，石勒在政治、经
济和文化上采取了一系列措施。他按周
礼建宗庙社稷、营造官署；参照魏晋的
法规，建立各种政治制度；推行儒家教
育，设立太学、小学，选朝中权贵的子
弟入学；在各郡设置学官，传授儒学经
典；建立保举和考试制度以选拔官员；
劝课农桑，对魏晋以来繁重的贡赋制度
做了调整，促进了北方农业生产的恢复

>>>小贴士
　　羯族的族源　羯人深目、高鼻、多
须，信仰祆（xiān）教（拜火教），后来多信
佛教。其族源有匈奴羌渠后裔、西域胡的
一种、月氏人、中亚康居人等数种说法。
总体上看，羯的族源应该是多元的，是由
西域胡与匈奴及其他杂胡融合而成的。

>>>阅读指南
　　石旭昊：《石勒皇帝与羯胡人之谜》。
中国社会出版社，2011 年 8 月。
　　胡阿祥等：《魏晋南北朝史十五讲》。
凤凰出版社，2010 年 6 月。

和发展。

石勒实行胡汉分治政策，称羯人为"国人"，禁说"胡"字和"羯"字，朝廷设有专门官吏管理羯人诉讼。羯人有酗酒之风，容易滋事伤人，石勒就下令禁酒，同时下令革除羯人娶亡兄之妻和在办丧事时婚娶的习俗。

石勒对一些汉族士人委以要职，并且安抚和笼络他们。有一次，汉族官员樊坦在进宫朝见的路上被羯人抢劫。当他衣冠不整地见到石勒时，石勒问是怎么回事。樊坦回答："刚刚碰到一批羯贼，把我的家当都抢走了。"石勒笑着安慰道："羯贼这样乱抢东西太不应该，我替他们赔偿你吧。"樊坦忽然想起自己触犯了不能说"胡"字和"羯"字的禁令，吓得浑身发抖，连忙向石勒请罪。石勒笑着说："我这个禁令是对付一般百姓的，你们这些老书生，我不怪罪。"说着，他真的赔给樊坦一些钱财，还赏给他一辆车和一匹马。

石勒虽然目不识丁，但通过"听读"汉书，懂得了许多治国之道，在他的治理下，后赵初期出现了兴盛的气象。

东晋咸和四年（329），后赵灭前赵。第二年，石勒称帝。除辽东、河西以外，后赵基本上统一了北方地区，国土"南逾淮海，东滨于海，西至河西，北尽燕代"，与偏安江南的东晋形成了北南对峙的局面。

东晋咸和八年（333），石勒病死，侄子石虎篡位。石虎是有名的暴君，在他统治期间，军旅不息，众役繁兴，征调频仍，刑罚严酷，社会生产受到严重破坏，阶级矛盾和民族矛盾日益激化，动摇了后赵的根基。

石虎死后，后赵发生内乱。东晋永和七年（351），后赵为冉魏所灭，羯族随之退出历史舞台。

开凿于十六国后赵石勒时期的河南浚县大伾(pī)山石佛

>>>寻踪觅迹

石勒墓 位于山西榆社县北寨乡赵王村。传说石勒死后，建有多处疑冢，山西陵川、武乡及河北邢台也都说有石勒墓。这些地方曾属于古上党，是石勒活动的区域。

河南浚县大伾山 因传说大禹治水时曾登临，被称为"禹贡名山"。景区内遍布佛道建筑，其中后赵时期的摩崖石刻造像是中国最早、北方最大的石佛。

13. 以汉族首饰为名的鲜卑慕容氏

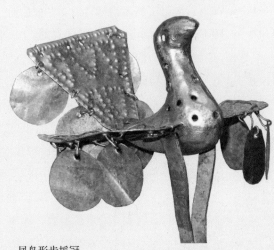

凤鸟形步摇冠
东汉。内蒙古博物院藏。

鲜卑作为部落集团的名称约始见于东汉。魏晋时期，鲜卑分为东、北、西三大部，东部主要有段氏、慕容氏、宇文氏，北部有拓跋氏和柔然，西部有吐谷浑等。

相传三国时期，鲜卑慕容氏首领莫护跋率领族人迁居辽西，曾随同曹魏太尉司马懿征讨占据辽东的公孙渊，立下战功，被曹魏政权封为率义王，居棘城之北（今辽宁义县）。

步摇本是汉族妇女中流行的一种首饰，人行走时，金枝和饰物摇颤，因而得名。这种首饰多以黄金制作成龙凤等

形状，并镶缀珠玉，美观漂亮，不仅深受妇女喜爱，后来男士们也争相效仿，在帽子上悬垂装饰物，人称"步摇冠"。莫护跋见了步摇冠也很喜欢，便叫人做了一顶，学汉人的样子整天把它戴在头上，像汉人一样迈着方步走路。鲜卑人见他这般打扮，都叫他"步摇"。因当地方言"步摇"与"慕容"读音相近，传来传去就成了"慕容"。后来，莫护跋的孙子慕容涉归干脆以"慕容"作为部落的名称。

东晋时，慕容皝（huàng）建立前燕国，

花树状金步摇冠
晋。辽宁北票市出土，辽宁省博物馆藏。

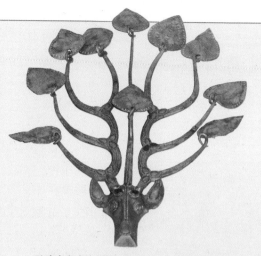

马头鹿角金步摇冠
北朝。内蒙古达茂旗出土，内蒙古博物院藏。

牛头鹿角金步摇冠
北朝。内蒙古达茂旗出土，中国国家博物馆藏。

听从汉族幕僚的建议，以"慕二仪之德，继三光之容"为根据，正式将"慕容"定为姓氏。鲜卑慕容氏英雄辈出，东晋十六国时期，在北方先后建立了前燕、西燕、后燕、南燕等政权，在中国历史上留下了精彩的华章。

在慕容鲜卑遗迹考古中发现的步摇实物，大量是冠上或头上的装饰。步摇花饰是慕容氏最具代表性的象征物，甚至在公元3世纪晚期形成了以金步摇为主要内涵的特殊文化现象——慕容氏摇叶文化。

鲜卑和汉族的文化融合，是在自愿与仰慕中形成的。

>>>阅读指南

文韬：《鲜卑帝国》。九州出版社，2007年11月。

柏杨：《通鉴纪事本末》（第九部）。中信出版社，2009年5月。

>>>寻踪觅迹

辽宁朝阳市博物馆 朝阳作为前燕、后燕、北燕都城和陪都达百年之久，有众多相关出土文物。另外，辽宁省博物馆也收藏有当地出土的鲜卑文物。

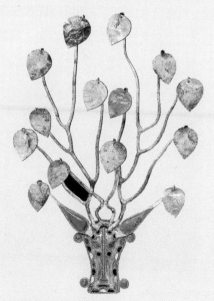

北朝鹿角牛首金步摇冠

14. 鲜卑之子成就吐谷浑族

鲜卑虎鸟纹金牌饰
西晋。内蒙古凉城县小坝子滩出土，内蒙古博物院藏。

吐谷(yù)浑也称吐浑、退浑，是我国古代西北民族之一。公元4世纪初，吐谷浑部从辽东慕容鲜卑分离出来，西迁至今内蒙古阴山地区。"吐谷浑"本来是辽东鲜卑单于慕容涉归儿子的名字，后来成了吐谷浑族的族名。

西晋初期，慕容涉归率众居住在辽东地区。他有两个儿子，长子叫吐谷浑，小儿子叫若洛廆（即慕容廆），若洛廆是嫡妻生的，吐谷浑则是庶妻生的。慕容涉归在世时，分出1700户部众给吐谷浑，让他自立门户，而把若洛廆留在了自己身边。慕容涉归死后，由若洛廆统治部落。有一次，马群发生争斗，兄弟俩的马匹都有损失。若洛廆很生气，派人对哥哥吐谷浑说："父亲处置了我俩的财产分配问题，我和兄长不同部，你为什么不离得远些，闹得群马争斗，互相伤害呢？"吐谷浑说："马吃草饮水，春气发动，所以争斗。争斗的是马，可发怒牵涉到我们哥俩的感情！要分离很容易，我现在就离你万里以外！"

若洛廆听到哥哥的回话，就后悔了，连忙派老臣和长史带着两千骑兵前往道歉，叫哥哥别走。吐谷浑说："先祖在世时曾卜卦，卦象说他有两个儿子，福禄

鲜卑方形金牌饰
辽宁朝阳市甜草沟出土。

吐谷浑动物形银器
青海都兰县出土。

权,他们将《阿于歌》纳入传统宫廷音乐之中,并与汉族传统音乐结合,成为具有慕容鲜卑民族风格的"鼓吹大曲"。若洛廆的子孙们乘车出巡时,都会鼓吹这首歌,可惜的是,如今它已经失传了。

吐谷浑率1700户部众经过长途跋涉,西迁阴山。他们逐水草而居,住简陋的帐篷,用肉和奶酪当粮食。西晋末年,他们又转而南下,迁到枹(fú)罕(今甘肃临

会泽及子孙后代。我是卑微的庶子,按理不能和弟弟并列。现在因为马争斗导致我们兄弟不和而离别,大概这是天意吧。各位试一试,把马从西边往东边驱赶,如果马向东跑的话,我就不走。"

两千骑士一起驱赶吐谷浑的马,让马群往东去。群马走了数百步后忽然悲鸣起来,急速转而向西奔跑,声音如同山崩地裂一般,如此反复了十多次。老臣和长史见状,跪倒在地,喊到:"这不是人力所能及的事,真是天意啊!"

吐谷浑对部下说:"我兄弟子孙都应昌盛。弟弟若洛廆应当有能力传位给他的子孙后代,时间可达百来年,而我要到玄孙时才能显赫起来。"

于是,吐谷浑向西迁移。若洛廆想念哥哥,作了《阿于歌》。在鲜卑语里,"阿于"就是"阿哥"的意思。后来,若洛廆的子孙兴旺发达,称王称帝入主中原,建立前燕、后燕、西燕、南燕等政

玄武(临摹图)
青海德令哈市郭里木乡出土。有专家认为这些棺木四面绘有精美彩绘的古墓属于吐谷浑人。把青龙、白虎、朱雀、玄武"四灵"绘在棺板上,取其佑护之意,是一种古老的丧葬习俗,充分体现了中原汉地文化与吐谷浑民族文化的有机融合。

棺板画上吐谷浑人的生活画面（临摹图）

业也有较高水平。

逐渐壮大的吐谷浑征服了当地羌人，在东晋末年建立起吐谷浑国。第九代吐谷浑王时进入强盛时期，并与南北朝建立了密切联系，因其统治地区位于黄河以南，被南朝称为河南国。5世纪中叶，吐谷浑鼎盛时期的疆域东起今甘肃南部和四川西北部，南抵青海南部，西至新疆若羌、且末，北隔祁连山与河西走廊相接，成为中国西陲一个强大的势力。

夏），与氐、羌杂居。

吐谷浑以枹罕为据点，子孙相承，成为一个强盛的部落。吐谷浑共有60个儿子，他死后，长子吐延继位。东晋咸和年间（326～334），吐延的儿子叶延用祖父吐谷浑的名字作为姓氏，使吐谷浑由人名转为姓氏与部落名。此后，吐谷浑逐渐与当地的羌族和其他土著民族融合，在各方面都与鲜卑产生了明显的区别，成为北方一个新的民族，西北少数民族称他们为"阿柴虏"。

吐谷浑人主要从事畜牧业，擅长养马，同时兼营农业，种植大麦、粟、豆等作物，采掘、冶炼、金银制作等手工

>>>阅读指南

周伟洲：《吐谷浑史》。广西师范大学出版社，2006年6月。

胡芳、崔永红：《草原王国吐谷浑》。青海人民出版社，2004年6月。

>>>寻踪觅迹

青海都兰县 吐谷浑故地，留下众多相关文物古迹，有鲁丝沟岩画、诺木洪文化遗址、热水古墓群、塔温塔里哈吐谷浑制陶遗址、考肖图吐谷浑祭坛等，当地还举办吐谷浑文化旅游节。

青海省博物馆 收藏有吐谷浑文物。

15. 前燕以农桑立国

金铃

前燕。辽宁北票市四花菅子乡房身村出土。共21个，13个大的，8个小的，使用时可能是串联在一起的。辽宁省博物馆藏。

五胡十六国中前燕的开国君王是鲜卑慕容廆（即若洛廆）之子慕容皝。

西晋时，慕容廆割据辽东，带领族人开始了定居农业生活，并逐渐接受汉文化。在他统治期间，推行了一系列有利于社会经济发展的措施，曾教民种庄稼，特意从东晋引来蚕种，在辽东发展养蚕业。时值中原大乱，众多中原官民前来投奔，辽东竟成为战乱中难得的一块乐土。

慕容廆死后，慕容皝于东晋咸康三年（337）正式建国，称燕王，史称前燕。慕容皝一方面继续尊奉东晋，另一方面不断用兵扩大领地，北克同族的鲜卑宇文部，东败高句丽，南挫强大的后赵，疆土拓展了，民众增加了。慕容皝继承了父亲的重农政策，采取措施发展农业生产。他规定把牛借给贫民，让他们在苑囿（指定的田地）中佃耕，收取十分之八的赋税，自己有牛的农民则收十分之七的赋税。

这一政策一出台，就遭到一位名叫封裕的记室参军的强烈不满。封裕上书说：古时圣王治国，薄赋而藏于百姓，只收百姓十分之一的赋税。魏晋仁政衰微，借官田、官牛耕种庄稼也只纳税十分之六，自己有牛的纳税一半，即使经济萧条的年代也没有采用十分之七八的税制。先王（慕容廆）神武圣略，保全一

>>>阅读指南

刘精诚：《话说中国·空前的融合》。上海文艺出版社，2004年11月。

独孤一叹：《鲜卑往事1——一战天下崩》。文化艺术出版社，2011年5月。

鎏金铜镂空鞍桥包片
辽宁北票市喇嘛洞遗址出土。鞍桥即马鞍，是鲜卑慕容氏的代表性马具。

方，用仁德安抚民众，所以九州的人不远万里扶老携幼投奔而来，那情景如同幼儿归附父母。大燕的人口比以往增长了十倍，由于人多地狭，没有田地的人达到十分之四。殿下继位以来，拓土三千里，民众又增加了十万户。现在应当全部放弃苑囿，把它分给新附的民众耕种，没有牛的，还要赐给牛。老百姓都是殿下的子民，计较牛归谁所有还有什么意义？如果能藏富于民，让人民安居乐业，当战旗南指的那一天，中原百姓一定会送饭送水踊跃犒劳将士，迎接殿下的军队。还有，那些毁废堵塞的河川沟渠，也应派人开通疏顺，这样旱时可以灌溉，涝时可以泄洪。现在中原未平，流民很多，每个人都必须自食其力，才不会挨饿。目前闲散的民众有数万人之多，应该劝他们从事农业生产，自给自足，否则怎么能做到国泰民安？

看了封裕的谏书，慕容皝说：我感到恐惧与不安。国以民为根本，民以粮食为命根啊！他下令废除苑囿，分给没有田地的人耕种。贫穷无资产的，赐给耕牛；财力有余也想得到官府耕牛的，依照魏晋旧法收取税收。同时鼓励人们修治沟渠，发展生产。

慕容皝还按照封裕的建议，改用魏晋屯田的租额：没有牛的，官府借给耕牛，所得收成，官府得十分之六，百姓得十分之四；自己有私牛的，官府分给田地，所得收成和百姓对半分。

慕容皝把劝农督课政策和有条件的土地分配政策结合起来，促进了农业的发展和辽东的开发，前燕经济在短短十几年时间里获得到了长足的进步，鲜卑族也从游牧转向农耕，后来成为东北地区的强大政权。

>>>寻踪觅迹
　　辽宁朝阳市　十六国时期作为前燕、后燕、北燕都城和陪都达百年之久，是"三燕"龙城所在地，有龙城遗址等众多相关文物。

16. 鲜卑王子　魏宾之冠

卧马带链金牌饰

东汉至西晋。内蒙古科尔沁左翼中旗出土。鲜卑人的生产、生活、战争和迁徙，都要依靠马，马是鲜卑人的神兽。崇马、尚马也是原始宗教动物崇拜的一种表现形式。

鲜卑拓跋部原来生活在大兴安岭北段，汉代，随着匈奴的衰落，逐渐向西、向南扩展，占有匈奴旧地。曹魏时，逐渐强盛起来的拓跋鲜卑在首领拓跋力微的统帅下，迁居到盛乐，即今内蒙古和林格尔县西北的土城子。258年，拓跋力微在盛乐举行祭天大典，建立早期国家。

拓跋力微是个有远见的人，他重视学习汉族的先进文化，反对族人南下抢掠或与中原政权发生战争。他认为，对

汉人的劫掠虽然可以得到一些东西，但由此引起的战争损失却要多上千百倍。

当时中原地区正是魏、蜀、吴三国鼎立时期，与拓跋鲜卑相邻的是曹魏。拓跋力微派使者到曹魏通好，请求互市。为了表示诚意，拓跋力微把儿子沙漠汗送到洛阳，"为魏宾之冠"，"聘问交市，往来不绝"。沙漠汗实际上是一方面做人质，另一方面作为拓跋鲜卑的使者，负责处理鲜卑与曹魏的政治、贸易事宜。

《魏书》记载沙漠汗"身长八尺，英姿瑰伟"。他不仅能说一口流利的汉语，还能写一手好字，由于热衷汉学，学识也很渊博。在当时的汉人

>>>小贴士

代国　西晋末年，沙漠汗的儿子拓跋猗卢重新统一拓跋部，被晋怀帝封为代公，后又被晋愍帝封为代王。东晋咸康四年(338)，沙漠汗曾孙拓跋什翼犍建代国，仍以盛乐为都。东晋太元元年(376)，代国为前秦所灭，共存39年。

人物双狮纹金牌饰

北朝。内蒙古科左中旗腰林毛都出土。有专家认为它是萨满主持祭祀时戴的饰物，是鲜卑贵族的护身佩饰。鲜卑人信奉萨满教，认为萨满巫师可以通达上天和祖先，沟通自然界的万物和神灵。通辽市博物馆藏。

相待，每次他北归，西晋都备礼护送。

但是，拓跋鲜卑内部对沙漠汗与中原的交往却有不同的看法，反对派害怕沙漠汗的亲汉政策会改变鲜卑旧俗，将来让他们饭碗不保。267年，沙漠汗回到鲜卑部落，由于

看来，沙漠汗毫无"夷狄之气"，完全不像想象中那样粗鄙。261年，当沙漠汗以鲜卑太子的身份来到曹魏时，曹魏君臣都喜欢他，愿意与他结交。在与曹魏人士的交往中，沙漠汗进一步接受汉文化。他穿汉服，学习和掌握各种汉族技艺，丰富了自己的学识。曹魏专门为沙漠汗建造了一座华丽的府邸，每年赠给拓跋部的财物数以万计。

265年，曹魏被司马氏建立的西晋代替。中原王朝的更迭并没有影响沙漠汗的地位，西晋皇帝依然把他视为上宾，以礼

在酋长们的宴席上用弹弓打鸟，引起反对派的不满。他们认为沙漠汗已被中原同化，于是串通起来，散布沙漠汗的谣言，还向拓跋力微进谗言，离间沙漠汗

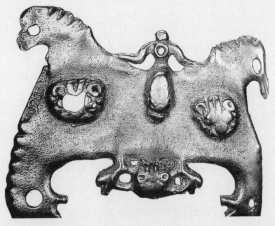

四鸟形金牌饰

西晋。内蒙古凉城县出土。上有四鸟、人形、兽面纹饰，寓意巫师骑坐神兽，以沟通神灵。内蒙古博物院藏。

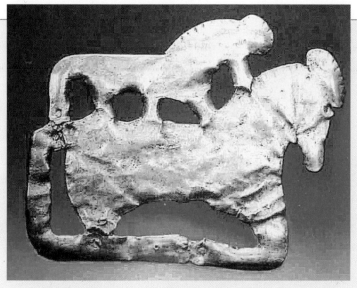

子母马金牌饰

北朝。内蒙古乌兰察布市小坝子滩出土。鲜卑人在生产、生活、战争和迁徙中，主要依靠对象是马，所以他们崇马、尚马。内蒙古博物院藏。

与父亲的关系。

275年，拓跋力微再次派沙漠汗到西晋朝贡。277年初，由于被其他儿子和反对派蛊惑，拓跋力微召沙漠汗回国，但反对派在半路上设下埋伏，把沙漠汗害死了。

听到儿子被杀的消息，拓跋力微很悲伤，此后郁郁寡欢，不久就抑郁而死。拓跋鲜卑内外交困，没多久就分崩离析了。

西晋派军队和官员进驻拓跋部，把拓跋部分成三部分，由三个王统领，沙漠汗的两个儿子统领其中的两部。西晋还在拓跋部实行了辅相制度，派官员到那里任职，加强对拓跋部的控制。

沙漠汗的儿子是在西晋长大成人的，他们与晋人关系密切，常常按照中原的观念举止行事。此后，拓跋鲜卑学习汉文化的风气慢慢传开，到了他们的后代建立北魏政权时，达到了鼎盛。

>>>阅读指南

李丞荟：《走出大山的拓跋鲜卑人》。国际炎黄文化出版社，2006年8月。

阿云嘎：《鲜卑时代·拓跋力微》。内蒙古人民出版社，2008年1月。

>>>寻踪觅迹

盛乐古城遗址　位于内蒙古和林格尔县土城子村。从拓跋力微建立早期国家，到代国、北魏，拓跋鲜卑在此二度立国、三筑都城，历时140年，完成了从狩猎向游牧再向农耕的转变。遗址上建有博物馆，展示鲜卑历史文化。

内蒙古博物院及拓跋鲜卑活动区各地博物馆均收藏有相关文物。

17. 前燕、冉魏廉台决战

人面半瓦当

河北临漳县十六国时期邺城遗址出土，中国社会科学院考古研究所藏。

十六国时期可谓英雄辈出，在东晋咸康四年（338）的一次战斗中，两位少年英雄首次相遇了，他们就是前燕王慕容皝的第四子慕容恪和冉魏的开国君主冉闵。

这年五月，后赵石虎发兵数十万北伐前燕，前燕举国震惊，36座城不战而降。后赵军队进逼前燕根据地大棘城（今辽宁义县），慕容皝害怕，打算逃走，被部下劝止。部将刘佩率领数百骑兵冲入后赵军中，所向披靡，燕军士气大振。两军对峙十多天，后赵军队攻城不克，只好撤退。慕容皝派年仅15岁的慕容恪率领两千骑兵出城追杀，后赵军队猝不及防，弃甲溃逃，被慕容恪斩首三万余

级。两年后，17岁的慕容恪就担任大元帅，镇守辽东，屡破高句丽兵，使高句丽不敢再入燕境。

后赵各军尽溃，唯有首次参加战斗的少年将领冉闵率领的3000人得以保全。从此，冉闵受到石虎重用，参加了防卫后赵北方边界的战事，屡立奇功。石虎死后，后赵政局混乱，大将军冉闵趁机夺取后赵政权。东晋永和六年（350），冉闵称帝建国，定都邺（今河北临漳），国号大魏，史称冉魏。冉闵只用了短短一两年时间，就消灭掉了后赵的残余势力，逼退了百万胡人，并积极向北扩展势力范围。

这时，前燕经过十多年的南征北

"邮传舍"瓦当

河北临漳县邺城遗址出土。魏晋时期驿站建筑所用，是研究中国古代邮驿制度的珍贵资料。

战，已基本统一了辽东，慕容恪已成为文韬武略兼备的辅国将军。东晋永和七年（351），前燕 20 万大军从辽东杀出，占领了幽州（今北京西南）后，继续南进，企图进一步夺取中原。这样，冉闵和慕容恪这一对强劲的对手不可避免地再次相遇了。

第二年四月，冉魏和前燕军队对阵于安喜（今河北定州）。冉魏大将军董闰、车骑将军张温认为：敌众我寡，燕军乘胜前进，有勇往直前的气势，魏军应先避其锋芒，等到敌军骄傲、相对松懈之后，再集中优势兵力发动攻击。冉闵没

有采纳他们的建议，毅然以一万多步兵迎战前燕的十万骑兵。冉闵勇猛无比，所部将士都是精锐，双方交战十几次，从安喜一路打到廉台（今河北无极），仍然胜负难分，燕军甚至有些畏惧起来。

为了有利于步兵作战，冉闵率领部下进入丛林地带，想利用地理环境发挥步兵灵活机动的长处，拖垮慕容恪的骑兵。慕容恪的参军高开识破了冉闵的计谋，他建议慕容恪派轻骑去拦截冉闵，交战后再假装逃跑，诱使冉魏军队回到平地作战。同时，慕容恪把燕军分为三个部分，自己率领中军，挑选 5000 名善于射箭的士兵，用铁锁链连接马匹组成方阵，位于前面，另外两部置于侧翼，形成掎角之势。

此时冉魏军中已粮食短缺，士卒饥疲，不宜久拖不决。冉闵见燕军不肯进入丛林，而慕容恪背后就是沤（gū）水，

>>>阅读指南

陈羡：《纵横十六国》。重庆出版社，2006 年 5 月。

赫连勃勃大王（梅毅）：《华丽血时代——两晋南北朝的另类历史》。华艺出版社，2008 年 11 月。

辽宁朝阳市出土的鲜卑文物。朝阳市博物馆藏

于是他决定将计就计，在平地上与慕容恪决战，试图把燕军逼进泒水，挽狂澜于既倒。

冉闵率领士兵直冲前燕中军，不料陷入了慕容恪精心布置的连环马阵的重重包围和两侧燕骑的夹击中，7000多将士全部战死。冉闵突围向东跑了10余千米，坐骑突然暴死，被燕军俘虏后杀害于今辽宁朝阳境内的遏陉山。

冉闵死后，遏陉山周围方圆七里的草木都枯萎了，蝗虫大起，从五月到十二月，天上滴雨未降。前燕国主、慕容恪的二哥慕容儁(jùn)很吃惊，就派人前往祭祀，追封冉闵为"武悼天王"。传说当天就天降大雪，厚达双膝。

慕容恪廉台获胜后，乘胜追击，八月就攻克了冉魏都城邺，冉魏仅立国三年就灭亡了。

随后，前燕继续开拓疆域，辖境迅速延至黄河以南。慕容儁抛弃了东晋旗号，自称燕皇帝。357年，前燕将都城从蓟（今北京西南）迁到邺，慕容鲜卑正式入主中原。

前燕鼎盛时，西据今山西、河南与前秦相接，南以淮水为界与东晋对峙，人口近百万。370年，前燕为前秦所灭，共立国34年。

>>>寻踪觅迹

河北临漳县　古称邺，三国两晋南北朝时期，曾作为曹魏、后赵、冉魏、前燕、东魏、北齐六朝都城，有邺城遗址等众多文化遗存。

18. 前秦的兴盛

"大秦龙兴化牟古圣"瓦当
河北易县出土。应为官府建筑材料。"大秦"指前秦；"龙兴"指前秦建国并崛起；"化牟古圣"是对前秦君主的赞颂之词，大意是说他们建立的丰功伟绩可以和古代名君媲美。陕西历史博物馆藏。

在十六国中，氐族苻氏建立的前秦最为强盛。其奠基者苻洪在后赵石虎进攻关中时，率族归附。石虎死后，苻洪率十余万军队投靠东晋，接受东晋的官爵。后来，苻洪的儿子苻健占据关中，并以此为根据地。东晋永和七年（351），苻健自称天王，定都长安（今陕西西安），国号大秦，史称前秦。次年，苻健又改称皇帝。

前秦的兴盛是在苻坚统治期间。苻坚是苻健的侄子。东晋升平元年（357），苻坚发动兵变夺取政权，去掉前秦的帝号，自称"大秦天王"。当时前秦社会一片混乱，苻坚任命王猛为相，整顿吏治，惩处不法豪强，平息内乱，社会风气大为好转。

苻坚自幼深受汉文化的熏陶和影响。为了推行教化，培养治国人才，他恢复了太学和地方各级学校，广修学宫，选精通儒学者任学官，强制公卿、贵族和百官子弟入学读书，甚至他的禁卫军战士、宫中后妃也要入学受业。苻坚亲自到太学考问学生的学习情况，选拔品学兼优者为官。他规定俸禄百石以上的官吏必须学通一经一艺，否则一律罢官。一时间，前秦出现了劝业竞学、养廉知耻的风气。

由于战乱不息，加上连年天灾，前秦的经济形势极为严峻，国库空虚、民生凋敝。为了彻底扭转局面，苻坚决定偃（yǎn）甲息兵，发展生产。

东晋升平二年（358），前秦遭遇大旱灾。为了和百姓共渡难关，苻坚下令减少自己的膳食，取消娱乐活动，后宫宫

铜马

东晋。陕西宁强县出土。宁强县在东晋十六国时期曾反复属于成汉、前秦、后秦、东晋。陕西历史博物馆藏。

女换下绫罗绸缎，改穿布衣，文武百官也相应地减少俸禄。苻坚还下令开采矿产，采伐林木，解除限制河流湖泊渔业的禁令。由于措施得力，大旱没有引起大的饥荒。

针对关中降雨稀少、土壤干旱的特点，苻坚推行节水的区田法，精耕细作，提高粮食的产量。同时，苻坚下令调派王侯以下官吏家庭和豪富家的奴仆三万人，开发泾水上游，凿山筑堤，疏通沟渠，灌溉梯田和盐碱地，使荒芜多年的田地重新长出了新苗。

苻坚派出使臣到各地巡视，劝课农桑，推广先进的生产技术，奖励努力种

田的农民。苻坚还亲耕籍田，苟皇后也到近郊养蚕，以劝勉农民积极从事农业生产。后来，前秦再次遭遇旱灾，苻坚考虑到农民歉收，就下令减免部分租税，节约官府开支，适当降低官员的俸禄，并规定不是当务之急就不征派徭役了。

由于苻坚把发展农业作为基本国策，前秦的经济很快得到恢复，工商业也得到迅速发展，几年后便出现了安定清平、家给人足的新气象。

经过十几年的发展，前秦的国力增强了，苻坚开始了统一北方的征战，370年灭前燕，第二年降服氏族杨氏建立的仇池国（今甘肃陇南武都区），373年攻取东晋的梁、益二州，376年灭前凉和代国，382年命大将吕光进驻西域。至此，西晋末年以来长期纷扰割据的北方地区，终于被前秦统一。前秦版图"东及沧海，西并龟兹，南包襄阳，北尽沙漠"，与东晋形成了南北隔江对峙的局面。

>>>阅读指南

柏杨：《通鉴纪事本末》（第七部）。中信出版社，2009年3月。

陈琳国：《中古北方民族史探》。商务印书馆，2010年4月。

>>>寻踪觅迹

苻坚墓 位于陕西彬县水口镇九田村，当地民众称之为"长角冢"。

19. 东晋、前秦对峙襄阳城

前秦与东晋对峙之势形成后，前秦王苻坚自恃强盛，不断对东晋发动袭击，企图一统天下。

东晋太元三年(378)春，前秦派前三路大军进攻东晋，其中苻坚的儿子苻丕统帅七万大军从正面向东晋重镇今湖北襄阳发动进攻，拉开了前秦和东晋大规模战争的序幕。

襄阳位于汉水中游南岸，三面环水，一面靠山，为历代兵家必争之地。当时镇守襄阳的是东晋梁州刺史朱序。朱序认为襄阳城墙高大，又有天险可凭，易守难攻，前秦的北方士兵不善水战，本来就有些轻敌，当他从城楼上看到汉水的民船都靠到了南岸，前秦军队根本就找不到渡江的船只时，防范就更放松了。

朱序的母亲韩夫人早年曾经跟随丈夫打过仗，颇晓战事。她担心前秦军队早晚会渡过汉水来攻城，于是亲自巡视襄阳城的防卫工作。她发现面临汉水的西北角城墙很不牢固，就带领家里的女仆和城中的妇女，抢修、加固城墙，并且在旁边斜筑一段长60多米的新城墙，形成了城内城。后来人们佩服韩夫人的先见之明，就把这段城墙称为"夫人城"。

果然不出韩夫人所料。前秦骁将石越率五千精锐骑兵，用竹筏渡汉水，迅速攻占了襄阳外城，并夺走了一百多艘船，前秦士兵得以全部渡江。苻丕来到襄阳城下，亲自指挥军队昼夜攻城。朱序和将士依靠百姓的支持，与前秦军队展开了激烈的战斗。襄阳城墙西北角虽然经过加固，但还是倒塌了，幸亏有妇女们修筑的那道新城墙，才挡住了前秦

青铜马
湖北襄阳东晋墓葬出土。体形接近真马，重约两吨，是目前中国发现的最大青铜马。专家推测墓主人可能是当时襄阳地区的州刺史。襄樊博物馆藏。

铜器座
湖北襄阳东晋墓葬出土，襄樊博物馆藏。

军队凶猛的进攻。

前秦大军将襄阳城团团包围，东晋将士只好退入韩夫人带领妇女们抢修的新城内，拼死抵抗。襄阳全城老少齐上阵，加入守城的行列。由于襄阳军民团结一致，前秦军队连续攻城8个月，从春天一直打到腊月，就是没有办法攻克这座已经既无粮草供给也无外援的孤城。

这时，符坚派人给符丕送来一把宝剑，限令他在第二年的春天攻下襄阳城，否则，就拿这把剑自杀。

符丕心急如焚，召集众将另谋克城策略。众将一致认为，襄阳被围困已久，外援不至，粮食将尽，内部必然生变。

于是，符丕派人暗地打通与朱序部下李伯护的关系，约李伯护为内应。

这时，由于带领襄阳军民屡败前秦军队，朱序被暂时的胜利冲昏了头脑，戒备开始松懈起来。李伯护叫儿子偷偷出城，向符丕报告城中的情况。符丕得信，趁夜色出动轻骑万人，发动突袭，李伯护打开襄阳城门接应。朱序仓猝应战，终于不敌，固守了一年的襄阳城失陷。朱序被俘，但符坚并没有杀他，而是让他做了前秦的尚书。

前秦攻占襄阳后，在进攻淮南的行动中受阻，进攻江陵也被击退，符坚决定重新进行战略部署，全力发动对东晋的进攻，淝水之战就是其中最重要的战役。

>>>阅读指南
王连升主编：《中国往事——讲述晋朝》。山西教育出版社，2010年3月。
姜若木：《3小时读懂晋朝》。京华出版社，2011年4月。

>>>寻踪觅迹
湖北襄阳市 原名襄樊市。襄阳古城墙始筑于汉初，唐宋年间改为砖城，其西北角就是夫人城，现存城墙为明代的墙体。襄阳古护城河是我国最宽的护城河。襄樊博物馆收藏有众多文物。

20. 东晋、前秦淝水鏖兵

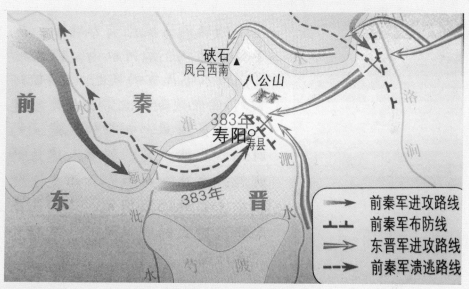

淝水之战示意图

淝水之战是中国历史上著名的以少胜多的战例之一，我们熟悉的成语投鞭断流、草木皆兵、风声鹤唳等都出自这场战争。

前秦统一北方后，对东晋的战争又取得一系列胜利，前秦王苻坚准备集中力量，一举荡平东晋，统一南北。

东晋太元七年（382）十月，苻坚向群臣提出讨伐东晋的想法，但臣僚们大多不赞成。他们认为，东晋君臣和睦，内外同心，又据有长江天险，恐难取胜，这样的战争不仅会使前秦的名声受挫，

而且资财、力量耗尽，得不偿失。有的大臣还极力谏阻，苻坚的弟弟苻融也不同意伐晋，可苻坚不听劝阻，一意孤行。

东晋太元八年（383）八月，苻坚调集90多万兵力，对东晋发动总攻。他派苻融率步骑20多万作为先锋，自己亲统主力殿后，又命部分水师从巴蜀顺流东下。三路大军水陆并进，绵延千里，旌旗遥遥相望。苻坚骄狂地宣称："以我百万大军，即使将马鞭扔到长江中，就足以让长江断流！"

强敌压境，东晋面临生死存亡的危

东山携妓图（局部）
明朝郭诩作。描绘东晋名士谢安隐居东山的轶事。谢安年轻时隐居东山，经常带着歌舞伎和朋友一起游山玩水。后来他出山做官，位至宰相，成语"东山再起"就源于此。台北"故宫"藏。

急关头，以宰相谢安为首的主战派决意奋起抵抗。以谢安的弟弟谢石为征讨大都督、侄子谢玄为先锋的八万东晋军队，沿淮河西上，迎击前秦主力；龙骧将军胡彬率领五千水军，增援战略要地寿阳（今安徽寿县）；江州（今江西九江）刺史桓冲率十万军队控制长江中游，阻止从巴蜀顺江东下的前秦水师。

十月，苻融的前秦先锋军队攻占了寿阳，奉命驰援寿阳的胡彬在半路上得知消息，便退守硖石口（今安徽凤台境内），随即被苻融军队阻断退路，粮草用尽。胡彬派人送信向谢石告急，但送信

的士兵被前秦军抓了，信落在了苻融手里。苻融立刻向苻坚报告了晋军兵少粮缺的情况，苻坚得报，把大军留在今河南项城，自己只带八千骑兵赶赴寿阳。

苻坚到达寿阳后，派投降前秦的原东晋襄阳守将朱序到晋军大营去劝降。谁知朱序人降心未降，他向谢石提供了前秦军队的情况，建议晋军趁前秦军队还在行军途中、没有全部抵达的时机，迅速发动进攻，击败苻融的前锋部队，挫其锐气，以击破百万秦军。谢石觉得有道理，便决定转守为攻，主动出击。

十一月，前秦以五千精兵突袭洛涧（今安徽怀远段洛水），大败前秦五万军队。晋军士气大振，乘胜西进，直抵淝水东岸，在八公山下安营扎寨，与淝水西岸的前秦军队隔江对峙。苻坚和苻融登上寿阳城观望，只见对岸东晋军队布阵整齐，士气高昂；再看看八公山上，由于草木影影绰绰，也以为满山遍野都是东晋的士兵。苻坚有些吃惊，对苻融说："这是劲敌啊，怎么会说他们兵少？"

由于前秦军队紧逼淝水西岸布阵，东晋军队无法渡河作战。谢玄就派使者去见苻融，要求前秦军阵稍微往后退一

>>>阅读指南

李泉：《一本书读懂中国史》。中华书局，2009年4月。

刘精诚：《两晋南北朝史话》。中国国际广播出版社，2009年10月。

东晋陶牛车及陶俑群

江苏南京象山出土。牛车四周散置着一组14人的陶俑，有文吏俑、侍从俑、牵牛俑、仪仗俑、跪俑等，生动地再现了东晋豪门贵族出行时前呼后拥的情形。南京市博物馆藏。

些，让晋军渡过河去，双方决一胜负。前秦将领都表示反对，但苻坚认为可以将计就计，等晋军渡河一半时，出动骑兵攻杀，肯定能取胜，于是就答应了谢玄的要求。

谁知前秦军心不稳，一后撤就失去了控制，阵势大乱。晋军趁势抢渡淝水，发动猛烈攻击。朱序在前秦军阵后面大喊："秦兵败矣！秦兵败矣！"前秦士兵信以为真，转身竞相奔逃。苻融见大势不妙，急忙阻止，不料混乱中堕马，被晋军所杀。

失去主将的前秦军队彻底崩溃了。士兵们惊慌失措，向北一路狂奔乱逃，昼夜不敢停歇，听到风吹动的声音和鹤的鸣叫声，都以为是东晋追兵来了，人马自相践踏而死的，满山遍野，充塞河道，加上冻饿交加，仅剩下十余万人逃

回了洛阳，苻坚也中箭负伤。朱序乘机逃回了东晋。

晋军收复寿阳的捷报送到时，谢安正在家中与人下棋。他看完捷报，不露声色，随手放在一边，照样下棋。客人知道是前方送来的战报，忍不住问："战况怎样？"谢安慢吞吞地说："孩子们把贼人打败了。"客人听了，高兴得不想再下棋了，想赶快把这个好消息告诉别人，就告辞了。谢安送走客人，回到内宅，兴奋的心情再也按捺不住，跨过门槛的时候，跟跟跄跄的，把脚上木屐的齿碰断了都没有发觉。

淝水之战，处于绝对优势的前秦败给了东晋，从此一蹶不振。原先归附前秦的各族乘机独立，北方再度陷入分裂割据状态。东晋相对稳定的局面则得以巩固，江南的经济、文化进一步发展，此后数十年间，东晋再无外族侵略。

>>>寻踪觅迹

安徽寿县 古称寿春、寿阳、寿州，曾为蔡国、楚国、西汉淮南国、南朝宋国和东汉袁术称帝的建都地。寿县东门外的八公山下是淝水之战的古战场，苻坚的惊马坡、晋军抢渡的东津古渡、谢公祠等古迹犹在。县博物馆收藏有众多文物。

江苏南京乌衣巷 东晋名相王导、谢安宅院所在地，现有重建的王、谢故居仿古建筑。

21. 羌族后秦灭前秦

羌族姚苌（cháng）杀死前秦王苻坚时，羌族将士"皆为之哀恸"。苻坚死后，姚苌又尊他为"壮烈天王"。得到异族将士的同情，并被追加谥号，这是中国历史上少有的事情。

姚苌的祖上生活在陇西地区（今甘肃），后赵时被迁徙到关东，姚苌父亲姚弋仲曾接受东晋官爵。姚苌很早就随哥哥姚襄征战，并参与决策。东晋升平元年（357），姚襄在与前秦的战争中兵败被杀，姚苌率众投降前秦，得到苻坚的赏

头戴蝶状发冠女俑
陕西咸阳平陵乡十六国墓出土。有专家认为该墓是前秦或后秦墓葬。

识，累建战功，成为前秦的重要将领。

淝水之战后，鲜卑贵族、前燕王慕容皝的孙子慕容泓起兵反前秦，于东晋太元九年（384）建立西燕政权，苻坚派姚苌协助儿子苻睿讨伐慕容泓。苻睿战死，姚苌认为自己对战败负有责任，便派部下赵都向苻坚请罪，苻坚一怒之下杀死了赵都。姚苌见势不妙，逃到渭北，得到羌人及当地豪族的支持。同年，姚苌建立后秦政权，起兵反前秦。

385年，西燕王慕容冲率军攻入长安，前秦王苻坚逃到今陕西岐山县境内的五将山，被姚苌闻讯派兵包围并俘虏。姚苌派人向苻坚索取前秦的传国印玺，被苻坚怒骂。姚苌又派原前秦官吏劝说苻坚把君主之位禅让给他。苻坚认为自己待姚苌不薄，因此姚苌越是催逼，苻坚就越发愤恨、痛骂姚苌，以求一死。姚苌十分羞愤，派人把苻坚缢死在新平郡（今陕西彬县）一个佛寺中。苻坚妻子、随从等全部自杀，场面相当悲壮。

>>>阅读指南
灵悟法师：《鸠摩罗什传奇》。宗教文化出版社，2011年6月。
蔡东藩：《两晋演义》（插图本）。华夏出版社，2007年1月。

后秦吕他墓表
后秦弘始四年（402）立，陕西咸阳渭城区窑店镇出土，是研究十六国时期书法及早期墓志的难得实物资料。吕他是后凉王吕光的儿子，后来归附后秦，任幽州刺史。西安碑林博物馆藏。

广武将军碑（局部）
前秦时期（368年刻）的书法作品，隶书。西安碑林博物馆藏。

而此前苻坚已经把自己的两个女儿杀死了。后秦将士感念苻坚昔日的恩德，哀声回荡长空，传遍了新平城。

苻坚死后，苻丕继位仅一年就被东晋军队所杀。苻坚族孙苻登继位，与姚苌连年大战。389年正月，前秦军队屡战屡胜，姚苌认为是因为有苻坚的神灵保佑，于是在营中竖起苻坚神像，对着神像祈祷说：杀死您是执行哥哥姚襄的遗命，不是我的本意，希望您不要记恨我。

苻登得知姚苌心生畏惧，便登上军中的高楼，远远地对姚苌大声呼喊："作为臣子，你杀害自己的君主，却又立像求福，能有什么用？你为什么不出来决一死战！"姚苌不理会，但过些日子，后秦军队又作战不利，姚苌就每晚做噩梦，多次被惊醒，于是他把神像的头砍下来送给了苻登。

东晋太元十八年（393），姚苌病死，太子姚兴继位。他打败了苻登，灭前秦，并乘西燕败亡之际，取得河东，随后又相继攻占洛阳，臣服西秦，攻灭后凉，使后秦成为当时北方最为强大的政权之一。

>>>寻踪觅迹
草堂寺　位于陕西户县东南圭峰山北麓，始建于公元401年，是后秦皇帝姚兴为龟兹高僧鸠摩罗什在自己的逍遥园中所建的居住和译经场所，也是佛教传入中国后的第一个国立译经场。

22. 张轨家族治理凉州

宴享伎乐图
甘肃酒泉丁家闸十六国墓壁画。

古凉州即今甘肃武威一带，位于河西走廊的要冲，魏晋时期，这里是前凉统治者张轨家族据守的核心地区，也是西域汉文化的中心。

张轨从小接受家学，精通儒术，青年时期以世家子弟的身份到洛阳求学，拜隐士皇甫谧(mì)为师，并通过皇甫谧的推荐，进入仕途，一直做到散骑常侍，出入于皇帝身边。

西晋永宁元年（301），张轨离开洛阳，出任凉州刺史兼护羌校尉。当时凉州局面混乱，张轨采取了一系列措施：阻击鲜卑的入侵，保境安民；重用人才，招纳当地有威望和才干的头面人物、文才武将参政议政；崇文重儒，重视教化，设学官，立学校，普及文化教育；督课农桑，发展商业，并铸造五铢钱在凉州通行。经过有力的治理，凉州经济得以快速恢复和发展，凉州治所姑臧（今甘肃武威）成为西北地区的政治、经济和文

驿使图画像砖（局部）
是迄今发现的我国最早的古代邮驿形象资料，真实地记录了魏晋时期河西走廊邮驿发达的情况。

二牛犁地画像砖
甘肃嘉峪关市东北的戈壁滩上分布着众多魏晋时期的古墓葬，墓中砖画或壁画生动地描绘了河西畜牧业生产情况和人们丰富多彩的生活场景，反映了当时这一地区政治稳定、经济繁荣的安康局面。

化中心。

西晋末年中原大乱，大批中原人士逃往经济富庶、社会安定的凉州避难，张轨设置武兴郡和晋兴郡安置流民，使中原文化得以在河西保存、扎根、繁荣。同时，流民的到来使劳动力增加，中原先进的生产经验得以传播，也促进了凉州社会经济的进一步发展。

张轨始终忠于晋室，多次发兵不远数千里到京师洛阳增援解围，捍卫晋室。西晋末年政局混乱，州郡各自为政，自行停止了对朝廷的贡奉，唯独张轨"遣使贡献，岁时不绝"。

张轨死后，其子张寔(shí)继任凉州刺史。西晋灭亡后，张寔依然使用西晋愍帝司马邺的"建兴"年号，同时，他也建立了自己的年号"永安"，所以名义上是晋臣，但实际上是割据政权，史称前凉。

张寔儿子张骏和孙子张重华统治时期，前凉达到极盛，疆域据有今甘肃、新疆及内蒙古、青海各一部分。张重华死后，他的儿子们争权夺位，历时十年，凉州大姓也起兵反抗，前凉国势大衰。东晋太元元年（376），在前秦苻坚13万大军的大举进攻下，张轨后裔张天锡被迫投降，前凉灭亡。

在大分裂的十六国时期，张轨家族据守河西，积极经略西域，为中国西北地区政治、经济、文化的发展和民族大融合作出了不可磨灭的历史贡献。

>>>阅读指南
　　贾小军：《魏晋十六国河西史稿》。天津古籍出版社，2009年9月。
　　赵向群：《五凉史探》。甘肃人民出版社，2007年12月。

>>>寻踪觅迹
　　甘肃武威市　古称凉州，是古丝绸之路上的重镇，十六国前凉、后凉都城，南凉、北凉也曾一度都于此，有"四凉古都，河西都会"的美称。市博物馆收藏有众多相关文物。

23. 铁弗匈奴人建夏国

海宝塔
位于宁夏银川市北郊，俗称北塔。始建年代不详，史载赫连勃勃曾重修，故又名赫宝塔。现塔是清乾隆四十三年（1778）重修的。

铁弗部是汉末南匈奴的一支，是匈奴与鲜卑的混血部族。北方各族称那些父亲是匈奴人、母亲是鲜卑人的后代为"铁弗"，因此，他们的部落便以铁弗为号。

十六国时期，铁弗部首领是刘卫辰。

匈奴人取汉姓，是因为他们的祖先匈奴单于曾娶汉室女子为妻，因此刘卫辰自认为是"夏后氏之苗裔"。刘卫辰先是在前秦和代国之间周旋，既娶代王拓跋什翼犍的女儿，又做前秦苻坚的左贤王，叛服无常。后来，前秦灭代，刘卫辰屡败于前秦，只好依附苻坚，苻坚让他统率黄河以西诸民族，日益兵强马壮。

前秦瓦解后，刘卫辰的儿子刘勃勃投奔后秦，得到后秦王姚兴的信任，羽翼日渐丰满。东晋义熙三年（407），刘勃勃脱离后秦自立为王，国号大夏，历史上也称之为胡夏。

立国之后，刘勃勃声称自己的祖先跟随母姓不合礼法，就给自己改了一个具有匈奴色彩的姓氏"赫连"，于是刘勃勃就变成了赫连勃勃。他还将部落名由"铁弗"改为"铁伐"，并将其作为旁系亲属后裔的姓氏，意思是夏国宗族子孙"刚锐如铁，皆堪伐人"。

大夏石马

迄今发现的唯一一件夏国纪年实物，是镇守长安的赫连勃勃长子赫连璝墓地遗物，马的腿部刻有"大夏真兴六年"等铭文。西安碑林博物馆藏。

赫连勃勃设置百官、衙署，建立起与汉族中央政权大同小异的国家制度，图谋发展。

东晋义熙九年（413），赫连勃勃征十万胡汉民众，历时六年，在今陕西靖边

县白城子村附近修筑起一座雄伟的都城，取名"统万"城，意为"统一天下，君临万邦"，表明其统一天下的雄心。

赫连勃勃不断侵扰后秦北边。东晋义熙十四年（418），赫连勃勃乘东晋破后秦之机，挥师南下攻取长安，并在那里称帝，刻石颂德，然后留下太子镇守，自己回师统万城，夏国国势日盛。

赫连勃勃去世第二年（426），北魏攻取长安，接着又攻破统万城，赫连勃勃的儿子赫连昌继位不久就做了俘虏。赫连昌的弟弟赫连定自称夏皇帝，在与北魏抗争过程中还趁机灭了西秦。431年，赫连定遭吐谷浑袭击，兵败被俘，夏国灭亡，存国共25年。

>>>阅读指南

吴洪琳：《铁弗匈奴与夏国史研究》。中国社会科学出版社，2011年5月。

火焰塔：《五胡录》。中国三峡出版社，2010年10月。

>>>寻踪觅迹

统万城遗址 位于陕西靖边县。夏国都城遗址，长期为北方重镇之一，北魏、西魏、东魏、隋、唐都曾在此置镇、州、郡，后西夏据此侵扰北宋，宋太宗下令毁城并迁走居民，一代名城随之衰败。

"大夏真兴"钱

夏国赫连勃勃真兴年间（419～425）铸。

24. 河西走廊上的混战

甘肃敦煌莫高窟第275窟西壁交脚弥勒

莫高窟第267窟至第272窟、第275窟是北凉时期凿
建的，是莫高窟最早的洞窟。

河西走廊自古就是兵家必争之地，十六国时期，为了争夺这一地区的控制权，多个民族建立的政权混战不已。

东晋太元七年（382），前秦王苻坚授命骠骑将军、氐族人吕光率领由七万步兵和五千骑兵组成的西征大军，进军西域。第二年春天，吕光从长安出发，经河西走廊，出玉门关入西域。

当时西域以焉耆和龟兹最为强大。焉耆王见吕光大军来势凶猛，便主动联络了一些小国投降了。龟兹王则把守城门，严兵抵抗。吕光安营扎寨，双方打起了持久战。半年后，龟兹王熬不住了，从附近一些小国请来了70余万援兵，但最终还是被吕光打败了。经过一年多的征战，吕光统一了西域全境。385年春，吕光带着西域骏马和各种珍奇异货班师回朝。

吕光走到半路，得知前秦在淝水之战失利后已趋于瓦解的消息。回长安前途难料，吕光采纳谋士的建议，决定先在凉州立足，于是下令改向高昌进军，高昌太守杨翰举郡投降。凉州刺史派兵到酒泉阻击吕光，大败被捉，附近各族纷纷投降。吕光率军进入姑臧（今甘肃武威）。385年九月，吕光自称凉州刺史、护羌校尉。

就在这时，前秦王苻坚被杀害的噩耗传到了凉州，吕光号令三军穿素服悼念苻坚，随即自称凉州牧、酒泉公。第二年，吕光以姑臧为都建国，国号凉，史称后凉。后凉强盛时，占有今甘肃西

炳灵寺石窟第169窟西秦泥塑佛像

甘肃永靖县炳灵寺石窟始建于西秦（420），历经北魏、北周、隋、唐、元、明、清各代扩建，现存窟龛近200个，石雕、泥塑佛像800余身，壁画近千平方米，佛塔近40多座，其中第169窟开凿于西秦，规模最大。

部和宁夏、青海、新疆的一部分。

就在吕光建立后凉的前一年，原前秦镇西将军、鲜卑酋长乞伏国仁在淝水之战后召集各部十余万人马，自称大将军、大单于，在苑川（今甘肃榆中）建国，史称西秦，其势力范围曾达今甘肃西南部和青海的一部分。

乞伏国仁去世后，其弟乞伏乾归继位。迫于后凉的压力，乞伏乾归遣子去当人质，但不久就反悔了。因西秦王出尔反尔，数度叛离，东晋隆安元年（397），后凉吕光决定率十万大军讨伐西秦。

西秦群臣大惊，纷纷劝乞伏乾归派儿子再去后凉做人质，向后凉称臣，然后率众向东逃去，避免和后凉刀兵相见。

乞伏乾归不同意，他另有打算。他认为吕光虽然兵多，但没有长久的谋略，且精兵都在吕光弟弟吕延手上，而吕延有勇无谋，吕延一败，吕光必然退兵，这时再追击，就可以取胜。

乞伏乾归派人到后凉军中欺骗吕延，说乞伏乾归带人马逃到成纪（今甘肃静宁）去了。吕延信以为真，率领轻骑猛追。属下司马耿稚认为乞伏乾归勇略过人，不可能望风而逃，这个报信人目光向上，脸上的表情也闪烁不定，肯定有诈。他建议全军一起推进，步骑相接，各路人马到齐了再进攻。吕延不听劝阻，挥军直进，遭乞伏乾归伏击，死于战阵。精锐部队战败，吕光只好领兵回师姑臧。

后凉在人马等方面都处于优势的情况下败给了西秦，受到了沉重的打击。吕光以护卫不力之名杀了吕延部下、匈奴卢水胡

北凉造像塔

甘肃酒泉出土，甘肃省博物馆藏。

甘肃高台县北凉古都骆驼城遗址出土的画像砖

沮渠罗仇兄弟。罗仇侄子沮渠蒙逊起兵反后凉，于397年推后凉建康（今甘肃高台）太守、汉人段业为凉州牧、建康公，建立北凉政权。401年，蒙逊杀段业，取而代之。

与此同时，河西鲜卑（拓跋氏的一支）贵族秃发乌孤也与后凉决裂，于397年建立南凉政权。北凉敦煌太守、汉人李暠于400年自立，建立西凉政权。

后凉势力日孤。吕光死后，其子侄自相残杀，使后凉陷入内外交困之中。403年，南凉、北凉、后秦联军包围姑臧，后凉王吕隆投降，后凉灭亡，存国仅18年。

西秦、北凉、南凉、西凉也互相攻伐，各方俱困。南凉与邻国连年交战，一度降附后秦，后败于夏国，410年被北凉逼得放弃姑臧迁都乐都（今青海乐都），接着又被数次围攻，414年西秦乘虚而入，南凉亡；西凉从建国开始就与北凉战个不休，421年终为北凉所灭；西秦连年与后秦、南凉、北凉、夏等国发生战争，426年，西秦攻北凉，夏国乘虚攻击西秦都城枹罕（今甘肃临夏），431年西秦亡；北凉先称藩于后秦，羽毛丰满后夺了南凉的国都姑臧，灭了西凉，但439年也灭于北魏。

战争是血腥的，但民族关系并没有因战乱破裂，反而在打打杀杀的过程中加快了融合的速度。

>>>阅读指南

周伟洲：《南凉与西秦》。广西师范大学出版社，2006年5月。

贾小军：《魏晋十六国河西史稿》。天津古籍出版社，2009年9月。

>>>寻踪觅迹

甘肃敦煌市 五胡十六国时期为前凉、西凉、北凉统治地区，是古凉州的文化中心，有莫高窟等众多人文古迹。

25. 后燕与北魏的恩恩怨怨

山西大同云冈石窟第20窟主佛
传说是北魏创立者拓跋珪的化身像。

后燕与北魏都是鲜卑族建立的国家，后燕为慕容氏所建，北魏为拓跋氏所建。

淝水之战后，投降前秦的前燕开国皇帝慕容皝第五子慕容垂与前秦决裂，于东晋太元九年（384）集合鲜卑故旧建国，第二年定都中山（今河北定州），第三年称帝，史称后燕。慕容垂的侄子慕容泓闻讯，也起兵反前秦，建立西燕政权。

后燕和西燕同是前燕宗室，都以复兴前燕相标榜，这样就产生了法统之争。后燕不容西燕"僭举位号，惑民视听"，于是发骑兵七万大举进攻西燕。394年，西燕灭亡。后燕基本恢复了原前燕的版图，据有今河北、山东及辽宁、山西、河南大部，成为十六国后期中原地区最强盛的政权。

东晋太元元年（376），由拓跋氏建立的代国为前秦所灭，十年后的386年，代国建立者什翼犍的后代拓跋珪重建代国，不久改国号为魏，史称北魏，拓跋珪即北魏道武帝。由于拓跋什翼犍曾娶前燕慕容皝之女为王后，所以拓跋部与慕容部有姻亲关系。

慕容垂曾帮助拓跋珪打败匈奴独孤部、贺兰部，拓跋珪势力大增。但后燕多次介入北魏与其他部落的战争，经常不请自到，引起了拓跋珪与日俱增的反感。后来，后燕为了向北魏索求战马，

佛像瓦当
内蒙古托克托县北魏云中古城出土，内蒙古博物院藏。

扣留拓跋珪的弟弟拓跋觚(gū)为人质，两国关系从此破裂。

　　东晋太元二十年(395)五月，慕容垂以太子慕容宝为元帅，出兵八万大举进攻北魏。谏官散骑常侍高湖劝告说：魏与燕国世代通婚。魏发生天灾人祸时，我们总是帮助他们渡过难关，彼此亲如一家。虽然发生了向他们要马被拒绝的事，但我们软禁了拓跋觚，是我们做得不对。拓跋珪沉稳勇武，很有谋略，现在又是兵强马壮的时候，可不能掉以轻心呀！高湖还认为，把军队指挥权完全交给慕容宝，必然导致其狂妄自大而轻视北魏，会坏大事。高湖的言辞有些激烈，慕容垂十分生气，当即罢了他的官。

　　北魏拓跋珪召集群臣商议对策。长史张衮认为：燕动员全国的财力物力来攻，气焰嚣张。我们应该避其锋芒，摆

出败退的样子，让燕军更加骄纵，然后再出其不意攻之，必能取胜。拓跋珪采纳了张衮的计策，带着部落和牲畜渡过黄河，西迁500多千米，躲避燕军锋芒。

　　燕军队长驱直入，一路上没遇到什么抵抗就兵临黄河边，准备造船渡河。拓跋珪则在黄河南岸整军15万，严阵以待。

　　燕军造好船后，派300多名士兵作为先遣队渡河。突然，狂风大作，几十艘战船被刮到了黄河南岸，船上300多名士兵都当了魏军的俘虏。燕军渡河失败，又在黄河边停留了近四个

鸟纹铜牌
北魏。内蒙古土默特右旗出土。其主人为鲜卑族，曾任内地的河内郡太守，死后返葬故地。中国国家博物馆藏。

石雕人物动物纹砚

北魏。山西大同市南郊出土。雕有骑兽、角抵、舞蹈、力士、沐猴、朱雀、云龙、水禽衔鱼等图案和花纹，反映了北魏杰出的雕刻艺术水平。山西博物院藏。

月，也没找到作战的机会。

十月底，天气逐渐变冷，后燕兵疲马困，士气涣散。燕军出发前，慕容垂已患有疾病。慕容宝到达黄河北岸之后，拓跋珪就派军队切断了燕军通往国都中山的道路，使慕容宝与慕容垂失去联系。拓跋珪制造假象，欺骗燕军俘虏说慕容垂已死，然后把俘虏放了回去。慕容垂去世的消息一下子就传开了，燕军上下惶惶不安，无心恋战。慕容宝下令烧掉战船，撤退回国。那时黄河水还没有封冻，慕容宝以为北魏不会渡河来追，军队行动缓慢，戒备空虚。

十一月初三，突然狂风四起，气温下降，黄河结冰，拓跋珪立即选派两万精兵，火速过河追赶后燕军队。燕军猝不及防，大败而逃。逃到参合陂（有今内蒙古凉城、山西阳高等多种说法），大风突起，黑云密布，有个和尚对慕容宝说：这是魏军骑兵扬起的风和土，他们很快就要来了，应该准备抵御。慕容宝不以为然，燕军后卫也不把魏军放在眼里，整天纵骑游猎，毫无防备。

魏军日夜兼程，行军神速，初九晚上就追到了参合陂，占领了高处。后燕军队一觉醒来，发现漫山遍野都是魏军，顿时惊慌失措，混乱不堪。魏军居高临

>>>阅读指南

海伦纳：《金雕拓跋珪》。内蒙古人民出版社，2007年4月。

田余庆：《拓跋史探》。生活·读书·新知三联书店，2003年3月。

铜虎子
北燕。内蒙古盛乐博物馆藏。

下，纵兵掩杀，势不可挡，燕军仓猝应战，人撞马踩，轧死、淹死者数以万计。魏军又堵住燕军的退路，四五万燕军只好束手就擒，文武将吏被俘虏的有数千人，慕容宝等人单枪匹马逃脱。

慕容宝认为参合陂大败是自己的奇耻大辱，战后不久就想出兵报仇。第二年三月，慕容垂亲率大军再次进攻北魏，拓跋珪的堂弟拓跋虔轻敌大败。慕容垂乘胜前进，当路过参合陂时，看到燕军尸骸堆积如山，深受刺激，连气带恨，病死在路上。

慕容垂死后，慕容宝继位，后燕内部互相倾轧，力量削弱。八月，拓跋珪率领 40 万大军大举进攻后燕，第二年就占领了后燕都城中山，从此成为华北的霸主。后燕几经分裂，409 年为鲜卑化汉人冯跋建立的北燕取代。

东晋隆安二年（398），拓跋珪把北魏都城由偏远的盛乐（今内蒙古和林格尔）内迁到平城（今山西大同），之后灭夏、西秦、北燕、北凉，破柔然，统一了北方，结束了北方自西晋末年以来 130 多年的分裂局面，北方各族人民进入了一个和平发展的阶段。

>>>寻踪觅迹

山西大同市 北魏前期都城平城所在地。从北魏天兴元年（398）拓跋珪迁都于此，至太和十八年（494）北魏孝文帝迁都洛阳，北魏在此建都达 97 年之久。有平城遗址、冯太后永固陵、云冈石窟、悬空寺、方山鹿苑等众多相关古迹。大同市博物馆收藏有相关出土文物。

26. 东晋南燕 逐鹿中原

刘裕初宁陵石刻
初宁陵位于江苏南京市麒麟门外的麒麟铺，陵冢已被夷为平地，仅存双翼石兽一对。

南燕为前燕慕容皝的小儿子慕容德所建，在今山东和河南东部一带。

东晋隆安元年（397），北魏占领后燕都城中山，后燕主慕容宝的叔叔慕容德当时镇守邺城（今河北临漳）。见大势不妙，慕容德率众南徙滑台（今河南滑县），于398年另立政权，史称南燕，第二年又东迁，以广固（今山东青州）为都。此后，南燕屡次南侵，搅得东晋北部边境很不安宁。

慕容德死后，继位的慕容超是个昏君，整天沉迷于游猎玩乐，赋役繁多，百姓苦不堪言。

东晋义熙五年（409）正月，慕容超嫌宫廷乐师不够，就想去东晋抢一些人来补充，于是袭击了东晋宿豫郡（今江苏宿迁宿豫区），掠走百姓2500人。当时执掌东晋朝政的重臣刘裕决心抗击南燕。四月，刘裕亲率大军从建康（今南京）出发，水陆并进，北伐南燕。

慕容超召集群臣商讨对策。大臣公孙五楼建议：固守地势险要的大岘山（今山东临朐县沂山），不与晋兵正面交锋，拖延时日以挫败敌军锐气，然后派出两支精锐队伍，一支南下切断敌军粮道，另一支从侧翼攻击晋军，这是上策；命令各地依险固守，毁掉庄稼，坚壁清野，晋军求战不能，又无粮可取，必然无法坚持，此为中策；放敌人越过大岘山，出城迎战，此为下策。慕容超不纳公孙五楼的意见，认为南燕国富兵

东晋执盾武士俑
分别出土于江苏南京市石门坎和富贵山，南京博物院藏。

四万继后。公孙五楼与晋军前锋短兵相接，战败而退。刘裕把4000辆战车分成左右两翼，兵、车相间，骑兵在后，向前推进，慕容超则以精锐骑兵前后夹击。两军主力在临朐南激战良久，未分胜负。刘裕接受属下乘虚攻克临朐城的建议，派参军胡藩等率精兵走小道绕至燕军阵后，扬言他们是从海上来的，东晋后续大军马上就要到了。慕容超大惊，晋军趁势攻占了临朐。慕容超单骑逃回广固，晋军追至，攻破外城。

慕容超被困在广固内城，派人到后秦求援。后秦王姚兴派一万骑兵去救南燕，并遣使向刘裕宣称已在洛阳屯兵十万作为后援，刘裕不为所动。不久，后秦被夏国大败，无力援救南燕。援兵不至，广固城中兵民惊恐。刘裕采取了招降纳叛、争取民心的措施，归晋的民众日增，南燕一些大臣也相继投降。

强，无须示弱，决定放晋军进入大岘山，再以优势兵力迎战。

五月，晋军到达今江苏邳州，留下舰船、辎重，改为步行。为了防止被燕军袭击断绝后路，晋军沿途筑城，留兵守卫。进入山东，一路未遇抵抗，六月，不战而过大岘山，他们还发现南燕的田野上居然到处都是庄稼。刘裕大喜，说：险境已过，粮食遍野，大军无匮乏之忧了！于是决定不要后方供给，就地解决粮食补给。

晋军到达今山东临朐，慕容超令公孙五楼率步骑兵五万做先锋，自己率军

>>>阅读指南
　　蔡东藩：《两晋的故事·司马篡魏到刘裕夺鼎》。华夏出版社，2008年1月。
　　云海孤月：《南北朝那些事儿·刘裕拓跋珪卷》。中国工人出版社，2009年7月。

头梳双髻女立俑

东晋。江苏铜山县茅村乡内华村出土，江苏徐州博物馆藏。

陶女俑

东晋。江苏南京市西善桥出土，南京博物院藏。

头梳双环髻女俑

东晋。江苏南京北郊幕府山出土，南京博物院藏。

慕容超想割大岘山以南土地与东晋讲和，向东晋称藩，遭到拒绝。

九月，慕容超再次派重臣韩范去后秦借兵，被刘裕截获并招降。刘裕让韩范绕广固城而行，城内南燕守军一见，知道后秦救兵无望，更加沮丧。晋军制作各种攻城器具，加紧攻城。燕军被困已久，城中粮食将尽，很多士兵越城降晋。公孙五楼等试图挖地道领兵出击晋军，没能成功，就劝慕容超投降求生，慕容超拒绝了。

410 年二月，晋军从四面发起攻城，南燕尚书悦寿打开城门投降。慕容超突围被俘，南燕灭亡。

>>>寻踪觅迹

山东青州市 传说中远古九州之一。境内尧王山附近有南燕都城广固城遗址，尧王山之名传说也是由慕容德登临后而来的。青州博物馆藏品丰富。

27. 多民族共同创造的文化瑰宝

甘肃敦煌莫高窟第 275 窟北凉壁画

莫高窟现存时代最早的洞窟是北凉时期凿建的，代表性的有第 268 窟、第 272 窟、第 275 窟。

前秦建元二年（366）夏天的一个傍晚，一个法名乐僔（zǔn）的和尚从敦煌的三危山下路过，忽然，他看见三危山上金光万道，仿佛有千万尊佛在闪烁。他又惊又喜，认为一定是佛显圣了，于是决定就在这里拜佛修行。他请来工匠，在悬崖峭壁上开凿了第一个洞窟。这是莫高窟开凿的一个传说。三危山的暗红色岩石富含矿物质，在夕阳的照射下反射出金光，乐僔和尚看见的所谓"佛光"

实际上是一种光学反射现象。

莫高窟俗称千佛洞，位于今甘肃敦煌东南鸣沙山与三危山之间的断崖上。从十六国时期的前秦、北凉，经过北朝、隋、唐、五代、宋、西夏、元，绵延千余年的续建和重建，形成了世界上现存规模最大、内容最丰富的佛教艺术宝库。

莫高窟洞窟开凿在高约 15 米至 30 米的崖壁上，分成南北两区，总长约 1700 米。现存洞窟 492 个，壁画 4.5 万多平方米，彩塑 3000 余身，是一处融建筑、彩塑、壁画为一体的综合艺术殿堂。

莫高窟的精华是彩塑和壁画。彩塑主要是佛、菩萨、力士、天王等佛教尊像，大的佛像高达 30 多米，小的只有十几厘米。壁画题材有佛教画像、佛传故事、供养人、中国神话故事等，反映了中国古代政治、经济、军事、文化、艺术、宗教、民俗等社会生活的方方面面，为研究中国美术史和古代风俗提供了极

>>>阅读指南

樊锦诗：《莫高窟史话》。江苏美术出版社，2009 年 1 月。

陈钰、何奇、晓军：《敦煌莫高窟及周边石窟》。三秦出版社，2006 年 1 月。

莫高窟第 249 窟西魏飞天

莫高窟现存有彩塑和壁画的 492 个洞窟中，几乎每一窟都有飞天，总计达 4500 余身，它是印度文化、西域文化和中原文化的结合体，是中国艺术家天才的创作之一。

有价值的形象和图样。

近代，莫高窟藏经洞（第 17 窟）的发现石破天惊。洞内藏有从 4 世纪到 14 世纪的各种经卷、文书、织绣、画像等文物五万多件，堪称一个内容丰富的古代博物馆。这些珍贵文物使用多种文字记载，有汉文、藏文、梵文、龟兹文、粟特文、突厥文、回鹘文、康居文等，件件都价值连城。可惜的是，由于近代中国积贫积弱，各列强国家的文化间谍打着探险考古的幌子来到敦煌，骗取甚至盗窃莫高窟文物。几年工夫，藏经洞文物就被窃取殆尽，大量流失海外或散落民间。对藏经洞典籍和敦煌艺术的研究，还诞生了一个国际性的学科——敦煌学。

从十六国到元朝，1000 余年间，不同时代的艺术风尚在莫高窟汇集成五彩景观，中华民族的传统艺术与罗马、希腊、印度等外来文明水乳交融。作为世界文化遗产，莫高窟当之无愧！

>>>寻踪觅迹

敦煌石窟群　莫高窟是石窟中规模最大、影响最深远的。此外，敦煌附近还有西千佛洞、东千佛洞和榆林石窟，它们的开凿年代与莫高窟大体相当，石窟的结构、壁画内容和艺术风格与莫高窟相近。

28. 胡汉分治

鸭形玻璃注

辽宁北票市北燕冯素弗墓出土。这件东罗马的器物应该是经由丝绸之路到达北燕的。冯素弗是十六国时期北燕的实际建立者冯跋之弟，是鲜卑化的汉人。辽宁省博物馆藏。

胡汉分治是五胡十六国时期少数民族统治者实行的民族政策，就是将胡人与汉人区别对待，设置不同的机构进行管理。

胡汉分治始于匈奴汉国后期，被十六国时期各少数民族政权普遍采用。

匈奴贵族刘渊建立汉国后，实行单于台分管胡人、皇帝分管汉人的政策，单于台是专门管理少数民族的机构。刘聪继位后，进一步健全胡汉分治制度，以儿子刘粲为大单于，设置左、右辅，各管匈奴、鲜卑、羯、氐、羌、巴氐等六夷部落10万落（一落相当于一户），每万落设置一都尉，主要统辖胡人；另设左、右司隶，各管汉人20余万户，每万户设置一内史，主要统辖汉人，共43内史。这实际上是两套统治机构，汉人归司隶、内史系统管理，其他少数民族归大单于、单于辅、都尉系统管理。

刘曜(yào)改汉国为前赵后，继续实行胡汉分治制度。他自己以皇帝身份统治汉人，让儿子刘胤(yìn)任大单于，统治胡人。一方面，单于台左、右贤王以下官员都由少数民族豪酋充当；另一方面，沿用魏晋的九品中正制选拔汉族官员。此外，仿效刘渊、刘聪徙民到都城地区的办法，将被征服的各族人民大

>>>阅读指南

李鸣：《中国民族法制史论》。中央民族大学出版社，2008年11月。

龚荫：《中国民族政策史》。四川人民出版社，2006年6月。

五凉时期的镇墓罐

甘肃敦煌市佛爷庙头层台出土。镇墓罐是随葬物，罐上有朱书、墨书，多有固定题文。五凉指十六国时期河西地区先后建立的五个割据政权，即前凉、后凉、南凉、西凉和北凉。

量徙置长安一带，以便直接控制。

羯族石勒建立的后赵沿用前赵的胡汉分治法，以内史统治汉人，置大单于镇抚百蛮，军队主要由胡人掌控。后赵抬高羯族地位，把羯人称为"国人"，严禁称"胡"和"羯"，设置专门的官职管理胡人词讼和出入。后赵一定程度上恢复了九品中正制，让汉族士族有免役和做官的权利，张宾等汉族士大夫受到重用。后赵虽然在法律上对胡、汉各有约束，但由于胡人地位高于汉人，汉人时常受到羯人欺压。

鲜卑族建立的后燕在都城龙城（今辽宁朝阳）实行胡汉分治政策。慕容垂称帝后，在龙城设置留台，命太子慕容宝为大单于镇守。慕容宝儿子慕容盛在位时，又在龙城立燕台，统诸部杂夷。末代君主慕容熙即位后，将燕台改为大单于台，置左、右辅。

十六国的夏、西秦、北燕、北魏等也都实行或部分实行过胡汉分治政策。

十六国时期胡人内迁，吸收了汉族文化，但本民族的特点明显地保留了下来，胡汉分治政策正是这一历史实际的客观反映。胡与汉、部落与编户为两个不同的系统，分开治理，胡人部落负责打仗，汉族编户则从事耕织，军事与经济之分也就是民族之分。

胡汉分治在十六国时期的作用既有积极的，也有消极的。一方面，它暂时缓和了各国的民族矛盾，有利于政权的巩固；另一方面，占统治地位的少数民族政治地位高于汉人，反过来又进一步激化了民族矛盾。由于十六国存国时间比较短，胡汉分治这一实践还来不及完善就寿终正寝了。但胡汉分治的影响却是深远的，后世的羁縻制度、土官制度等都有胡汉分治的影子。

>>>寻踪觅迹

马蹄寺石窟群 位于甘肃肃南县。始建于北凉，历经北魏、隋、唐、元、明、清各代营建或重修，形成由胜果寺、普光寺、千佛洞、金塔寺、南北寺、上中下观音洞等七个石窟群，共有70余处窟龛，迤逦近30千米。

华
胡
混
血

魏晋南北朝人俑

29. 从曹魏到西晋

对书俑
西晋。湖南长沙市金盆岭出土。俑头戴晋贤冠，身着交领长袍。中间置书案，案上有笔、砚、简册和一个手提箱。一人执笔在板状物上书写，另一人手执板，上置简册，反映了古人校对书籍的情景。湖南省博物馆藏。

东汉末年天下大乱，群雄逐鹿中原，曹操、刘备和孙权脱颖而出，各自割据一方，形成三足鼎立之势。东汉延康元年（220）曹操之子曹丕逼汉献帝退位，篡夺汉室政权，在洛阳称帝，国号魏，史称曹魏。第二年，刘备在成都称帝，国号汉，史称蜀汉。229年，孙权也在武昌（今湖北鄂州）称帝，国号吴，史称东吴。自此，三国鼎立局面正式形成。

三国之中，曹魏领土最辽阔，也最强大，不仅占据了长江以北的广大地区，人口稠密，经济发达，而且继承了东汉在西域的统治，把朝鲜半岛也并入版图。

曹魏的成就与司马懿、司马师、司马昭父子三人的贡献是分不开的。司马懿是曹操的重要谋士、曹丕的老师，以足智多谋闻名，多次征伐有功，是曹魏三代皇帝的托孤辅政重臣，也是掌控曹魏朝政的权臣。司马懿的长子司马师和次子司马昭也都雄才大略，相继控制了曹魏政权。司马昭总揽大权后，自封为晋王，封儿子司马炎为太子，开始准备取魏而代之，成语"司马昭之心路人皆知"指的就是他的这种野心。

263年，司马昭利用蜀汉内部混乱之机，兵分三路攻蜀。国力日下的蜀汉抵挡不住，刘备的儿子、蜀后主刘禅投降，蜀汉灭亡。

不久，司马昭去世。265年，司马炎

青瓷人骑狮烛台

西晋。湖北武汉市钵盂山出土。是晋代盛行的典型器物，胡人形象反映了当时民族的交往与融合。湖北省博物馆藏。

废魏帝曹奂，自立为帝，改国号为晋，史称西晋，曹魏亡。

晋武帝司马炎即位后的第一件大事便是平定东吴，统一全国。当时东吴局势混乱，吴帝孙皓是个荒淫、残暴之主，全国人心思变。为了完成灭吴大业，晋武帝开始运筹帷幄。269 年，他派羊祜坐守军事重镇荆州，着手灭吴的准备工作。荆州与东吴重镇石城（今湖北钟祥）距离很近，羊祜在荆州减轻赋税，安定民心，采取"以善取胜"的策略向吴军大施恩惠。由于孙皓挥霍无度，吴军士兵常常领不到军饷，连饭都吃不饱，羊祜

命人送去酒肉以瓦解吴军。这样，不时有吴军士兵前来投降，羊祜下令：吴军士兵来要欢迎，走要欢送。有一次，吴将邓香被晋军抓到了，羊祜不但不杀他，还亲自为他松绑，放他回去。有时，吴军狩猎打伤的野兽逃到晋军营地内，晋军也把这些猎物送还吴军。这样的"厚"爱让东吴将士的心一步步靠近晋军。

在向吴军施以仁德的同时，晋武帝命人在长江上游建造战船，训练水军。经过长达十年的充分准备，279 年十一月，晋军分五路沿长江北岸齐头并发，向东吴展开大规模的进攻，第六路晋军则沿江东下，直捣吴都建业（今江苏南京）。

东吴守军在长江巫峡中布下了无数

越窑青釉兽形尊

西晋永宁二年（302）。江苏宜兴出土，南京博物院藏。

青瓷骑俑
西晋。湖南长沙金盆岭出土，中国国家博物馆藏。

锋利无比、长十余丈的铁锥，并在江面狭窄处用粗大的铁链封锁。晋军则把点燃的大竹排放入长江，让熊熊烈火把铁锥、铁链烧断。东吴的长江防守设施就这样被一个个排除了。

由于时机恰当，战略正确，仅用了四个多月，晋武帝便夺取了灭吴战争的全部胜利。公元280年三月，吴主孙皓投降，东吴灭亡。这样，三国鼎立的局面完全结束，经过近百年的分裂，国家重新得到统一。

西晋统一全国，为社会与经济的发展提供了短期的良机。晋武帝在位25年，尤其是太康年间（280～289），社会相对繁荣稳定，经济有了较大的发展，史称"太康之治"。

为了巩固政权，晋武帝采取了怀柔政策：封禅位的曹魏末帝曹奂为陈留王，仍然使用天子旌旗，礼乐制度照曹魏旧制，上书不称臣，受诏可以不拜；优待亡国的蜀汉和东吴皇帝刘禅、孙皓，封刘禅为安乐公，赐孙皓为归命侯，让他们在都城洛阳居住，不仅安定了蜀汉人心，赢得吴人的好感，还缓和了朝廷内部的不安。

魏晋时期，北方各少数民族大量内迁，主要有匈奴、羯、氐、羌以及鲜卑五族，史称"五胡"。西晋时关中一带胡人已占当地人口的一半。虽然魏晋统治者强迫各族人民纳租调，服劳役，甚至强迫他们当奴婢和佃客，激起的反抗不断发生，但这些民族在汉族的长期影响下，逐步由游牧转向定居农业，中华民族的融合进程又向前迈进了一步。

>>>阅读指南
尹剑翔：《曹魏乱世智囊团》。知识出版社，2011年4月。
孙立群：《从司马到司马——西晋的历程》。中华书局，2011年10月。

>>>寻踪觅迹
河南洛阳 著名古都，也是曹魏、西晋都城，有汉魏洛阳故城遗址等相关古迹。洛阳博物馆收藏有大量文物。

30. 衣冠南渡 —— 中原汉族第一次大移民

东晋画家顾恺之《洛神赋图》中峨冠博带的人物形象

"衣冠"本意是衣服和帽子，泛指用来遮体的一切物件。西晋时期，中原汉族知识分子"峨冠博带"，即戴高帽子，穿阔带衣，风度翩翩，举止优雅。这样，"衣冠"就成了文明的代名词，并用来指代汉族或汉族建立的西晋政权。"衣冠南渡"，指的就是中原汉族、中原政权和中原文明的首次南迁。

西晋末年，皇族内部为争夺政权互相残杀，晋室陷于分裂，各民族乘机纷纷起兵。西晋永嘉五年（311）六月，匈奴汉国首领刘聪的军队攻陷西晋都城洛阳，大肆抢掠，杀害西晋太子、宗室、官员及士兵、百姓三万余人，并挖掘陵墓，焚毁宫殿，掳走晋怀帝，史称"永嘉之乱"。313年，刘聪害死晋怀帝，怀帝侄儿司马邺继位为愍帝，改都长安（今陕西西安）。但西晋建兴四年（316），篡夺匈奴汉国政权的刘曜又攻陷长安，晋愍帝投降，西晋政权仅维持52年就灭亡了。

就在中原局势恶化、西晋朝廷受到威胁的时候，晋愍帝的远房叔父司马睿采纳谋士王导的建议，于永嘉元年（307）带着一批人南渡长江来到建业（今江苏南京），并被朝廷任命为安东将军。但由于司马睿没有名望，到达江南一个多月都

>>>阅读指南
徐杰舜：《汉民族发展史》。武汉大学出版社，2012年4月。
《风流东晋》。文物出版社，2011年9月。

兰亭集序（摹本局部）

东晋名臣王导的侄儿王羲之是著名的书法家，隶、草、楷、行各种书体皆精，有"书圣"之称。《兰亭集序》是其代表作之一。

没有人来拜访。王导就和堂兄王敦谋划怎样才能提高司马睿的声望。第二年三月初三上巳（sì）节，王导建议司马睿出行观看当地节日活动。司马睿坐在轿子上，王导和王敦等有名望的北方士族则骑马跟随在后面。江南士族纪瞻、顾荣等见司马睿如此威严，很有气派，都上前拜见，王导趁机劝司马睿与江南士族合作。司马睿于是让王导去拜访贺循和顾荣等江南士族名人，并任命顾荣为安

东军司马，贺循为吴国内史，后又任命其他士族名人为官。司马睿渐渐得到了江南士族和百姓的支持。

永嘉之乱后，为躲避战乱，大量中原汉族臣民相随南逃，迁往长江中下游，史称"永嘉之乱，衣冠南渡"。在王导的建议下，司马睿任用其中的贤人俊才，逐渐把江南治理得井井有条。

317年四月，时为西晋丞相的司马睿在建康（今江苏南京）称王，重建晋室，史称东晋，第二年称帝，司马睿即晋元帝。东晋占据长江中下游以及淮河、珠江流域地区，与北方十六国形成并存局面，这一历史时期又称为东晋十六国。

东晋十六国及其后的南北朝时期，

青瓷鸡首壶

东晋。江苏南京西善桥出土。东晋是青瓷发展的一个重要阶段，无论是产品的数量、质量还是器物的造型、纹饰，都更加丰富多样，鸡首壶就是常见器型之一。南京市博物馆藏。

鎏金铜砚滴
江苏南京仙鹤观东晋名臣高崧家族墓出土，南京市博物馆藏。

中原动乱长达百年，中原汉族人民别无选择，只好不断向比较安定的江南迁徙。南方不少地方地广人稀，南迁的汉族人民可以按原籍聚居在一起，东晋政权设立大批"侨郡"、"侨县"加以管理。据南朝《宋书》记载，仅今江苏一带就有33个侨郡和75个侨县。

《晋书》对东晋初期几十年间中原汉族南迁的人口做了一个粗略统计：雍州约四五万户，并州约4万户，梁、益二州约20万户，冀州约万余户，宁州甚众，合计30余万户。而西晋时这些州的人口合计约68万户，可见南迁的户口已占其半了。如果与西晋全国户口245万户比较，则有八分之一南迁；每户以5人计，则南迁150余万人，占南朝刘宋时南方人口的六分之一。

在浙江，王、谢、袁、萧等大姓都是最早追随晋室南迁的，因而也得以进入东晋的权力中枢。从永嘉年间起，中原汉人开始大规模进入福建，主要有林、陈、黄、郑、詹、邱、何、胡八姓。这些大族先在闽北及今福州定居，而后向闽中和闽南沿海等地扩散。福州素有"林陈半天下，黄郑满街摆"之说。今台湾、广东、广西和海南非客家系的民众也大多来自这次大迁徙。

"衣冠南渡"是中原汉人第一次大规模南迁，他们把中原先进的文化和生产技术带到江南，促进了江南社会、经济和文化的发展，使中国文化的中心由黄河流域第一次向长江流域转移。更重要的是，从此开始了北方汉族移民与南方土著的融合，而留在中原的汉族，则与内迁的少数民族大融合，中华民族的族群结构图被大大改变了。

>>>寻踪觅迹

福州三坊七巷 是福州市中心南后街两旁从北到南依次排列的十条坊巷的简称。这里基本保留了唐宋的坊巷格局，保存较好的明清古建筑有159座。这些建筑的原主人正是"衣冠南渡"者的后裔，其中黄巷就是因晋永嘉二年（308）河南固始人黄元方避乱入闽，落户于此而得名。

东晋历史博物馆 位于江苏南京江宁区收藏当地出土的众多东晋文物。

31. 南北朝的对峙

山西太原北齐太尉、武安王徐显秀墓壁画（局部）

壁画规模宏大，内容纷繁，画有各类人物二百余人，各色仪仗、兵器、乐器和生活什物等均与现实同大，反映了北朝晚期北方的历史文化、社会生活、民族融合以及中西文化交流的情况。

公元383年淝水之战后，东晋解除了来自北方前秦的威胁，得以偏安江南。东晋皇室本身实力较弱，主要是依靠南迁避难的中原士族并联合南方大族维持着政权，但南北大族之间时常发生冲突，导致内乱频生，东晋政权并不稳定。东晋大亨元年（402），东晋大将桓玄乘朝廷实力虚弱，起兵一度篡夺了东晋政权。东晋另一位将领刘裕随即起兵讨伐并击败桓玄，控制了东晋朝政。此后，在不到20年的时间里，刘裕对内平息战乱，消灭各派军阀势力，对外致力于北伐，

取巴蜀、伐南燕、灭后秦，权倾朝野。东晋元熙二年（420），刘裕废东晋末帝司马德文，自立为帝，建都建康（今江苏南京），国号大宋，为区别于后世赵匡胤建立的赵氏宋朝，史学家称之为刘宋。从此，历史进入了南北朝时期。

南北朝是中国历史上的一段分裂时期，从公元420年刘宋建立，至公元589年隋灭陈朝为止，大约170年的时间里，中国的南方和北方处于南朝和北朝两大朝代集团长期对峙的局面。

南朝先后换了宋、齐、梁、陈四个

南朝陶俑
陕西安康长岭乡出土，陕西历史博物馆藏。

朝代，分别史称南朝宋、南齐、南梁和南陈，创立者均为汉族，都定都于建康。

北朝包含北魏、东魏、西魏、北齐和北周五个朝代，创立者均为鲜卑族。

北魏是北朝第一个也是最重要的朝代，由拓跋珪于公元386年所建，拓跋珪即北魏道武帝。经过祖孙三代的努力，拓跋珪之孙北魏太武帝拓跋焘于公元439年统一了中国北方，与南方的刘宋正式形成了南北对峙格局。北魏后来分裂为东魏和西魏，东魏、西魏又分别被北齐、北周代替，北周灭北齐，并重新统一北方。

南北朝也是中国历史上民族大融合的时期。在各自短暂统一的时间里，南朝和北朝致力于安定社会，发展经济，改善民生。北魏统一北方后，为中原社会经济的恢复与发展创造了较为安定的环境，一系列改革措施改变了北方荒凉残破的景象，促进了北方各少数民族进入封建社会，适应了各族人民间的自然融合趋势。南朝作为汉族政权在南方的统治，为汉族文化在秦岭、淮河以南地区的传播做出了贡献。南朝各个政权都对经济进行了大开发，使南方人口大量增加，农业、商业、手工业都有了很大发展，为古代中国经济重心逐渐南移奠定了基础。边疆民族的内迁、北方人群的南下，使南北朝形成了文化大交流及混合的局面，科技、思想文化、文学艺术等都兴盛起来了。

>>>阅读指南

周一良、黄惠贤、卢开万：《南北朝史》。中国大百科全书出版社，2011年1月。

《一本书知晓南北朝》。世界图书出版公司，2010年11月。

>>>寻踪觅迹

六朝古都南京 历史上三国吴、东晋、南朝宋、南齐、南梁、南陈六个朝代都建都于此，留有众多文物古迹。南京市辟有"六朝怀古游"专题旅游线路，南京博物院和南京市博物馆收藏众多相关文物。

32. 左右鲜卑政权的汉族太后

供养人像刺绣
北魏。甘肃敦煌莫高窟出土。图案中鲜卑贵族女性供养人头戴紫褐色高冠，身穿窄袖对襟长衫，下着绿或黄色曳地长裙。

在北魏140多年的历史中，有一位特殊人物左右鲜卑政权达20多年，她就是冯太后。

冯太后的一生和北魏王朝四位皇帝的命运紧紧地联系在一起，充满了传奇色彩。在她的帮助下，北魏国力达到鼎盛。古今历史学家都对她推崇备至，说她是政绩卓著的女政治家和改革家。

冯太后原名冯有，她的祖父是十六国时期北燕的国君，是鲜卑化的汉人。冯有的父亲在北燕灭亡后投降北魏，官至秦（今甘肃天水）、雍（今陕西西安）二州刺史。

冯有小时候冯家突遭横祸，父亲因受一桩大案株连被杀，冯有入宫当了婢女。后来，她被北魏文成帝拓跋濬选为贵人，后又被册封为皇后。这时，文成帝两岁的儿子拓跋弘被立为太子。北魏开国皇帝拓跋珪曾立下一个残酷的"立子杀母"规矩，就是太子一旦确立，他的生母就要被赐死，以防日后母以子贵，专擅朝政。拓跋弘的生母李贵人因此被赐死，皇后冯有便成了拓跋弘的抚养人。

北魏和平六年（465），26岁的文成帝英年早逝，年仅12岁的献文帝拓跋弘即位，冯有被尊为皇太后。北魏侍中、车骑大将军乙浑乘机篡夺朝政，杀害文武忠贤，致使朝廷内外一片恐慌。冯太后果敢善断，发动宫廷政变，平定了乙

>>>阅读指南
景有泉：《北魏冯太后传》。吉林人民出版社，2010年6月。
杜士铎主编：《北魏史》。北岳文艺出版社，2011年10月。

陶牛车
山西大同市曹夫楼村北魏宋绍祖墓出土。魏晋南北朝时期，受到社会清谈风气的影响，乘坐行走缓慢而平稳的牛车是贵族和士大夫阶层的时髦风尚。大同博物馆藏。

浑之乱。从此，她开始临朝听政，执掌朝政大权。

公元 471 年，献文帝 5 岁的儿子拓跋宏即位，他就是历史上著名的孝文帝，这样冯太后变成了祖母太皇太后。由于皇帝年幼，冯太后继续执政。当时北魏财政拮据，苛政和官吏的贪腐激起人民的反抗斗争此起彼伏，社会面临严重危机。在冯太后的主持下，北魏实行了一系列改革，其中俸禄制、均田制和三长制尤其值得一提。

北魏前期，官吏没有固定的俸禄，收入主要依靠增加赋税、战争掠夺或赏赐等方式获得。随着战事的减少，从打仗中得到财物和赏赐的机会少了，官吏便贪贿成风，加重对老百姓的剥削，毫无顾忌地搜刮民脂民膏，导致社会矛盾激化。冯太后仿效两汉魏晋旧制实行俸禄制度，让官员根据不同的级别领取薪水，此外如果再贪污，满一匹布帛就要处死，从此，北魏吏制一片肃然。

为了发展经济，冯太后和孝文帝采纳了大臣李安世的建议，实行均田制，规定按人口给农民分地：15 岁以上男子给露田 40 亩，妇女 20 亩，年满 70 岁要把田还给官家；男子给桑田 20 亩，可以作为传世基业不必还；奴婢也可以和其他人一样分到田；耕牛按田的比例分配，同时限制土地买卖。均田制使农民有了一定数量的土地，提高了他们的生

陶毡帐
山西大同市雁北师院北魏墓出土。具有鲜明的游牧民族风格，反映了北魏都城平城人的居住状况。大同博物馆藏。

帝后礼佛图（局部）

河南巩义石窟北魏时期浮雕，反映了北魏皇室出行与宗教活动的情景。

产积极性，增加了国家的赋税收入，促进了北魏社会经济的发展。许多少数民族也成了均田户，和鲜卑族一起由游牧民族变成了农业民族。

接着，冯太后又对地方基层组织进行改革，用"三长制"代替"宗主督护制"。北魏早期没有地方基层行政组织，只是任命当地大家族的"宗主"代管地方行政事务，由于许多"宗主"瞒报人口，导致国家赋税流失严重。三长制规定：五家为邻，设一邻长；五邻为里，设一里长；五里为党，设一党长。"三长"的职责是检查户口，征收租调，征发兵役与徭役。刚开始时，文武百官对这一制度争论不休，老百姓也很担心，豪强士族们尤其反对，但不久他们就发现征收的赋税比过去减少了，才放下心来。

冯太后的这些改革发生在北魏太和

年间，所以史称"太和改制"。"太和"是孝文帝的年号，但那时孝文帝年纪小，冯太后是实际执政者，是改革的真正主持人。同时，冯太后并没有把孝文帝排斥在外，而是尽可能让他参与改革事宜，得到锻炼。平日听政、临朝或外出巡视，冯太后一般都将孝文帝带在身边，悉心培养。冯太后亲自作《劝诫歌》300余章和《皇诰》18篇，作为孝文帝的学习指南和行为准则，给他灌输治理天下的思想。孝文帝能成为名垂青史的有为之君，冯太后的教育功不可没。

冯太后推动的改革巩固了北魏的统治，为孝文帝此后的改革打下了基础，三长制一直沿用到隋朝，后世保甲制等也可以看到它的影子。冯太后开启了鲜卑族的汉化进程，为民族融合和国家统一做出了贡献。

>>>寻踪觅迹

冯太后永固陵 位于山西大同市，始建于北魏太和五年（481）。附近还有其他北魏古迹。

山西大同博物馆 收藏众多北魏早期文物，包括冯太后永固陵、司马金龙夫妇墓、宋绍祖墓的出土文物等。

33. 孝文帝的汉化改革

木质屏风漆画

山西大同市北魏琅琊王司马金龙夫妇墓出土。画面内容取自汉代刘向《列女传》等书，描绘了帝王将相、烈女孝子、高人逸士等人物，宣扬汉人的封建道德。司马金龙是降附北魏的西晋皇族，深受宠信。山西博物院藏。

　　北魏孝文帝拓跋宏是中国历史上赫赫有名的少数民族政治家之一，他在位期间采取了一系列强国富民的措施，其中以汉化改革最为著名。

　　孝文帝推行汉化政策最重要的措施之一就是迁都洛阳。孝文帝执政时，北魏建都于平城（今山西大同）已近百年。平城偏北地寒，气候恶劣，制约了北魏经济的发展，随着京城人口日益增多，粮食供给和交通不便等问题也凸显出来。平城接近北方另一强悍的少数民族柔然，双方战争不断，都城的安全没有保障，同时偏北的地理位置也不利于对广大中原地区的统治。相比之下，洛阳地处黄河南岸，气候宜人，汉文化积淀深厚，自古以来就是理想的建都之地。孝文帝从小就一直受汉文化熏陶并有雄心壮志，他毅然决定迁都洛阳。

河南洛阳龙门石窟的北魏思维菩萨穿着褒衣博带式的日常汉服

迁都遭到反对。为了减少阻力，孝文帝煞费苦心。太和十七年（493）八月，孝文帝假称要征讨南朝齐国，率领百官和几十万军队从平城出发，浩浩荡荡南下，一路上阵容整齐，秋毫无犯。孝文帝下令，如果队伍走路毁坏了百姓的庄稼，每亩赔偿谷子五斛（约500升），有时遇见盲人和脚有残疾的人，孝文帝会停下车驾，亲自上前慰问，赐给他们衣物和粮食。

九月底，队伍抵达洛阳。孝文帝带领百官冒雨巡视洛阳晋室宫城旧址，参观洛水桥、太学和洛阳西北角的金墉城等地。此时正值秋雨连绵，道路泥泞，行军十分困难，但孝文帝仍旧戴盔披甲骑马出城，下令继续南进。大臣们本来就不想千里迢迢出兵伐南齐，趁着这场大雨，又出来劝阻。孝文帝严肃地说："这次我们兴师动众，如果半途而废，岂不让人笑话！如果不南进，就把国都迁到这里。诸位认为怎么样？"大臣们面面相觑，说不出话来。孝文帝说："不能犹豫不决了。同意迁都的往左边站，不同意的站在右边！"许多文武官员虽然不赞成

河南洛阳龙门石窟北魏供养人形象

迁都，但听说可以停止南伐，也只好表示拥护了。

孝文帝派堂叔拓跋澄回平城，向鲜卑王公贵族们传达迁都洛阳的决定，果然引起了强烈的震动。孝文帝回到平城后，召集那些反对迁都的贵族、老臣们开会，一条一条地驳倒他们阻止迁都的理由。第二年，孝文帝就把都城迁到了洛阳。

迁都之后，孝文帝立即着手改革鲜卑旧俗，全面实施汉化政策，包括易服装、讲汉语、改汉姓、通婚、改籍贯等。

孝文帝下诏禁止鲜卑和北方其他少数民族穿胡服，一律改穿汉人服装，朝廷百官改着汉族官吏朝服。当看到有的

官员退朝后仍穿着鲜卑服装时，孝文帝严厉谴责道："如果我的话不对，你们应当在朝廷上据理力争，为何上朝时顺旨，出朝时又不遵从?!"

孝文帝规定以汉语为"正音"，称鲜卑语为"北语"，要求朝臣"断诸北语，一从正音"。官员上朝要讲汉话，年龄30岁以上一时难改的，可仍讲鲜卑话，暂不处罚；30岁以下的官员必须严格执

>>>阅读指南

张金龙：《北魏政治史》（共十卷）。甘肃教育出版社，2008年9月。

刘文辉：《推进民族大融合的改革者孝文帝》。吉林人民出版社，2011年5月。

河南洛阳龙门石窟古阳洞北魏供养人的汉化装束

行法令，否则就降职或撤职。尚书左仆射李冲在和孝文帝商议事情时说："四方之人，言语不同，不知当以谁为是？"被孝文帝当众严厉斥责，李冲吓得赶紧叩头请罪。

496年初，孝文帝下令改鲜卑复姓为单音汉姓。孝文帝认为，北魏祖先是黄帝的后裔，以金、木、水、火、土"五德"之一的土德称帝，土是黄色的，是万物之元，所以他率先把自己的皇族姓氏"拓跋"改为"元"。这样，孝文帝的名字就由拓跋宏变成了元宏。孝文帝还把其他的一百多个鲜卑姓氏改为汉姓。

同时，孝文帝规定，迁到洛阳的鲜卑人，死后要葬在洛阳，不得葬回平城，连皇帝也不例外。后来孝文帝及其后的四位北魏皇帝果然都葬在洛阳北郊的邙山一带。

孝文帝还参照汉族的门阀制度，按照功劳的大小和官爵的高低来确定鲜卑族的门第高低，并依此选拔人才，任命官吏。

孝文帝大力提倡鲜卑人与汉人通婚。他带头娶汉族大姓卢、崔、郑、王四家的女儿为妃，还给六个弟弟中的五个娶了中原汉族大姓之女为妻。这样，老百姓中鲜卑人与汉人也逐渐互通婚姻。

孝文帝的汉化改革使北方胡人尤其是鲜卑族的文化水平大大提高，北方少数民族的文化元素也注入汉族之中，中原地区胡汉民族在语言、习俗、宗教乃至血统方面日益同化，民族大融合为国家重新走向统一奠定了基础。

>>>寻踪觅迹

邙山古陵墓群 在河南洛阳市、孟津县境内东西长近50千米、南北宽约20千米的邙山上。从东周时期开始，这里便成为人们理想的安息之地，久而久之形成了冢台林立、松柏郁郁、墓碑高耸、石刻成群的历史人文奇观，曾出土数以万计的珍贵文物。大型的封土墓就有上千座，包括东汉、曹魏、西晋、北魏四朝十几个帝王的陵墓及皇族、大臣的陪葬墓，北魏孝文帝长陵也在其中。孝文帝儿子北魏宣武帝景陵已发掘，建成为洛阳古墓博物馆。

34. 北魏汉人的鲜卑化

树下思维像
山西太原天龙山石窟东魏高欢时代浮雕。

北魏灭后燕后，掳获的人口和降附的部落日益增加，平城及周边聚居着大量不同民族的人。在鲜卑人势力强大的环境里，这些人的语言和习俗自然而然地受到了影响，逐渐鲜卑化了。汉人高欢就是一个典型例子。

高欢的祖上在魏晋朝廷和慕容氏燕国做官，但到高欢的父亲时，家道中落，高欢的少年时代是在极其艰苦的环境中度过的。由于周围都是鲜卑人，高欢成了一个鲜卑化的汉人，他给自己取了个鲜卑名字叫"贺六浑"。

鲜卑富户小姐娄昭君慧眼独具，爱上了家境贫寒的高欢，她暗地赠给高欢金银财物，二人结成美满姻缘。

高欢从娄昭君的嫁妆中得到了马，在边镇的军队中当了一个小头目，并靠妻子丰厚的嫁妆，得以结识各路英雄好汉。

高欢先是投靠北魏将领、羯人尔朱荣。后来，尔朱荣因权倾天下而骄横跋扈，被北魏孝庄帝杀死了，高欢乘机率领20多万部下脱离尔朱氏。在与尔朱家族的互相攻伐中，高欢的势力逐渐壮大，最终取胜并控制了北魏朝廷。他废掉尔朱氏立的节闵帝，立了北魏孝武帝，并

维摩像
山西太原天龙山石窟东魏高欢时代浮雕。

南北朝时期流行的袴褶装

是在北方民族"上衣下裤"装的基础上，吸收汉式服装广袖、大口袴的风格改进而成的。从此，华夏民族的服饰主流由"上衣下裳"式变为"上衣下裤"式。

把女儿嫁给皇帝为后，自己成了国丈。

但是高欢野心太大，一直没能处理好与孝武帝的关系。孝武帝对高欢的所作所为极为不满，想除掉高欢，为此采取了一系列措施排挤高欢及其同党。高欢也察觉了孝武帝的举动，他们在朝臣中互用离间之计，双方矛盾日益加深。北魏永熙三年（534），孝武帝下诏声称要

>>>阅读指南

北极苍狼：《北魏风云录》。安徽文艺出版社，2010年1月。

田彬、张新绪：《黑獭宇文泰》。内蒙古人民出版社，2007年4月。

讨伐南朝梁国，实际上是准备讨伐高欢。高欢心知肚明，马上回复说自己属下五路兵马共20多万已出发援助皇帝南征，并清除朝中奸佞，明摆着要带兵赶赴洛阳和孝武帝争个高下。

孝武帝知道自己的计谋被高欢识破，逃往长安（今陕西西安）投靠权臣、鲜卑化的匈奴人宇文泰。高欢曾多次递交奏折，叫孝武帝返回洛阳，没有得到答复。于是，高欢立清河王元亶（dǎn）11岁的儿子元善见为孝静帝，迁都邺城（今河北临漳），史称东魏。第二年（535），宇文泰杀孝武帝，立北魏孝文帝的孙子元宝

附蝉金珰

辽宁北票市北燕冯素弗墓出土。金珰是汉晋以来高级官吏特用的冠前饰物，是一种等级徽识，一般为山形，它是中原文化与鲜卑文化的融合物。辽宁省博物馆藏。

炬为帝，建都长安，史称西魏。从此，北魏分裂为东魏与西魏，政权的实际控制者是高欢和宇文泰。

虽为汉人，却高度鲜卑化，身份上的双重归属使高欢更能理解鲜卑与汉人之间的矛盾，注意缓和双方的关系。他要求鲜卑军士不得凌辱汉民。他说："汉人是你们的奴仆，男人为你们耕作，女人为你们织衣，上交粟帛赋税让你们温饱无忧，为什么还要欺凌他们呢？"同时，他又对汉人说："鲜卑人是你们雇佣的兵客，得到你们一些衣物吃食，为你们防盗击贼，保你们安宁度日，干吗那么恨他们呢？"高欢在政治上倚重鲜卑族，同时任用汉族门阀世族担任朝廷要职，为此，他公开了自己祖先的汉族身份，还把女儿嫁给汉族高官，借此来调和鲜卑与汉人的民族关系。

高欢共当政15年，东魏历史也随着他的死亡而结束。550年，高欢的儿子高洋废掉东魏皇帝自立，改国号为齐，史称北齐或后齐，因皇室姓高，又称为高齐。

北魏实行汉化改革后，在鲜卑人高度汉化的同时，大批汉人由于和鲜卑人互动密切，也高度鲜卑化，双方你中有我，我中有你，一如其他朝代的民族融合一样，对中华民族的历史产生了深远的影响。

>>>寻踪觅迹

天龙山石窟 中国十大石窟之一，位于山西太原西南天龙山山腰，高欢曾在山上修建避暑行宫。石窟开凿年代从东魏、北齐直到隋、唐，共有25个洞窟，有造像1500余尊、画像等1144尊(幅)，其中时代最早的是东魏高欢开凿的东峰2号窟和3号窟。

35. 寇谦之兴北天师道与太武帝禁佛

云冈石窟第18窟这座佛像据说是按照北魏太武帝的形象塑造的

有传说认为，太武帝的子孙们担心他在位期间的禁佛行为会遭到菩萨的谴责，因此特地让他披上缀满佛像的"千佛裂裟"，以示忏悔，使子孙得到保佑。

道教形成于东汉时期，历经三国两晋，始终没有得到官方的承认。北魏时，道士寇谦之对流行于中国北方的道教早期流派之一的天师道进行改革，道教才引起了统治者的重视，并一度成为北魏的国教。

传说寇谦之曾在嵩山修道30年。北魏神瑞二年(415)，寇谦之宣称太上老君亲临嵩山，授他"天师"身份，传授他服气导引之法，授令他宣扬、清整道教，除去道教创始人张陵、张衡、张鲁"三张"的伪法。借此名义，寇谦之对道教进行了全面改革：修订戒律，摈弃利用天师道犯上作乱的教义和制度，教导百姓辅佐国家，维护社会秩序，实现天下太平；提倡礼法，用忠孝等儒家道德规范作为道士的行为准则；吸收佛教生死轮回、善恶报应之说；整顿组织，废除道官职位世袭制度，主张唯贤是授；废除征收租米钱税制度，减轻道民经济负担；重视斋醮仪范，增订了道官受箓(lù)、道官道民求愿、道民犯律解度、为人治病、为亡人超度、为祖先亡灵解厄的斋仪，并为各种斋仪制订了仪式，为后世道教斋仪奠定了基础。改革后的天师道为了和改革前的天师道相区别，被称为北天师道或新天师道，另一种说法是为了和南朝陆修静改造的南天师道相区别。

北魏始光元年(424)，寇谦之离开嵩山，北上平城（今山西大同），向北魏太武帝拓跋焘献上自己的"杰作"——道书，但太武帝并没有重用他，而是让他暂住

镇墓陶俑
北魏。内蒙古呼和浩特市出土，内蒙古博物院藏。

在近臣张曜家中，供其衣食，把他养了起来。寇谦之找到了北魏重臣崔浩，得到崔浩的大力举荐。当时太武帝正在考虑如何巩固北魏政权，消除汉人的反抗。汉人信仰道教，道教所奉之神都是汉人崇敬的，如果北魏朝廷也信奉道教，表明自己的政权是受上天意旨建立的，这对政权的稳定是有利的。于是，太武帝决定重用寇谦之。

太武帝封寇谦之为"国师"，待之以方外之礼，让"天师及其弟子，并列在王公之上，不听称臣"。他下令为寇谦之师徒在京城东南修建了象征嵩山的五层高的道坛，取名"玄都坛"，住道士 120 人，由朝廷供给衣食。道士、道徒每日"斋肃祈请"，每月举行一次"厨会"，有数千人参加，费用全部由朝廷供给。

北魏太延六年（440），寇谦之声称太上老君复降，授太武帝以太平真君之号，太武帝深信不疑，把年号改为"太平真君"。按照寇谦之的要求，太武帝亲自到道坛受箓，就是接受所谓天赐的符命之书。从此，北魏历代皇帝即位时，都要到道坛受符箓，成为鲜卑拓跋部统治汉族的法制依据之一。之后的后周也崇奉道法，每次皇帝受箓，与北魏一样。

寇谦之在宗旨、组织、道经、斋仪

山西大同市沙岭北魏太武帝年间墓葬出土的壁画，画面反映了当时人们的家居生活

骑马吹角俑

北魏早期。陕西西安市草场坡出土。吹号人着胡服，长号角也是北方游牧民族的乐器。陕西历史博物馆藏。

兵，部分青壮年进寺院当和尚影响了兵源，于是太武帝又下诏让50岁以下的和尚一律还俗服兵役，排斥佛教的行动正式开始。

太平真君五年（444），太武帝下令要求上自王公下至庶人，一概禁止私养和尚，并限期交出私自隐匿的和尚及佛像，若有隐瞒，诛灭全家。

第二年，卢水胡人盖吴起兵十多万反北魏，太武帝亲自率兵前去镇压。到达长安时，在一座寺院里发现了兵器，太武帝怀疑寺院的和尚与盖吴联合谋反，就把寺院的和尚全都杀了。在查封寺院的财产时，又发现了酿酒的工具和州郡官员、富人们寄藏在寺院里的众多财物，还有和尚用来藏匿妇女的密室。在崔浩

等方面创立了道教的基本规则，而且将帝王和各级贵族吸收入道，从理论上和实践上协调、密切了道教与统治阶层的关系，变农民为主的宗教为全社会各阶级的宗教，在道教发展史上起了里程碑的作用。意想不到的是，太武帝崇信道教，竟给佛教带来了灾难。

北魏朝廷原先多信佛教，崇奉道教虽然影响到佛教的发展，但开始时太武帝对佛教并无恶意。后来，太武帝发现有的僧尼不守清规，干些伤风败俗的事，下令禁止僧俗来往。同时，北魏全民皆

>>>阅读指南

石桥青：《道教一本通》。陕西师范大学出版社，2009年12月。

赫连勃勃大王（梅毅）：《华丽血时代——两晋南北朝的另类历史》。华艺出版社，2008年11月。

甘肃天水麦积山石窟北魏女供养人像

的建议下，太武帝决定彻底废佛，把全国的和尚斩尽杀绝，毁掉各种佛经佛像。

寇谦之认为排佛过于激烈，杀人太多，势必导致政局不稳，也不利于道教的发展，因此极力劝阻崔浩，多次与崔浩争辩废佛的利害得失，但崔浩不听。一时间，举国上下风声鹤唳，闻"佛"色变。太子拓跋晃喜欢佛法，多次上言劝谏，但太武帝不听。拓跋晃只好故意拖延时间，将诏书慢慢往下发，让许多和尚得以逃走或藏起来，幸免于难，有的人把佛经佛像也藏了起来。

中国历史上佛教曾经遭受过几次大风大浪，其中最为重要的有四次，即北魏太武帝禁佛、北周武帝废佛、唐武宗灭佛、后周世宗毁佛，史称"三武一宗"法难。

>>>寻踪觅迹

北岳恒山　道教名山之一，位于山西浑源县，文物古迹星罗棋布。寇谦之曾在此宣扬道教新法，传说其弟子李皎在此修炼时，香火也盛极一时。山脚下的悬空寺始建于北魏后期，"三教"始祖老子、释迦牟尼、孔子共居一室，耐人寻味。

36. 北魏皇帝开凿佛教石窟

云冈石窟第13窟交脚弥勒佛像
左臂与腿之间雕有一托臂力士，这种独特造型在云冈仅此一例。

讲堂和禅室。明元帝拓跋嗣也是道、佛二教并奉，从京城到各地广塑佛像。由于修塔建寺耗费国家财力，僧人众多甚至妨害国家扩充兵源，于是发生了太武帝禁佛事件。文成帝拓跋濬即位后，下诏恢复佛教，佛教再次在北魏兴盛起来，其直接体现就是云冈石窟的大规模营造。

云冈石窟的开凿相传与高僧昙曜（yào）有关。北魏文成帝是个诚心信佛的人，继位后重新修建佛寺，塑造佛像，让还俗的僧人重新出家，据说他还亲自给愿意出家的人剃去头发。北魏和平元年（460）的一天，文成帝

佛教源于印度，东汉初期传入中原，经过长期演变，成了华夏民族信仰的主要宗教之一。由鲜卑拓跋氏建立的北魏崇尚佛教经历了一段漫长过程。北魏道武帝拓跋珪既信奉道教，也阅读佛经，礼敬名僧，下诏在京城建佛塔、佛殿、

骑着马外出，迎面走来一个和尚。那和尚低着头，一边走路，一边念念有词，不小心碰到了文成帝的马。马一下子就叼住了和尚的衣服，文成帝的卫兵们围过来抓住和尚，要惩罚他的"惊驾之罪"。文成帝连忙制止，说："我的马认

云冈石窟坐佛

识好人。他走路还在念诵经文，一定是个好人，不要处罚他！"

这个和尚就是昙曜。昙曜随文成帝来到宫里，他向文成帝建议在平城（今山西大同）西北的武周山南麓开凿石窟，弘扬佛法，文成帝同意了。于是，昙曜主持开凿了云冈最早的五个大石窟，后人称之为"昙曜五窟"（现编号为第 16～20 窟）。石窟中的大佛厚厚的嘴唇、高高的鼻梁、大大的眼睛、宽宽的肩膀，勇猛神气，它们与佛经里的天竺人不一样，跟汉人也不同，倒有点像鲜卑人，

文成帝看了，很是喜欢。

在此后的 30 多年时间里，北魏皇室以一朝之力，集中全国的人力、物力和众多能工巧匠，在云冈开凿出一个东西绵延约 1000 米、规模恢弘的佛国圣殿。经过 1500 多年的风风雨雨，云冈石窟现存主要洞窟 45 个，附属洞窟 209 个，佛龛 1100 多个，造像 5.1 万余尊。

云冈石窟造像以气魄雄伟、内容丰富多彩见称，它是佛教石窟艺术"中国化"的开始，反映了佛教造像逐渐世俗化、民族化的过程，是研究古代中国雕刻、建筑、音乐、宗教极为珍贵的资料。云冈中期石窟出现的中国宫殿建筑式样雕刻，以及中国式佛像龛，在后世的石窟寺建造中得到了广泛应用。

北魏太和十八年（494），孝文帝迁都洛阳，云冈石窟的大规模建设停止下来，

龙门石窟北魏飞天

云冈石窟第8窟门拱三头六臂的人物雕像

云冈石窟第7窟菩萨形象优美逼真

但北魏统治者建造石窟的热情丝毫未减。孝文帝又授命昙曜在今河南洛阳南郊伊河两岸的龙门山与香山上凿造佛龛。其后，历经东魏、西魏、北齐、隋、唐、五代、宋等朝代400多年的营造，形成了南北长达1000米、具有2300余座窟龛、10万余尊造像、2800余块碑刻题记的石窟群。其中北魏洞窟约占30%，唐代洞窟占60%，其他朝代洞窟占10%。

与云冈石窟造像的粗犷、威严、雄健相比，龙门石窟的北魏造像生活气息逐渐变浓，趋向活泼、清秀、温和。古阳洞是北魏迁都洛阳初期由一批皇室贵族和宫廷大臣营造的，反映了北魏举国崇佛的历史情态。"龙门二十品"是20方造像题记，是魏碑体书法的代表，是隶书向楷书过渡的一种字体，其中有19品在古阳洞内。

龙门石窟以大量实物形象和文字资料，从不同侧面反映了中国古代政治、经济、宗教、文化等领域的发展变化。2000年和2001年，龙门石窟和云冈石窟相继入选世界文化遗产名录，它们是鲜卑族留给中华民族和世界的宝贵财富。

>>>阅读指南

姜莉丽、金开诚：《云冈石窟》。吉林文史出版社，2010年2月。

贺玉萍：《北魏洛阳石窟文化研究》。河南大学出版社，2010年8月。

>>>寻踪觅迹

除了云冈石窟和龙门石窟，甘肃天水麦积山石窟和宁夏固原须弥山石窟等，均有北魏时期的洞窟。

37. 北魏寺院遍天下

永宁寺塔基遗址出土的佛像残件带着神秘的表情

今天，我们还能读到一本书，书名叫《洛阳伽蓝记》，作者是北魏人杨衒之。北魏分裂后，东魏武定五年（547），杨衒之因公务经过洛阳，看见洛阳遭受东魏和西魏间战争破坏后，满目疮痍，一片破败的景象，昔日王公贵族们耗费巨资所建的佛寺多成废墟，感慨至极，就写了这本书。"伽蓝"是佛教寺院的通称。书中回忆了北魏洛阳城的繁荣昌盛，记载了洛阳城内及城郊众多著名佛寺，

对寺院的缘起变迁、庙宇的建制规模及与之有关的名人轶事、奇谈异闻都有详细记录。从书中不仅可以看出北魏佛教的盛行，还可以了解当时洛阳的都城建制、名胜古迹、风土人情等。

北魏历任帝王大都在佛事上不惜财力，国内寺庙极尽华丽。北魏中期，全国有佛寺6400多所、僧尼7万多人。到北魏末年，佛寺达3万多所、僧尼200多万人。北魏统治者崇佛的原因，一方面是争取民族团结、国家安定，另一方面是想与奉行儒学、黄老思想的汉人有所区别。

北魏最早在洛阳建立佛寺的是孝文帝。迁都洛阳后不久，孝文帝以为祖母冯太后追福的名义，建了一座报德寺。著名的少林寺也是孝文帝始建的。当时天竺（印度）僧人跋陀备受孝文帝的青睐，孝文帝在洛阳设立了"静院"，供跋陀参禅静修，但跋陀特别好清净，多次前往今河南嵩山隐居修禅。为了跋陀能

永宁寺塔基遗址出土的北魏供养人陶塑

在中国安心传教，太和十九年（495），孝文帝下令修建少林寺，跋陀成为首任方丈。跋陀还吸收有武功绝技的人为门徒，少林寺因此成了少林武术的发祥地。

有了开头，就有跟风的，孝文帝儿子宣武帝一人就建了三座寺院。其中永明寺有殿堂、房舍千余间，内住千余僧人。

宣武帝死后，他的妃子成了胡太后，她建的永宁寺，规模之巨、建筑之壮丽、装饰之华美，达到了北魏寺院建筑的顶峰。《洛阳伽蓝记》记载，永宁寺殿前立有高塔，塔为木结构，高9层、90丈，50千米外都看得见；塔上有金宝瓶，塔身悬挂130个金铃，晚上和风吹动，金铃叮当作响，10余里外都可以听见；塔的装饰十分华丽，柱子雕着花纹和图案，门窗涂红漆，门扉上钉着金钉和金环铺首……对永宁寺塔塔基遗址的考古发掘表明，这座塔高达一百三四十米，相当于40多层楼高。

永宁寺塔基遗址出土了大量泥塑残像，除了菩萨、飞天等，还有文武官员、男女侍仆、侍卫武士等，发髻、冠帽、

释迦多宝铜佛像
北魏太和九年（485），上海博物馆藏。

北魏彩菩萨造像
山东青州市龙兴寺窖藏出土，青州博物馆藏。

北魏和平二年造像碑
陕西西安碑林博物馆藏。

衣袍、鞋履细致逼真，向我们传神地展现出北魏的社会面貌和生活情景。

在胡太后等帝后的带动下，王公大臣、皇亲国戚、达官贵人们都争相建寺筑塔。太傅、清河王元怿（yì）广建寺院，被天竺来的僧人称为"菩萨"。一些有名的寺院，原来是王公贵族们的宅第，他们舍宅为寺。崇佛风气也推动低级官吏和士民纷纷建寺或舍宅为寺，连来洛阳的外国人也有建寺的。

北魏佛教建筑还有石窟寺、造像碑、造像塔等，石刻、木雕、金镂、漆塑、浇铸等艺术形式多样，精美绝伦，是中国佛教造像艺术发展史上一个极为重要的阶段。此外，佛经的翻译也对中华民族音韵学、翻译理论的发展有重要影响。

>>>阅读指南

杨衒之著，尚荣注译：《洛阳伽蓝记》。中华书局，2012年1月。

任继愈主编：《中国佛教史》（第三卷）。中国社会科学出版社，2010年5月。

>>>寻踪觅迹

北魏永宁寺遗址 位于河南洛阳市汉魏洛阳城遗址内，尚存塔基遗迹，为高大的土台。洛阳博物馆收藏有相关出土文物及其他北魏遗物。

少林寺 位于河南登封市西北中岳嵩山南麓，创建于北魏太和十九年（495），是孝文帝为安置印度高僧跋陀敕建的。唐代已享有盛名，有"禅宗祖庭、天下第一名刹"之誉，是少林武术的发源地。

38. 鲜卑奴隶成柔然始祖

青铜短剑

商代前期。内蒙古伊金霍洛旗朱开沟遗址出土，我国古代北方游牧民族遗物，是迄今发现的时代最早的青铜短剑之一。

柔然也称蠕蠕、芮芮、茹茹、蝚蠕等，是十六国和南北朝时期继匈奴、鲜卑之后，活动于我国大漠南北和西北广大地区的古代民族，"柔然"之称始于其先祖车鹿会时的自称。

柔然与拓跋鲜卑同源，在发展过程中逐渐融合了其他民族，并与进入中原的拓跋鲜卑分道扬镳，差异也越来越大。

相传柔然始祖木骨闾是被拓跋鲜卑掠获的奴隶，由于头发短，主人就给他取名叫"木骨闾"，意为"秃头"。由于"木骨闾"与"郁久闾"读音相近，他的子孙就以郁久闾为姓氏。后来，木骨闾解除了奴隶身份，升为骑卒，却又因为行军误期犯了斩首之罪。他逃往沙漠地区，并聚合100多位逃亡者，依附于鲜卑族的另一分支纥突邻部。

木骨闾死后，他的儿子车鹿会率领手下人东征西讨，不断兼并其他部落，势力逐渐强大，开始形成自己的部落，自号"柔然"，并依附于拓跋鲜卑，每年向北魏进贡马匹等牲畜和貂豽(nà)皮。

鹿形金饰片

战国东胡遗物。辽宁凌源市三官甸子出土，辽宁省博物馆藏。柔然族源有东胡、匈奴、鲜卑、塞外杂胡诸说。

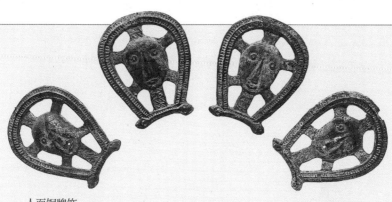

人面铜牌饰
春秋。辽宁朝阳市十二台营子东胡墓葬出土，辽宁省博物馆藏。

柔然与鲜卑一样，都是以游牧为主，狩猎为辅，逐水草畜牧。冬天天气寒冷时，柔然迁居大沙漠以南，夏天则又迁回大沙漠以北。

北魏建国初期，忙于进取中原，与后秦、后燕、西秦以及南燕、南凉等政权互争雄长，无暇北顾，给了柔然发展的可乘之机。柔然攻破蒙古高原和周围各族，统一了漠北地区。这时柔然的势力范围东起大兴安岭，南临大漠与北魏相峙，西逾阿尔泰山与天山以南的焉耆接界，北至贝加尔湖，尽占匈奴故地，威震西域。

曲刃剑
春秋战国匈奴或东胡遗物。辽宁喀左县南洞沟出土，辽宁省博物馆藏。

北魏天兴五年（402），柔然社仑自称丘豆伐可汗。他建立可汗王庭，仿效北魏，立军法，建官制，整顿军队，使柔然迅速由部落联盟进入早期奴隶制阶段。柔然汗国是一个军事化的游牧政权，从可汗、大臣到基层都是按军事编制，成年壮丁都编为骑兵，平时放牧，战时拿起武器随时可以上马冲锋。行军时，柔然人骑马携带着自己的全部家当，包括牲畜、财物和妻小，随战随退，"风驰鸟赴，倏来忽往"，威震漠北。

>>>阅读指南
罗三洋：《柔然帝国》。中国国际广播出版社，2009年1月。
周伟洲：《敕勒与柔然》。广西师范大学出版社，2006年5月。

>>>寻踪觅迹
鄂尔多斯青铜器博物馆 位于内蒙古鄂尔多斯市东胜区，收藏众多独具特色的古代东方草原游牧民族青铜器。
辽宁省博物馆 收藏有匈奴、东胡、鲜卑等古代民族的遗物。

39. 北魏招兵买马攻柔然

这首家喻户晓的北朝民歌《木兰诗》讲了一个动人的故事：有个名叫木兰的女孩，女扮男装，替父从军，征战疆场12年，屡建功勋，和她一起并肩作战多年的伙伴，始终不知道她是一位女子……

木兰参加的战事，发生在北魏与柔然之间。

柔然强大之后，不断骚扰北魏边境，夺取粮食和物资，同时采取近攻远交的策略，联合后秦、北燕、北凉，共同对付北魏。从社仑称汗后的20余年间，柔然几乎每年都要袭扰北魏边境，北魏也发兵北伐，并沿边加强屯田，设置军镇，屯驻重兵，但始终没能有效解除柔然的巨大威胁。

北魏始光元年（424），北魏明元帝去世，柔然可汗纥升盖得到消息，率六万骑兵攻入北魏故都盛乐所在地云中（今内蒙古和林格尔）。刚刚继位的北魏太武帝拓跋焘亲自率骑兵三天三夜急驰云中御敌。柔然骑兵把北魏军队团团围住，包围圈竟达50余层，如同铜墙铁壁，铁骑紧逼拓跋焘的马首。16岁的拓

骑马武士陶俑

北魏。陕西西安草场坡出土。这种人与马都披铠甲的重骑兵，是十六国至隋代中国军队的主力。中国国家博物馆藏。

唧唧复唧唧，木兰当户织。不闻机杼声，唯闻女叹息。问女何所思，问女何所忆。女亦无所思，女亦无所忆。昨夜见军帖，可汗大点兵。军书十二卷，卷卷有爷名。阿爷无大儿，木兰无长兄。愿为市鞍马，从此替爷征……

北魏武士形象

跋焘神情自若，稳定了军心。柔然大将于陟（zhì）斤被北魏军队射死，军心大乱，只好撤退。

北魏尚书令刘絜对拓跋焘说：柔然依仗兵多将广，一定会卷土重来。我们先将秋天田里的庄稼收割后，再派大军分兵两路，从东、西两个方向同时攻打他们。拓跋焘同意了。

为了解除进取中原的后顾之忧，并摆脱被柔然与南朝刘宋两面夹击的威胁，拓跋焘下决心集中力量打击柔然。从425年至449年，拓跋焘在讨灭大夏、北燕、北凉的过程中，七次率军分道进攻柔然，取得重大胜利。

北魏神䴥（jiā）二年（429）四月，拓跋焘召集群臣商议进攻柔然事宜，但文武百官担心南朝刘宋乘机来袭，都不愿意与柔然开战，只有崔浩赞成。崔浩认为：南朝刘宋见我们统一了北方，必然心怀恐惧，不敢轻举妄动。柔然现在离我们比较远，以为我们没有力量对付他们，防备已经松懈很久。一到夏天，他们就把部众解散，逐水草放牧，到秋季马肥兵壮时，才又聚集起来，南下中原掠夺。我们应抓紧时机，乘其不备，出兵将其一举歼灭。拓跋焘十分赞赏崔浩的见解，下令兵分东西两路进攻柔然，自己亲率东路军，并约定两军会攻柔然国的可汗庭（今蒙古国哈尔和林西北）。

>>>阅读指南

白玉林、曾志华、张新科主编：《北朝史解读》。华龄出版社，2006年7月。

张金龙：《北魏政治史》（第四卷）。甘肃教育出版社，2008年9月。

河北磁县东魏茹茹公主墓出土的武士俑

五月，拓跋焘率军到达漠南，舍弃辎重，只带轻骑和备用马匹快速接近柔然。柔然果然毫无防备，原野上到处都是牲畜和放牧的人们。听说北魏突然来袭，柔然人惊惶失措，四散逃开，无法集结。柔然可汗只好下令放火烧毁毡帐，向西逃走。

北魏军队穷追不舍，兵分几路对柔然残余进行拉网式搜捕，缴获戎马百余万匹，柔然被俘和归附的有 30 多万户。原附属柔然的高车诸部乘机倒戈，抄掠柔然，归附北魏。从此，柔然元气大伤。

431 年，柔然派使者向北魏进贡名马通好。

为了取得北边的安宁，北魏与柔然也曾采取和亲政策。北魏延和三年（434），拓跋焘娶柔然敕连可汗的妹妹为妻，并封为左昭仪。柔然的送亲队伍有几百人，献马 2000 匹作为嫁妆，拓跋焘也以厚礼回赠。此后，双方维持了一段时间的友好关系。

但好景不长，和亲不久，围绕西域问题，双方又发生了冲突。从 470 年开始，柔然吞并高昌，进攻于阗（tián）和敦煌，企图阻断北魏通向西域的商路。北魏也连续九次出兵漠北攻击柔然，柔然势力再度削弱，遣使请求"通婚聘"。

北魏孝文帝即位后，稍改太武帝拓跋焘武力进攻柔然的策略。柔然也改变方针，对北魏以媾和为主，互遣使者，岁贡不绝。

北魏和柔然的战争打了 80 多年，战争中，数十万被俘或归附的柔然人迁徙到了漠南或中原，与内地汉族或汉化了的鲜卑族错居杂处，最后融合于汉族之中。

>>>寻踪觅迹

山西大同市 北魏早期都城平城所在地。从北魏道武帝天兴元年（398）至孝文帝太和十八年（494），北魏建都于此达 97 年之久，是当时中国北方的政治、经济和文化中心。平城文化、边塞文化、佛教文化在此构成了鲜明的地域特色。

40. 柔然与东西魏结秦晋之好

人面镇墓兽

河北磁县东魏茹茹公主墓出土。长着一张胡人的脸，豹身、狐尾，背部有三个竖立的鳍状物，反映了少数民族文化与汉文化的融合。

北魏分裂为东魏与西魏不久，柔然敕连头兵豆伐可汗多次在西魏边境制造矛盾。西魏丞相宇文泰考虑到自己在关中地区还没站稳脚跟，同时和东魏又有摩擦，就想利用联姻的办法来安抚柔然。

宇文泰向西魏文帝元宝炬献计，建议把部属元翌的女儿封为化政公主，嫁给敕连头兵豆伐可汗的弟弟为妻，又劝文帝娶敕连头兵豆伐可汗的女儿为皇后，建立双边和亲关系。文帝无奈，只好答应，让乙弗皇后削发做了尼姑，然后派人去迎娶敕连头兵豆伐可汗的长女郁久闾氏。

敕连头兵豆伐可汗对这次和亲很重视，给了1万匹马、2000峰骆驼和700车的物品作为嫁妆，文帝随即册封郁久闾公主为皇后。

西魏大统十一年(545)，西魏与柔然合兵进攻东魏。东魏丞相高欢得知情报后，一面在北边险要关口修建防御工事，一面派人出使柔然，替长子求娶敕连头兵豆伐可汗的女儿，以缓和两国关系。敕连头兵豆伐可汗拒绝了东魏的请求，但又对使者说："如果高欢丞相是为自己娶妻的话，我可以答应。"高欢这时已经49岁，与结发妻子匹娄氏感情深厚，因此左右为难。匹娄氏是鲜卑人，深明事理，她劝高欢以国家大事为重，不要犹

>>>阅读指南

月明日：《神秘消失的古国》。中原农民出版社，2008年1月。

柴世梅、安心：《柔然公主》。内蒙古人民出版社，2009年1月。

河北磁县东魏茹茹公主墓出土的女仆俑

豫。于是，高欢再次派使者出使柔然，迎娶蠕蠕（柔然）公主，自己则在半路上迎接。

蠕蠕公主只有十几岁，十分顽皮，一路上拿着心爱的弓箭，往天上东射西射。正好有一只鹰飞过，她放出一箭，鹰应声落地。同行的高欢之妾尔朱氏也善骑射，她见蠕蠕公主射落飞鹰，顿时技痒，不甘示弱，一箭射下一只飞鸟。见此情景，高欢哈哈大笑，说："我这两位娘子都可以领兵上阵杀敌！"

蠕蠕公主到了东魏，匹娄皇后把正室之位让给了她，高欢也小心陪伴。蠕蠕公主的叔叔对高欢说："我要看到生了外甥，才能回国。"

两年后，高欢就病逝了。按照柔然的婚俗，儿子可以娶非生母为妻，因此，蠕蠕公主又成为高欢长子高澄的妻子，还生了一个女儿，并因难产而死。蠕蠕公主性格刚强，终生不肯说汉话。

东魏与柔然和亲的不止高欢一人。在此之前，高欢就已动员东魏孝静帝把常山王元骘(zhì)的妹妹乐安公主改封为兰陵公主，嫁给了敕连头兵豆伐可汗的儿子。后来，高欢又让自己8岁的第九子高湛与敕连头兵豆伐可汗5岁的孙女茹茹公主结娃娃亲。茹茹公主嫁到东魏，很快就适应了中原的生活，高欢不仅让她过着锦衣玉食的尊贵生活，还派学识最好的教师教高湛和茹茹公主读书。两个孩子青梅竹马，在一起度过了8年快乐的时光，可惜茹茹公主突然得病死了。1978年，茹茹公主墓在河北磁县大冢营村被发现，出土各类文物1000多件，可见当时东魏给她的葬礼规格是很高的。

柔然与东魏和亲后，"岁时往来不绝"，两国边塞安宁，彼此间的联系得到进一步加强。

柔然逐渐注意吸收中原文化，整顿内政，改官制，立年号，重用汉人为官，还注意学习中原的生产技术，从逐水草而居到有了农业，从"原无城廓"到筑城作为冬季和夏季的聚集点，经济和社会都得到了发展。

>>>寻踪觅迹
　　河北邯郸市博物馆、磁县博物馆均收藏有东魏茹茹公主墓出土的文物。

41. 柔然与南朝通好

南朝齐梁陵墓石刻

早在南朝第一个政权刘宋建立时，柔然就派使者与刘宋通好。当时，对柔然和刘宋构成威胁的主要是北魏，双方修好主要是为了建立针对北魏的联盟。

刚开始时，刘宋虽然扬言要北伐，但力量不足，也就是做做样子罢了，柔然使臣每次只在刘宋羁留几天就被打发走了。直到刘宋昇明二年（478），为了借助外力摆脱内外困境，刘宋顺帝才派骁骑将军王洪范主动出使柔然，相约共同抗击北魏。

王洪范从建康（今江苏南京）出发，由于中间隔着北魏，使团不能直接北上，要绕道向西，经今四川、陕西和河西走廊，再穿过戈壁、沙漠和草原，才能到达柔然。沿途环境恶劣，车马难行，使团一路磕磕绊绊，走了一年才抵达柔然。

柔然和刘宋建立联盟后，就派出十多万骑兵进攻北魏，一直抵达塞上，进逼到距北魏都城平城（今山西大同）350千米的地方。北魏拒守不敢作战，柔然可汗在北魏燕然山纵猎而归。

这时，刘宋内部却发生了政变。南兖州刺史萧道成趁刘宋皇室成员争权夺利、自相残杀、政治混乱之机掌握了政权。刘宋昇明三年（479），萧道成自立为君，改国号为齐，史称南齐或萧齐，刘宋宣告灭亡。

此时，王洪范等人正准备从柔然回国，柔然可汗送给他们许多礼物。王洪

南朝齐梁陵墓石刻

直到南齐永明三年（485），南齐使者出使柔然，因不按规矩拜柔然可汗被杀，双方关系才恶化。

南齐中兴二年（502），南齐和帝被迫将皇位"禅让"给宗室萧衍，萧衍改国号为梁，史称南梁或萧梁，南齐灭亡。

范一行平安回到建康，面对的却是改朝换代的局面，刘宋变成了萧齐，但是他们还是受到了南齐皇帝萧道成的热烈欢迎。由于南齐刚刚建国，根基未稳，不敢贸然出师，与柔然联合讨伐北魏之事也就不了了之。

王洪范历尽千辛万苦出使遥远的柔然，行程达 1.5 万千米，虽然没有达到预期的目的，却在客观上促进了江南地区与北方少数民族的联系与交流。

随后，柔然接连派使者到南齐联络抗击北魏事宜。南齐建元三年（481），柔然给南齐上了一道表，再次希望联合讨伐北魏。在这道著名的《南齐表》中，柔然称齐高帝萧道成为"足下"，自称"吾"，柔然使用这些汉族称谓，是为了争取南齐的认同。柔然还向齐高帝赠送了狮子皮制成的骑装，以及貂皮、马、金等，同时请求南齐给柔然派出一些医师、工匠等。虽然南齐没有答应柔然的这些要求，但双方维持着友好关系，

南梁朝建立后，柔然派使者贡献马、貂裘等物，继续与南朝保持友好往来。

在与南朝交往的过程中，柔然深受汉文化的影响。柔然人早期不识字，通常是刻木记事，后期有些大臣会使用汉文书写来往信件，并且出现一些颇有影响的文人学者。从公元 5 世纪中叶开始，柔然采用汉字纪年。柔然人原来盛行萨满教，后来逐渐信仰佛教。

>>>阅读指南
掩卷：《挑灯看南朝——刘宋帝国风云路》。重庆出版社，2011 年 8 月。
姜狼：《血溅江东——南北朝萧氏帝国往事》。知识出版社，2011 年 4 月。

>>>寻踪觅迹
南朝石刻 指南朝各国皇帝和王侯陵墓前的神道石刻，全部在江苏境内，共有 33 处，其中南京 11 处，南京江宁区 10 处，句容市 1 处，丹阳市 11 处。丹阳南齐和南梁帝王、帝后陵墓石刻造型十分生动，气魄雄伟，是中国古代石刻艺术的珍品。

42. 求良夫当如倍侯利

北魏骑兵俑
陕西西安出土，陕西历史博物馆藏。

传说魏晋南北朝时，北方的婴儿啼哭时，大人就吓唬说："别哭！倍侯利来了！"婴儿就会立即停止啼哭。女孩子的歌谣却唱道："求良夫，当如倍侯利。"也就是说，要找好夫婿，就应当找倍侯利那样的。那么，这个老百姓敬畏的倍侯利是什么人呢？

倍侯利是魏晋南北朝时敕勒族的部落首领，"倍侯"是他的爵位。《魏书》记载倍侯利性格直率，勇健过人，打起仗来奋勇当先，攻城陷阵，不同于一般人，当时的北方人都畏惧他。

敕勒族最早生活在贝加尔湖附近，匈奴人称其为丁零，鲜卑人因其制造和使用车轮高大的车子称之为高车，汉代称为丁零，魏晋南北朝时叫敕勒，隋朝时叫作铁勒。

敕勒是游牧民族，随水草迁徙，穿皮衣，吃肉，盛产牛羊等畜产。敕勒人造车很有名，车轮直径与马的身高相差无几，这种高轮大车可以在草茂而高、积雪深厚和多沼泽的地区顺利通行。

秦汉时期，敕勒受匈奴的奴役，不少人被匈奴掳去当了奴隶。匈奴被汉朝击溃后，敕勒开始南移，与中原汉人交往。魏晋南北朝时，敕勒各部日益强大，活动于大漠南北和西北的广大地区，和柔然人势均力敌，对柔然和北魏都构成了威胁，三方战争不断。

公元402年，柔然首领郁久闾社仑被北魏打败，逃到大漠以北，侵入敕勒

北魏身穿鱼鳞甲兜鍪武士俑　　　　北魏弓囊俑

北魏也多次攻打敕勒各部。北魏道武帝拓跋珪曾率大军西行数百里攻打敕勒，掳掠牛羊20多万头，后来又打败30多个杂乱的敕勒部落。429年，拓跋焘进攻敕勒，缴获牛羊过百万头。

在北魏的打击和拉拢下，敕勒各部相继归附北魏。北魏给敕勒首领封官，供给粮食、衣物等，设置司马、参军进行管理。倍侯利归降后，拓跋珪赐予他孟都公爵位，他死后北魏以国礼厚葬。

北魏把数十万敕勒人迁徙到漠南安置，敕勒从此脱离了世

斛(hú)律部的领地。斛律部首领倍侯利认为社仑刚刚兵败，容易对付，于是把族人分成几十个小组，等到午夜时分，一声令下，冲进帐篷，趁柔然兵正睡得深沉，把他们杀死在梦乡中，只有千余名柔然兵逃脱。

斛律人被胜利冲昏了头脑，他们分了柔然人的帐篷，强占了柔然妇女，吃饱喝足后进帐篷呼呼大睡起来。社仑召集逃散的千余部众，乘机杀了个回马枪，斛律部大败。倍侯利只得率余部南下投奔北魏。倍侯利虽然失败了，但他勇敢机智的故事也传遍了北方地区。

代生存的草原，入住中原。受汉族文化的影响，敕勒人逐渐懂得了农耕，敕勒人聚居的漠南地区，也被中原人叫作"敕勒川"。

>>>阅读指南

段连勤：《丁零、高车与铁勒》。广西师范大学出版社，2006年12月。

侯旭东：《北朝村民的生活世界——朝廷州县与村里》。商务印书馆，2005年11月。

>>>寻踪觅迹

内蒙古土默特左旗 魏晋南北朝时期这一地区被称为敕勒川，现为蒙古族、汉族等多民族聚居区。

43. 敕勒美名传千古

骑驼陶俑
隋朝。山西太原斛律彻（斛律光之
子）墓出土，山西博物院藏。

敕勒川，阴山下，天似穹庐，笼盖四
野。天苍苍，野茫茫，风吹草低见牛羊。

这首优美的《敕勒歌》很多人都耳
熟能详，却想不到它与战争有关。

公元 535 年，北魏分成了东魏和西
魏。此后十年间，东魏和西魏发生了五
次大战，双方各有胜负。《敕勒歌》就是
在东西魏第五次大战即玉璧之战中传唱
开来并流传至今的。

公元 546 年，东魏丞相高欢率领十
万大军围攻西魏玉璧城（今山西稷山县西
南）。玉璧城方圆八里，地势险要，城池
坚固，但只有数千守军。面对东魏十万
大军昼夜不停的进攻，守城的西魏名将
韦孝宽随机应变，双方可谓斗智斗勇：
东魏军在城外堆起土山，想居高临下突
入城中，西魏军就用木柱加高城楼，投
石掷火，使东魏军不能靠近；东魏军想
在城根下挖地道入城，西魏军就在城周
挖出一条大沟，切断东魏军的地道，东
魏士兵只要从地道尽头跌入沟里，马上

仪仗队壁画（局部）
河北磁县湾漳村北齐大墓出土。专家推测该墓可能
是北齐开国皇帝高洋之墓。

就被擒杀；西魏军还在沟内堆满木柴，发现地道中有东魏士兵，便将木柴塞进地道，投火燃烧，并往地道内鼓风，让烈火浓烟吹入地道，把东魏士兵烧得焦头烂额；东魏军用安有巨木尖铁的"攻车"撞击城墙，西魏军就用布匹做成帐幔，由士兵拉着对着"攻车"张开，以柔克刚；东魏军把干燥的松枝、麻秆绑在长杆上，浸满油烧着，想烧掉帐幔并焚毁城门，西魏军则把锐利的钩刀也绑到长杆上，砍断对方的长杆；东魏军又在城四周挖了20条地道，先用木柱支撑，然后放火烧断木柱，导致多段城墙崩塌，西魏军就用栅栏堵住崩塌的地方，派士兵手持弓弩和尖利的矛守着，使东魏军不敢近前。高欢攻城不克，就派人去劝降韦孝宽，被韦孝宽拒绝了。

东魏军队攻城50多天，损兵折将七万多人，仍然不能取胜。高欢急得旧病复发，只好准备撤军。西魏趁机造谣，说高欢已经中箭身亡，并且编了一首歌谣在士兵中传唱：

> 高欢鼠子，亲犯玉壁。
>
> 剑弩一发，元凶自毙！

>>>阅读指南

邓九刚：《敕勒将军斛律金》。内蒙古人民出版社，2010年9月。

文史知识编辑部：《中国古代民族志》。中华书局，2004年2月。

五百强盗成佛图（局部）

甘肃敦煌莫高窟第285窟西魏壁画。绘于西魏大统五年(539)，描绘强盗与官兵作战的情景。官兵乘骑铠马，戴盔披甲，手握长枪，与穿布裤麻鞋的强盗厮杀，是研究古代军史的宝贵资料。

为了破除西魏谣言，稳定军心，高欢带病在露天大营接见将士，并让军中的敕勒族勇将斛律金唱起了《敕勒歌》。高欢情不自禁地跟着哼唱起来，全体将士也加入了合唱。苍劲悲壮、慷慨激昂的歌声响彻云霄，将士无不动容，精神顿时为之一振。乘着群情激奋，高欢抓住时机，顺利撤军。

出行图（局部）

山西太原娄睿墓出土。娄睿是高欢妻子的侄儿，为东魏、北齐显贵，其墓中出土壁画达 71 幅，具有较高的艺术水平。

鞭狠抽高欢的坐骑，才让高欢得以撤出，避免了全军覆灭的命运。由于斛律金为人正直，心怀坦荡，战功卓著，因此深得高欢信任。

公元 550 年，高欢儿子高洋改国号为齐，北齐取代了东魏，斛律金被封为咸阳郡王，不久加封为太师。柔然进攻北齐，斛律金亲自领兵抵御，胜利回师后又被封为丞相。斛律金一家在北齐可以说荣华显贵至极：大儿子斛律光是大将军，二儿子斛律羡和其他孙子都是镇边大将，孙子娶公主为妻，孙女有的当了皇后，有的做了太子妃。

在东西魏战场上唱《敕勒歌》的斛律金，其高祖就是北魏时期敕勒部有名的部落首领倍侯利，其祖父、父亲都在北魏任过高官，他本人也曾被北魏任命为"第二领民酋长"，秋天到京城朝见，春天又回到部落，号称"雁臣"。斛律金性格耿直，善于骑射，东魏建立后，多次随高欢征战，屡立战功。

公元 537 年，东魏和西魏战于沙苑。西魏军队铁骑精锐，以逸待劳，出其不意地将东魏 20 万大军拦腰截断，高欢执迷不悟，硬要发动进攻，军队大溃后撤退又犹豫不决，退路即将被敌军截断。万分危急之际，斛律金当机立断，用马

历史的尘烟湮没了一切，不仅斛律金父子的事迹不再为一般人所知，敕勒族也消逝在历史的深处，但它的名字却由于《敕勒歌》而被后世牢牢记住了。

>>>寻踪觅迹

玉璧城遗址 位于山西稷山县白家庄村，尚存西、南两面夯土残垣断壁、北堡暗道、东魏高欢攻城时所凿城东地道等遗迹。

44. 以狼为图腾的突厥

草原石人

在我国内蒙古和新疆的广阔草原上，分布着众多意义不明的石人，有专家认为他们是古代突厥人留下的，因此也称之为"突厥石人"。

突厥的族源有多种说法。一种观点认为突厥是匈奴的一支。相传突厥祖先姓阿史那氏，居住在西海（今里海）。在一次与邻族的战争中，阿史那氏被灭族，只有一个10岁的男孩幸免于难。邻族士兵砍掉男孩的双脚和胳膊，把他扔在草丛中。一条母狼救了男孩，并用肉喂养他。男孩长大后与母狼交配，让母狼怀了孕。邻族首领听说男孩还活着，就派人来杀他。男孩和母狼逃到了西海东边高昌国的深山中。山里有平坦的土地和茂盛的青草，母狼在这里生下了十个男孩。十个男孩长大后娶妻生子，后代各自为姓，阿史那就是其中之一。阿史那被推举做了首领，他在部落门口树立狼头大旗，表示不忘根本。阿贤设时，阿史那氏发展到了几百户，他率领部落走出大山，做了柔然的臣民。到了大叶护时期，阿史那部落逐渐强大起来。

另一种说法是突厥是平凉的杂胡，姓阿史那，世代居住在金山（阿尔泰山）南侧，因金山的形状像头盔，俗称头盔为"突厥"，"突厥"就成了部落的名称。北魏时，阿史那率领部落500户人投靠柔然，做了柔然的铁匠。

还有一种观点认为突厥的祖先居住在匈奴以北的索国，部落首领名叫阿谤步，有17个兄弟，其中一个叫伊质泥师都，是母狼生的。伊质泥师都受到灵气感化，能够呼风唤雨，他娶了两个妻子，分别是夏神和冬神的女儿。有个妻子给

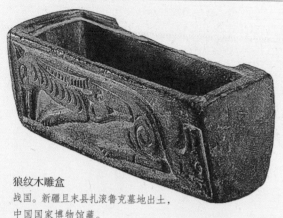

狼纹木雕盒
战国。新疆且末县扎滚鲁克墓地出土，
中国国家博物馆藏。

伊质泥师都生了四个儿子，一个变成了
白鸿，两个建立了国家，大儿子纳都六
设与已经败落的阿谤步族人住在一起。
纳都六设给饥寒交迫的阿谤步人弄来火
取暖，多方关心、帮助他们，被大家奉
为首领，部落名为突厥。

纳都六设有十个妻子，生的儿子都
随母亲姓，阿史那是年龄最小的妻
子生的。纳都六设死后，儿子们来
到大树下，约定谁跳得最高，就由
谁当部落首领。阿史那年龄小，却
跳得最高，按约定做了继承人，称
为阿贤设。

各种说法内容虽然不一致，但
有一个共同点，那就是突厥人以狼
为图腾。突厥人的旗帜上饰金狼头
图案，号称"狼旗"；卫士称为"附
离"，意为"狼"。

和匈奴一样，突厥披发左衽，
穹庐毡帐，逐水草迁徙，以畜牧射
猎为业，食肉酪，贱老贵壮。突厥

历法以动物纪年，5世纪时创制
了文字。

突厥可汗征发兵马时，刻木
为信，并附上一枚金箭，用蜡封
印，作为信符。各部接到信符，
立即应征作战，战马及装备、给
养都由牧民自备。

南北朝时，柔然受到北魏的
沉重打击，许多草原部落纷纷脱
离柔然的统治，突厥也乘机摆脱
了被奴役的地位。阿史那土门做首领时，
突厥开始与中原来往，到塞上买卖货物。
西魏大统十一年（545），权臣宇文泰曾派
酒泉胡商安诺磐陀出使突厥，没想到竟
引起突厥举国欢腾。他们高兴地说："大
国使者到来，预示着我们要兴旺发达

蜷狼纹铜镜
西周。新疆和静县察吾呼沟出土，反映了中国古代北方
少数民族的狼图腾现象。新疆维吾尔自治区博物馆藏。

圜底铜炉具
匈奴等中国古代北方少数民族遗物。内蒙古
博物院藏。

铜釜
战国。新疆哈巴河县特木里克出土,中国古代北方
少数民族遗物。新疆维吾尔自治区博物馆藏。

了!"礼尚往来,阿史那土门也遣使向西
魏进献地方特产。

西魏大统十二年(546),敕勒族铁勒
部讨伐柔然,阿史那土门率军打败了铁
勒,兼并铁勒部五万余户,势力迅速增
强。阿史那土门自恃势力强盛,又帮助
柔然消灭了敌人,立了战功,于是大胆
地向柔然可汗提出结亲的请求。柔然可
汗勃然大怒,派使者辱骂阿史那土门:"你
不过是替我打铁的奴隶,有什么资格向
我求婚!"阿史那土门听了,也大发雷
霆,杀死柔然使者,与柔然绝交,转而
向西魏求婚。西魏把长乐公主嫁给阿史
那土门,从此突厥与中原建立了比较密
切的关系。西魏文帝去世时,阿史那土
门还遣使来吊唁,并赠马200匹。

对于柔然的辱骂,突厥记恨在心,
在公元552年出兵颠覆了柔然国。随后,
阿史那土门自称伊利可汗,建立突厥汗国。

这时,北朝处于北齐与北周并立的
状态。慑于新兴突厥汗国强大的军事实
力,也为了消灭对方,北齐和北周均采
取了与突厥结交、和亲等政策,以换取
突厥的支持或保持中立。突厥则借机以
和平或战争的手段,获得大量经济利益,
势力迅速扩展至整个蒙古高原,以强大
的身姿出现在历史舞台上。

>>>阅读指南
　　马长寿:《突厥人和突厥汗国》。广西
师范大学出版社,2006年5月。
　　姜戎:《狼图腾》。长江文艺出版社,
2004年4月。

>>>寻踪觅迹
　　内蒙古博物院、新疆维吾尔自治区博
物馆均收藏有突厥等众多中国古代北方少
数民族遗物。

45. 自称神农氏后裔的鲜卑宇文氏

北周大司马独孤信的煤精石印

陕西旬阳县出土。印呈18面体，14面刻有文字，形制奇特，在印章史上绝无仅有。独孤信是西魏名将，鲜卑族人。陕西历史博物馆藏。

宇文鲜卑是魏晋时期鲜卑六大部落之一，其风俗、语言与鲜卑其他部落迥异，这与它的族源密不可分。鲜卑其他部落起源于东胡，而宇文部则是加入鲜卑的匈奴人，它是匈奴被汉朝击败后，部分余众东迁，与鲜卑杂居，逐渐被同化、混血而形成的部落群体。

相传鲜卑宇文部的始祖叫葛乌菟，自称炎帝神农氏后裔，实际上是匈奴某个单于之后，他在东汉后期加入鲜卑部落联盟，成为东部鲜卑的首领之一。

"宇文"一词的含义有不同说法。一种说法是葛乌菟的后代普回袭任首领之后，一次打猎时在河边拾到一枚玉玺，上刻"皇帝玺"三字。普回非常惊异，认为这是上天所赐。鲜卑族称天为"宇"，呼君为"文"，"宇文"意即"天子"，于是，普回便以宇文为自己的姓氏，称自己的部落为宇文国。后世史学家认为这纯粹是牵强附会之说。

另一种说法是宇文氏认为自己的祖先曾经协助炎帝尝百草，便取药草为姓。"草"的鲜卑语读音为"俟汾"，他们就被

北周彩绘风帽拱手男立俑

陕西咸阳北周谯忠孝王宇文俭墓出土。宇文俭是宇文泰第八子。

称为"俟汾氏"，"宇文"即"俟汾"的音讹，意为"草"。

还有一种说法是普回之子宇文莫那率部众从阴山南迁至辽西，号称"俟汾氏"。"俟汾"鲜卑族语意为"天王"。后来俟汾部日渐强盛，为了避免引起西晋猜忌，才改"天王"为"宇文"。

魏晋时期，宇文部与鲜卑慕容部、段部都属于东部鲜卑。宇文部与鲜卑拓跋部关系较好，曾时有通婚，但与鲜卑慕容部却争斗不断，数位宇文部的首领都为慕容部所败。东晋建元二年（344），宇文部被慕容部建立的前燕彻底击败，部众被分散，有的归慕容氏，有的归拓跋氏，宇文部灭亡。

宇文部虽然消散了，但宇文氏族人并未从历史舞台上消失，在南北朝时期，西魏和北周政权的主角就是宇文氏。西魏的建立者和实际控制者宇文泰是一位

甘肃敦煌莫高窟第290窟北周贵族供养人像

杰出的军事家和政治家，在他主政期间，实行了一系列军事、政治和经济改革，奉行德治教化，使西魏在与东魏的较量中由弱转强，为北周的建立奠定了基础。

公元557年，宇文泰之子宇文觉取代西魏自立，改国号为周，史称北周。公元577年，北周灭北齐，统一了中国北方，结束了东西魏分裂以来近半个世纪的分裂割据局面，为后来隋朝统一中国奠定了基础。

>>>阅读指南
　　云海孤月：《南北朝那些事儿》（肆）。中国工人出版社，2011年12月。
　　段文杰、樊锦诗：《中国敦煌壁画全集3·敦煌北周》。天津人民美术出版社，2006年1月。

>>>寻踪觅迹
　　宇文泰成陵　在陕西富平县宫里乡宫里小学内，存有陵冢及北宋、清乾隆年间石碑各一方。
　　陕西历史博物馆、宁夏固原博物馆均保存有北周文物。

北周仪仗俑群

宁夏固原市北周李贤墓出土，固原博物馆藏。李贤为西魏、北周重臣。

46. 北周武帝废佛

北周武帝宇文邕墓志
陕西咸阳渭城区底张镇陈马村宇文邕(yōng)孝陵墓室甬道口出土，陕西历史博物馆藏。

北周的第三任皇帝是武帝宇文邕，他在位期间做了几件被载入史册的事：一是灭北齐，统一中国北方；二是废佛；三是与突厥和亲，和南朝通好，外交策略上取得成功。

南北朝时期，虽然发生了北魏太武帝禁佛事件，佛教曾一度沉寂，但不久太武帝就死了，继位的文成帝马上下诏复兴佛教，浴火重生的佛教以更加迅猛的速度蓬勃发展。此后，西魏、北齐、北周的很多皇帝都笃信佛教，使佛教的势力越来越大。佛教盛行造成了许多社会问题：寺院占有大量土地和人口，积累了大量财富，却不向官府纳税服役，严重影响了社会经济的发展和军队兵力来源；僧人不受世俗法规约束，倚仗寺院的权势胡作非为，甚至与官府分庭抗礼；佛教宣扬的"捐六亲、舍礼义"等虚幻教条在思想上与儒家的治世学说发生矛盾，成为一些士大夫攻击的目标。

北周武帝即位后，正面临着与北齐

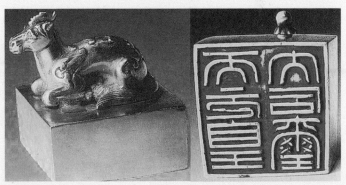

北周天元皇太后金印
陕西咸阳渭城区底张镇陈马村宇文邕孝陵墓室甬道口出土，陕西历史博物馆藏。天元皇太后即北周武帝的皇后阿史那氏。

甘肃武山县拉梢寺北周摩崖浮雕大佛

的战争，双方势均力敌。北周武帝励精图治，进行了一系列的改革，与突厥和亲、通好南朝、废佛等都是为灭北齐做准备的。

北周天和二年（567），有个出家还俗的卫元嵩给北周武帝上了一道《省寺减僧疏》，指出尧舜时没有佛教，国家很安定；南朝的齐、梁佛教昌盛，却未必国泰民安。卫元嵩认为"废除佛道，便可国库充盈，百姓安居"，建议北周武帝废佛。道士张宾等也上书请求废除佛教。于是，北周武帝召集群臣及名僧、道士，讨论儒、道、释三教的优劣，意在压低

佛教的地位。可是，当时的朝政大权被笃信佛教的宇文护把持着，他不同意，北周武帝就没办法。因此，虽经多次讨论，佛教的地位仍然无法撼动。

北周建德元年（572），经过多年积蓄力量，北周武帝终于推翻了宇文护，自己执掌朝政。第二年，北周武帝就召集道士、僧侣、百官讨论"三教"问题。北周武帝自升高座，辨释"三教"先后，以儒为先，道教为次，佛教为后。把佛教排在最后，实际上是废佛的前奏，但有些佛教徒并不知道北周武帝的真正用意，以为只是一场斗法会而已，"三教"还是

甘肃天水麦积山石窟第9窟北周双人头鸟壁画

各自引经据典，一个劲地争辩不休。另一些看透北周武帝心思的僧侣则开始讥讽、反抗，这反而坚定了北周武帝废佛的决心。

574年五月，北周武帝下诏废除佛教和道教，下令把佛教和道教的典籍、经像全部烧毁，命令和尚、道士还俗，寺庙道观赐给王公们做宅第，寺院的财产没收入官，寺院的奴婢全部释放。一时间，北周境内"融佛焚经，驱僧破塔"。

建德六年（577），北周武帝率军攻入北齐邺城（今河北临漳），北齐灭亡。邺城有个叫熊安生的国子博士听说北周武帝入城了，连忙叫家人打扫卫生，说："周帝尊儒，必将见我。"果然，北周武帝不久就来拜访了。北周武帝给了这个儒生

很高的礼遇，不要他跪拜，还拉着他的手一起并排坐着，不仅赏赐甚厚，还给他乘坐驷马安车的特殊待遇。在尊儒的同时，北周武帝下令齐境禁止佛教。

北周武帝废佛较为彻底，一时之间，北方佛教几乎销声匿迹，这被佛教徒视为浩劫，史称"周武法难"。

北周武帝废除佛教和道教，虽然焚毁经像，但并不杀害僧尼和道士，只是让300余万寺观人口还俗成为编民，向国家纳税服役，这在当时起到了富国强兵的作用，为灭亡北齐奠定了坚实的基础。

>>>阅读指南

云海孤月：《南北朝那些事儿》（叁·乱世枭雄卷）。中国工人出版社，2011年1月。

李国荣：《帝王与佛教》。团结出版社，2008年11月。

>>>寻踪觅迹

甘肃敦煌莫高窟、天水麦积山石窟和宁夏固原须弥山石窟均有北周时期开凿的洞窟。

47. 轮回辩争　佛道相融

虎溪三笑图
南宋。画的是一个著名的传说。传说庐山东林寺慧远法师平日潜心佛学，送客不过寺前虎溪桥。一次，儒生陶渊明、道士陆修静来访，宾主相谈甚欢，慧远送客时边走边聊，不知不觉过了虎溪。听到老虎的吼叫，三人才惊觉，于是相视大笑而别。此事并无史实依据，而是后人编撰的，表达希望儒、佛、道三教调和的愿望而已。台北"故宫"藏。

　　在佛教寺庙的大雄宝殿中央，经常有三尊佛像：有的中间是释迦牟尼佛，东边是药师佛，西边是弥陀佛，分别代表三个不同的空间世界，叫"横三世佛"；有的正中为释迦牟尼佛，左侧为燃灯佛，右侧为弥勒佛，分别代表现在、过去、未来，叫"竖三世佛"，是佛教"三世轮回"说的象征。

　　南朝时，佛教和道教为三世轮回之说进行了一场激烈的辩论。三世轮回说为佛教所创，那时，南朝道教也引用三世轮回论，这引起了佛教徒的抗议。

　　公元 465 年，南朝刘宋明帝即位，他想弘扬道教，就召见当时著名的道士陆修静。陆修静是南天师道的代表人物，他采取了一系列改革措施，整顿道教组

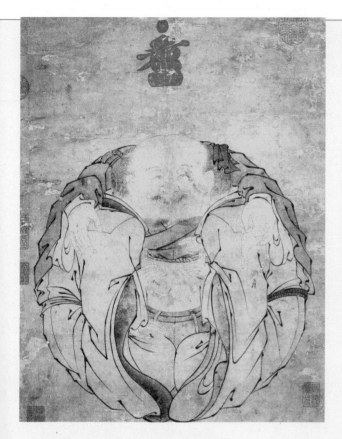

一团和气图（局部）

明朝朱见深作。此图粗看似一笑面弥勒盘腿而坐，细看却是三人合一。佛的左耳处有一老者发髻，着道教冠帽，面左侧坐；佛的右耳处为戴方巾的老者，作儒生打扮，面右侧坐；二人团膝相接，侧脸相对，手各持经卷一端。第三人则手持佛珠，手搭在两人肩上，头脸被遮，只露出光光的头顶，当是佛教中人。佛、儒、道三教人物抱作一团，共论经书，体现的正是"三教合一"的思想。题跋说明画的构思源于"虎溪三笑"故事。朱见深即明宪宗，长于诗文绘画。故宫博物院藏。

织，完善斋醮仪式，使南天师道成为道教重要流派；他学识广博，兼通儒家和佛教学说，为道教经典的搜集、整理做出了重要贡献。公元467年，在刘宋明帝的多次征召下，陆修静从庐山来到了刘宋京城建康（今江苏南京）。

陆修静进京引起了佛教徒的极大关注。刘宋司徒袁粲（佛教徒）召集京城佛教高僧和陆修静进行了一场辩论，指责道教窃取了佛教的三世轮回教义。陆修静认为：《道德经》和《庄子》中早就有类似三世轮回的说法，道教早期经典《太平经》中也说凡行恶者子孙必得报

应，可见三世轮回说并不是佛教独创。

这时，著名道士顾欢发表了《夷夏论》，详细分析了佛教和道教的是非、同异及优劣，表面上承认道教和佛教都有教化功能，实际上却坚持夷、夏有别，排斥外来的佛教。此文一出，立即遭到佛教信徒的强烈反对，一些僧人、名士纷纷著文反驳，形成南朝宋、齐之际一

>>>阅读指南

《中国五大宗教知识读本》。社会科学文献出版社，2007年5月。

万绳楠：《魏晋南北朝文化史》。东方出版中心，2007年5月。

三教图

明朝丁云鹏作。描绘佛、儒、道三教创始者共坐树下相谈的场情。事实上这种场面从来不曾存在，画家只是想表达对佛、道思想的膜拜和对儒家学说的尊崇。正面侧坐者为孔子，着红衣者为释迦牟尼，另一人为老子。台北"故宫"藏。

国，入家而破家，入身而破身"，信之无益。这种说法显然不能让人接受，佛教徒释僧顺作《析三破论》，从19个方面批驳《三破论》的错误观点。佛教徒释玄光作《辨惑论》等，攻击谩骂道教。于是，佛、道二教教徒依各自信仰，大肆剽窃教义、伪造经书、假托名著，互相攻讦对方，一时间，道、佛辩争到了白热化的地步。

佛教与道教激烈辩争时，儒家基本上是站在道教的立场，敲敲边鼓。道教这时也吸收了儒家的精髓，如陆修静在整顿天师道组织、制订道教斋醮仪轨的过程中，就大量吸收了儒家的礼法精神。当时一些高道名僧主张三教合一，劝佛、道双方不可各执己见，应该互相包容。

陆修静以《老子》、《庄子》为道学的起源，说明了儒学的道学化；认为三世轮回并不是佛教独有的学说，说明了佛学与道学的相融相通；三教合一的主张，说明儒、道、佛三教的交融与影响。可见，中华民族的宗教信仰早就你中有我、我中有你了。

场规模颇大的思想之争。

针对明僧绍《正二教论》、谢镇《析夷夏论》、朱昭之《难夷夏论》、释慧通《驳夷夏论》、释僧愍《戎华论》等对顾欢的驳斥，有道士假托南齐贵族张融的名义作《三破论》，说佛教"入国而破

>>>寻踪觅迹

庐山简寂观 在江西庐山南部金鸡峰下。据记载为陆修静创建，是其修道、传教、著书立说之所，为南朝时庐山最大的道观。

四川安岳石刻、重庆大足石刻 石刻内容均以佛、道、儒三教共存而独树一帜。

48. 梁武帝舍身事佛误国

南梁中大通元年（529）九月的一天，南梁京城建康（今江苏南京）的同泰寺，上万名和尚、尼姑和善男信女肃立在大殿前，同声高唱佛曲《断苦轮》。佛曲停下来后，大殿法座上一位身披法衣的老僧开始讲《涅槃经》。这位讲经的和尚法名"冠达"，是南梁当朝皇帝萧衍，即梁武帝，那首《断苦轮》就是他新作的佛曲。

梁武帝是南梁的建立者，公元502年，他迫使南齐和帝将皇位"禅让"给他。执政初期，梁武帝勤于政务，采取了一系列内外政策，使南梁在一段时间内出现了社会稳定、相对繁荣的局面。

梁武帝博学多才，在学术研究和文学艺术创作上尤为突出。

梁武帝的诗赋文才在年轻时就很突

梁武帝像
台北"故宫"藏。

出，是文学史上的"竟陵八友"之一。传说他作有"千赋百诗"，现存诗歌仍有80多首。

梁武帝在经学、史学研究上成就最为卓著。他撰有《周易讲疏》《春秋答问》《中庸讲疏》《孔子正言》等200余卷，主持编撰了600卷的《通史》。他潜心佛经，著有数百卷的佛学著作，并把儒家的"礼"、道家的"无"和佛教的"因果报应"糅合在一起，创立了"三教同源说"。

>>>阅读指南

黄复彩：《梁武帝》。安徽文艺出版社，2010年8月。

朱岩：《南朝纪事——梁武帝萧衍的水陆道场》。吉林出版集团，2012年4月。

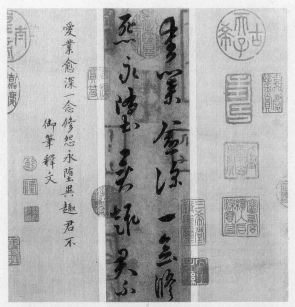

异趣帖（局部）
梁武帝的传世书迹。台北"故宫"藏。

天只吃一餐，并且是粗茶淡饭，身穿布衣，清心寡欲。他吃素，认为神灵也吃素，于是下令全国祭祀宗庙不用猪、牛、羊，改用蔬菜代替，遭到反对后才允许用面捏成的牛羊当祭祀品。他极力倡导《涅槃》等大乘经不吃肉食的主张，作《断酒肉文》，改变了汉代以来僧徒吃"三净肉"的习惯，对后世中国佛教的戒律影响很大。

为了弘扬佛法，梁武帝经常亲自召集佛法大会讲经说法，不吝花费巨资，创建了大爱敬、光宅、同泰等寺庙。这些寺庙宏伟奇丽，所造佛像穷工极妙，令人叹为观止。据统计，南梁佛教最兴盛时，佛寺多达2846所，僧尼8.27万余人。

梁武帝对音乐也颇有研究。传说他曾创制过四种乐器，写了许多新歌。他以"正乐"为名，将佛教音乐引进宫廷，成为正统的雅乐，并运用佛教思想对传统的雅乐进行创新，创作了一批中国化的佛曲，有《善哉》《大乐》《大欢》《天道》《仙道》《神王》《龙王》《断苦轮》等。

梁武帝在绘画、围棋、书法上也有很深的造诣。

在梁武帝的影响和提倡下，南梁的文化达到了东晋以来最繁荣的阶段。

梁武帝曾信奉道教，但即位不久便改信佛教了。随着功成业就、年事增高，梁武帝对佛教更加痴迷。

梁武帝以苦行僧自居，晚年经常每

太清丰乐钱
梁武帝太清年间（547~549）铸币。

梁武帝甚至几次到同泰寺出家。南梁普通八年（527），梁武帝第一次到同泰寺出家，但只待了三天就被大臣们请回去了；大通三年（529），梁武帝第二次脱下帝袍，换上僧衣，并开讲《涅槃经》，群臣给寺院捐了一亿钱，才让他还俗；大同十二年（546），梁武帝第三次出家，群臣用两亿钱才将他赎回；第二年，梁武帝第四次出家，朝廷又花了一亿钱为他赎身。几次折腾，梁武帝整整花了四亿赎身钱。百官每次来到同泰寺，都是请了又请，才能把他请回朝廷。

梁武帝在位48年，以佛法治国，对中国佛教的发展产生了深远的影响。但他过分沉迷于佛教，无心理政，造成朝政昏暗，对外战争和建寺庙、事佛又浪

梁武帝修陵石雕

费了大量人力物力，导致国力空虚，南梁面临内忧外患的危机。

南梁太清二年（548），东魏降将侯景举兵谋反，第二年攻破建康宫城，囚禁了梁武帝，梁武帝仍然没有停止诵经念佛。这年四月，85岁高龄的梁武帝忧愤、饥饿而死。

侯景之乱使南梁经济、文化遭到巨大损失。此后几年，南梁烽烟四起，宗室骨肉相残，梁武帝开创的国家很快就走到了尽头。公元557年，在平定侯景之乱中崛起的陈霸先控制了南梁朝政，废南梁敬帝，自立为帝，建立南陈，南梁灭亡。

>>>寻踪觅迹

南京鸡鸣寺 南京最古老的梵刹之一，其前身有两种说法：一种说法认为是南梁的同泰寺，另一种说法认为是三国孙吴时的栖玄寺。还有一种观点认为同泰寺位于今南京江宁区。

梁武帝年间的漆金石佛像
上海博物馆藏。

49. 陈朝灭亡　南北统一

永宁陵石刻

永宁陵是南陈第二任皇帝文帝陈蒨的陵墓，在今江苏南京甘家巷狮子冲。陵墓已无存，仅存麒麟、天禄两尊石兽，为南朝石刻精品。

缠绵的亡国之音却留传了下来。

南陈是公元557年由南梁末帝敬帝"禅位"给陈霸先而建。陈朝立国时，连续数年的战乱对南朝的经济、文化造成了严重的破坏。南陈的几位皇帝一边平定大大小小的地方割据势力，一边宽政廉平，励精图治，任贤使能，逐渐医治了战争的创伤，使经济、文化得到恢复，国势逐渐强盛起来，但当时的总体形势已是北朝强、南朝弱。

丽宇芳林对高阁，新装艳质本倾城。
映户凝娇乍不进，出帷含态笑相迎。
妖姬脸似花含露，玉树流光照后庭。
花开花落不长久，落红满地归寂中。

这首《玉树后庭花》为南陈末代皇帝陈叔宝所作，被后人称为"亡国之音"。唐朝诗人杜牧夜泊秦淮，听到岸上酒家女子还在月下高歌这首《玉树后庭花》，就写了《泊秦淮》一诗，感慨南陈虽亡，

南陈末代皇帝陈叔宝是一个荒唐的昏君。他在深宫中长大，对天下事不知所以然，继位后不理朝政，整天在宫中与妃嫔、近臣吃喝玩乐、花天酒地。陈叔宝热衷于诗辞歌赋，经常与宠妃在宫里举行酒宴，唤上一些舞文弄墨的近臣和文人骚客，通宵达旦地喝酒赋诗。一

些官员投其所好，不必理政，只要和陈叔宝一起饮酒、作诗、听曲就可以得到重用，导致朝廷奸佞当道，臣民都耽于逸乐。

为了满足奢侈的生活，陈叔宝大修宫室，极尽奢华。他下令建临春、结绮、望仙三阁，高耸入云，窗牖（yǒu）栏槛都是用沉香木或檀木做的，宛如人间仙境。他又下令建大皇寺，内造七级浮图（即七层宝塔），但还没竣工，就被火烧了。大兴土木，奢侈、荒淫无度，弄得国库空虚，财用枯竭，陈叔宝就想方设法增加税收，官吏和百姓都怨声载道。

陈叔宝即位的前两年，即公元581年，北方的隋朝取代北周而立。就在陈叔宝饮酒嬉戏虚度光阴的几年时间内，隋朝统一了北方，反击突厥获胜，消除

唐代画家阎立本《历代帝王图》中的陈后主陈叔宝
美国波士顿艺术博物馆藏。

了北部边患，南下灭陈很快就提上了议事日程。

隋开皇八年（588）三月，隋文帝杨坚下诏列举陈叔宝 20 条罪状，并下令将诏书在江南广为散发，以争取人心。十月，隋朝51.8万大军分八路南下，直指南陈都城建康。南陈沿边州郡将消息飞报入朝，朝廷上下却不以为意，仆射袁宪请求出兵抵抗，陈叔宝不听。到了隋军深入境内，各州郡相继告急，陈叔宝还笑着说："王气在此，北齐三次来侵，北周两次来犯，都是大败而归，隋军又能怎

《历代帝王图》中的南陈第二任皇帝文帝陈蒨

《历代帝王图》中的南陈第四任皇帝宣帝陈顼

样？"大臣孔范附和道："长江天险隔断南北，隋军难道还能飞过江来？"陈叔宝认为孔范言之有理，于是君臣上下依旧奏乐喝酒，赋诗如故。

公元589年正月，隋军渡过长江，一路势如破竹，很快就攻进建康城，打进了皇宫。陈叔宝惊慌失措，平日里围绕在身边的一帮侍臣立即作鸟兽散。隋军士兵搜查宫殿，却没有找到陈叔宝，最后在后花园中发现了一口枯井。士兵们趴在井口喊话，但没人答应。当有人建议往井中扔大石头后，井里传来了讨饶的声音。于是士兵们用粗绳系上一个箩筐放入井中，待拉上来一看，才发现是陈叔宝和他的两个宠妃。自此，立国33年的南陈覆亡。

隋灭陈，结束了中国自西晋灭亡以来270多年的分裂和战乱状态，重新走向统一。

>>> 阅读指南

云海孤月：《南北朝那些事儿》（肆）。中国工人出版社，2011年12月。

江月：《南北朝其实很有趣儿》。中国纺织出版社，2011年9月。

>>> 寻踪觅迹

南京台城　位于南京玄武湖南岸鸡鸣寺附近，东端与明都城相接，西端为一断壁。台城是东晋和南朝各代的后宫禁城，早已荡然无存，后人将建于附近的一段明城墙附会为台城，聊表怀古之情。

胭脂井　位于南京台城。相传为南陈景阳殿之井，隋朝灭陈之际，陈叔宝和他的两个宠妃就躲在这口井里，当他们被拉上来时，一个妃子脸上的胭脂蹭在了井口边，因此而得名。

50. 标准汉字 —— 魏碑

"龙门二十品"之一（局部）

传说北魏年间的某一天，有三个推小车卖碗的外地人正在大基山的山路上走着，突然对面来了个骑白马的白胡子老头，童颜鹤发，仙风道骨。老头在马上拱手施礼道："施主的碗是卖的吗？"卖碗人答是。老头说："那我都买了，你们就送到道士谷吧。"见卖碗人有些迟疑，老头又说："我在碗上写上字，徒弟见了我的字，一定会要的。"说着，他从马背上拿出笔，拿起一个碗写上字，交

给卖碗人，就骑着马走了。

卖碗的人好不容易把碗推到道士谷，叫出道长，把写了字的碗给他看。道士们一看，都大惊失色，这是已经死去多年的师傅郑道昭的字！他们异口同声说："师傅真的得道成仙了！"道长把所有的碗都留下了，再一看，每个碗上都有郑道昭的字，于是马上焚香诵经。道士们把每个碗上的字拓下来，刻在道士谷和云峰山的石头上，今天，我们在云峰山和大基山道士谷中

>>>阅读指南

刘涛：《中国书法史·魏晋南北朝卷》。江苏教育出版社，2009年4月。

黄惇：《秦汉魏晋南北朝书法史》。江苏美术出版社，2009年2月。

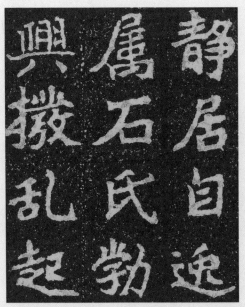

郑道昭《荥阳郑文公之碑》拓片（局部）

仍然可以看到这些石刻。

这个传说当然无真实性可言，但历史上确有郑道昭其人，他是北魏著名的书法家。据说郑道昭在任光州（今山东莱州）刺史期间，公务之余经常到大基山道士谷中与朋友、道俗谈经论道。他还在山中修建居所，叫作"白云乡青烟里"，在此修身养性，扫石置坛，祭祀四神，吟诗挥毫，留下了许多气势恢宏的摩崖石刻。

郑道昭的书法体势高逸，作大字尤佳，被称为"魏碑鼻祖"、"书法北圣"，与王羲之齐名，有"南王北郑"之誉。山东莱州大基山道士谷和云峰山留有几十处郑道昭书法刻石，被历代书法家、金石家推崇备至。

魏碑是楷书的一种，是指包括东魏、西魏、北齐和北周在内的整个北朝的碑刻书法作品，主要是以石碑、墓志铭、摩崖（天然石壁上的摩刻）和造像记的形式存在。由于北魏是北朝立国时间最长的王朝，且书法水平最高，风格多样，故而得名。

南北朝时期是楷书发展的第一个高峰。魏碑书法承前启后、继往开来，它上承汉隶传统，下启唐楷新风，对当时和后世书体产生了巨大影响，历代书法家在创新变革时都从中汲取有益的精髓。魏碑为现代汉字的结体、笔法奠定了坚实的基础，经过标准化，"魏体"成为现在最常用的汉字印刷字体之一。

魏碑书体是汉文化与北朝少数民族文化融合的结果，是北朝各族人民留给中华民族的宝贵文化遗产。

> >>>寻踪觅迹
>
> **大基山、云峰山** 大基山位于山东莱州城东，是道教文化和华夏神祇文化的发祥地之一。山上有历代摩崖石刻，其中郑道昭父子手书摩崖题刻有十几处，《登大基山诗》镌刻在一块长方形巨石上，共206字，字字刚劲挺拔，历经千年沧桑，字迹依然清楚可辨。云峰山位于莱州南部，有历代刻石30多处，其中郑道昭题刻10多处，《荥阳郑文公之碑》为魏碑之冠。
>
> **河南洛阳龙门石窟** 有众多魏碑作品，其中"龙门二十品"（有十九品在古阳洞）被认为是魏碑的代表作。

51.《水经注》——风土民情采访录

山西大同市郦道元塑像

自三峡七百里中，两岸连山，略无阙处。重岩叠嶂，隐天蔽日，自非亭午夜分，不见曦月。……每至晴初霜旦，林寒涧肃，常有高猿长啸，属引凄异，空谷传响，哀转久绝。故渔者歌曰：巴东三峡巫峡长，猿鸣三声泪沾裳。

上文是北魏地理学家、散文家郦道元在《水经注》中描写的三峡风光片断，《三峡》一文被选入中学语文课本。

郦道元出生于官宦世家，少年时随父亲在山东生活，经常和友人一起游山玩水，尤其喜欢研究水文地理和自然风貌。后来，郦道元不仅在北魏首都平城（今山西大同）和洛阳做过官，还在今河北、河南多个地方担任地方官。每到一个地方，郦道元都要游览当地名胜古迹，留心勘察水流地势，探溯源头，了解河流沿岸地理地貌、土壤气候、地域变迁和人民的生产生活等情况，并且在余暇时间阅读了大量地理学方面的著作，积累了丰富的地理学知识。

把自己看到的地理现象与古代地理著作的描写进行对照比较后，郦道元发现，古代《水经》中记载的全国137条主要河流，随着时间的流逝已经发生了很大变化，比如有些河流改道了，有些河流名称也变了。《水经》全书仅一万多字，记述过于简要，缺乏系统性。郦道元觉得，有必要在对现有地理情况进行考察的基础上，验证古籍，把地理面貌的变化尽量详细、准确地记载下来。他决定以《水经》为蓝本，以作注的形式写一部完整的地理学著作。

为了掌握第一手资料，郦道元的足迹遍及今河北、河南、山东、山西、安徽、江苏、内蒙古等广大地区，实地考察各地的地理、历史和风土人情等情况，还阅读了大量古代地理学著作，如《山海经》《禹贡》《汉书·地理志》等。

经过艰苦努力，郦道元写出了一部空前的地理学巨著——《水经注》。全书共40卷、30多万字。

《水经注》名义上是注释《水经》，实际上是在《水经》基础上的再创作，内容远比《水经》丰富得多。首先，虽然郦道元的活动区域只在北魏统治范围之内，但他的视野并没有受政权和地域的局限，《水经注》的内容不仅有全国各地的地理情况，还涉及当时不少域外地区，包括今印度、中南半岛和朝鲜半岛等地区，可以说是北魏以前中国及其周围地区地理学的总结。

写《水经注》时，郦道元突破了《水经》只记河流的局限。他以河流为纲，详细介绍了1252条大小河流以及相关区域的自然地理和人文情况，如地形地貌、山川胜景、物产习俗、神话传说、历史沿革、城市变迁、村落兴衰等，几乎无所不包，是一部地理百科全书，对历史学、考古学、地名学、水利史学以至民族学、宗教学、艺术等方面都有重要参考价值。

据统计，在自然地理方面，《水经注》还记载了湖泊、沼泽500余处，泉、井等地下水近300处，伏流（地下河）30余处，瀑布60多处，山岳、丘阜地名近2000处，喀斯特洞穴70余处，植物140余种，动物100多种，水、旱、风、蝗、地震等自然灾害30多次。

在人文地理方面，《水经注》记载了城邑2800个，古都180个，镇、乡、亭、里、聚、村、墟、戍、坞、堡等聚落10类约1000处，桥梁约100座，津渡近100处，地名约2万处，古塔30多座，宫殿120余处，陵墓260余个，寺院26处。

《水经注》引用了大量历史文献和资料，其中引用前人著作多达400种，辑录汉魏金石碑300多种，还采录了不少民间歌谣、谚语方言、传说故事等。这些书籍、碑刻在后来的历史变迁中大部分已经散佚了，《水经注》的引用和转录才使之尚存一斑。

由于《水经注》在中国科学文化发展史上的巨大价值，历代许多学者专门对它进行研究，由此形成了一门"郦学"。

《水经注》文字优美生动，也是一部颇具特色的山水游记，对后世游记散文的影响较大，郦道元也成了山水游记文学的鼻祖。

>>>阅读指南

陈桥驿、王东译注：《水经注》。中华书局，2009年10月。

郭蕊：《笔著华夏——郦道元》。吉林文史出版社，2011年5月。

>>>寻踪觅迹

郦道元故居　位于河北涿州市城南的道元村，为纪念性建筑。

52. 南北朝民歌的互相流传

乐队彩绘画像砖
南朝。河南邓州出土，河南博物院藏。

南朝齐高帝建元二年（480）一个月明风清的夜晚，齐都城建康（今江苏南京）乐游苑灯火通明，一个大型宴会正在热热闹闹地举行。齐高帝萧道成和王公大臣们一道，和着音乐尽情娱乐。侍中褚彦回弹琵琶，书法家、尚书令王僧虔和安南将军柳世隆弹琴，秘书郎沈文季演唱《子夜歌》，侍中、中军将军张敬儿跳舞……左仆射王俭说：我没什么本事，只知道背书。说罢，就跪在地上背起司马相如的《封禅书》。《封禅书》是歌颂汉武帝丰功伟绩的，王俭借来奉承萧道成。

在这个皇家盛宴上，沈文季演唱的《子夜歌》就是南朝民歌中的《吴声歌曲》。

南朝民歌源于三国东吴时期，迄于陈朝，主要保存在宋代郭茂倩所编的《乐府诗集·清商曲辞》里。

南朝民歌主要有吴歌和西曲两类，是因产生地而得名的。吴歌产生于建业（今江苏南京）及其周围地区，这一带习惯上称为吴地。西曲产生于江汉流域的荆、郢（今湖北江陵）、樊（今湖北襄阳）、邓（今河南邓州）等几个主要城市，这些

胡人舞俑

北齐。山西寿阳县贾家庄村出土。胡人老叟高鼻深目，络腮长须，满脸皱纹，笑容可掬，似在尽情歌舞，洋溢着豪放豁达的精神。山西博物院藏。

地方是南朝西部重镇和经济文化中心。

南朝民歌在北魏孝文帝时流入北朝。由于南朝民歌以情歌为主，体制小巧，多为五言四句，语言清新自然，受到北朝统治阶层的喜爱。北魏皇家根据新的喜好修订了宫廷礼乐典章制度，把南朝民歌纳入宫廷礼乐体系，这不仅对鲜卑族的汉化起了积极作用，也使南朝民歌在战乱年代得以保存下来。受到南朝民歌的影响，北朝民歌也有了轻婉的曲调。

北朝民歌的情调和风格则与南朝民歌有显著的差别。以鲜卑族为主的北方各民族生活在辽阔的草原，有着特殊的风俗习惯和性格气质，北朝民歌语言质朴，风格豪放，句式多样，题材广泛，除了情歌，还有战歌和牧歌。

北朝民歌大多是鲜卑语，传入南朝后，被译成汉语，由乐府机构采集并保存下来，以家喻户晓的《敕勒歌》《木兰诗》最为著名。正是由于这个原因，传世的有60多首北朝民歌深受汉文化的影响，《木兰诗》已很难辨别是汉族还是少数民族的作品，它是汉化的一朵奇葩，是胡汉民族文化融合的产物。

差异明显的南北朝民歌对后世文人的创作影响深远。唐代诗人李白融合南朝民歌的清丽、明朗和北朝民歌的质朴、刚健，将文人乐府诗推向最高峰；北朝民歌对唐代的边塞诗以及杜甫、白居易等都有重要影响。

>>>阅读指南

魏耕原：《先秦两汉魏晋南北朝诗歌鉴赏辞典》。商务印书馆国际有限公司，2012年1月。

吴大顺：《魏晋南北朝乐府歌辞研究》。上海古籍出版社，2009年8月。

>>>寻踪觅迹

江苏苏州 南朝时叫吴州，是中国著名古都、吴文化的发祥地。苏州话是吴方言的一种，吴语至今保留了相当多的古音。用苏州话演唱的苏州戏曲是一朵艺术奇葩，在中国戏曲史中占有重要地位。

53. 范缜与《神灭论》

南京栖霞山千佛崖无量殿南齐观音造像

南齐永明七年（489）的某一天，竟陵王萧子良大摆酒宴，招待一帮文人雅士朋友，思想家、无神论者范缜也在其中。

萧子良崇信佛法，经常在家里召集名僧讲佛论法，甚至不顾自己的贵族身份，亲自为僧侣们端茶、打杂。由于范缜不信佛，否认佛教的灵魂不灭、轮回转世、因果报应之说，二人发生了争执。

萧子良问范缜："如果不相信因果报应，那么，人世间哪来的富贵与贫贱呢？"

范缜回答："人的命运就像生长在同一棵树上的花瓣一样，随风飘落。有的由于风拂帘幔而飘到屋内，留在了席子上，有的则因篱笆或围墙的阻挡而掉进了粪坑中。落到席子上的，就是您；落到粪坑中的，就是我。尊贵与卑贱只是偶然的际遇而已，哪有什么因果关系？"萧子良无法说服范缜，心里很不痛快。

范缜觉得有必要系统阐述自己的无神论观点，于是写了《神灭论》一书。《神灭论》认为：神即形也，形即神也，形存则神存，形谢则神灭。人的形体与

上海博物馆藏南朝佛像

青瓷莲花尊

南朝。传河南上蔡县出土。造型与装饰带有浓厚的佛教色彩，多出土于大型墓葬中，是佛教与中国古代灵魂观念结合的产物。中国国家博物馆藏。

精神是一个整体，人死后，形体灭亡了，精神也就不存在了。所谓灵魂不死、精神不灭，都是骗人的。这种与佛教神不灭论完全相反的观点震惊了南齐朝野。

当时南齐佛教盛行，宗教迷信笼罩着社会的各个角落，萧子良交往的那些名士，大部分是佛门信徒，他们与范缜展开了一场论战。

萧子良召集僧人与范缜辩论，都没能说服范缜。太原人王琰写文章讥笑范缜："哎呀，范先生！你连祖宗的神灵在哪里都不知道了。"范缜反唇相讥："哎呀，王先生！你知道你祖宗的神灵在哪里，可就是不能舍弃自己的生命去侍奉祖先！"范缜语气诙谐，字字惊人，并能论证自己的观点。

萧子良又让名士王融去劝范缜。王融对范缜说："神灭之说本来就荒谬，你却固执己见，这恐怕有损你的名分和礼教呀。以你的德才，何愁做不了中书郎，为什么要和众人唱反调呢？"范缜大笑，说："我如果出卖真理换取官位，早就当到尚书令与仆射了，岂止是中书郎！"

萧子良一方尽管人多势众，软硬兼施展开轮番围攻，但由于讲不出像样的道理，最终也没能战胜范缜。

范缜一生跨越南朝宋、齐、梁三朝。他家境贫寒，小时候与母亲相依为命，但刻苦勤学，学业优异，同时生性倔强

南朝石雕菩萨头像

耿直，不肯向权贵低头，敢于发表"危言高论"，因而也受到众人的疏远和冷落。在刘宋时期，范缜的聪明才智和满腹经纶无处施展，怀才不遇的痛苦使他未老先衰，29岁就已经白发皤然。

南齐时期，范缜做了尚书殿中郎，曾出使北魏，他渊博的才识和机智敏捷，博得了北魏朝野的尊重和赞扬。

南梁武帝曾是南齐萧子良的朋友，与范缜早就相识，他即位后，任命范缜做了太守。范缜在任四年，清廉节俭，除了俸禄之外，其他一无所取。

南梁佛像

梁武帝同样笃信佛教，导致朝野上下崇佛成风。范缜不顾自己的处境，将《神灭论》充实、完善后在亲友中传播，再一次向佛教发出挑战。梁武帝颁布了《敕答臣下神灭论》诏书，与范缜展开论战，朝中王公权贵64人响应，共写了75篇反驳范缜的文章。可是，他们多是无真才实学的御用文人，才华、文笔和思辨能力都与范缜相去甚远，只能以谩骂代替争论，指责范缜欺天罔上、伤风败俗，叫嚣取缔《神灭论》。范缜沉着应战，据理驳斥，史称"辩摧众口，日服千人"。这场论战以范缜的胜利被载入史册。梁武帝对范缜无可奈何，只是不再重用他，但也没有禁止《神灭论》发行。

范缜为坚持和捍卫真理而斗争的勇气，《神灭论》闪耀的思想光芒，是中华民族精神财富的重要组成部分。

>>>阅读指南

范缜：《神灭论》。

潘富恩、马涛：《范缜评传》。南京大学出版社，2011年4月。

>>>寻踪觅迹

南京栖霞山 因南朝时山中建有"栖霞精舍"而得名。主峰西麓的栖霞寺始建于南齐永明元年（483），现为南京地区最大的佛寺。南朝石窟千佛崖从南齐永明二年至南梁天监十年（511）逐渐开凿而成，后又经历代修筑，现存大小石窟佛龛200多个、造像500多尊。

54. 魏晋玄学　儒道调和

　　魏晋时期出现的玄学是一种崇尚老庄的思潮。魏晋玄学的观念最早源于《老子》"玄之又玄，众妙之门"，"玄"是深远的意思，玄学即研究幽深玄远问题的学说。

　　魏晋人把《老子》、《庄子》和《易经》称为"三玄"。玄学的基本内容就是对于《周易》《老子》《庄子》的发现以及对于儒家思想的自由解释。

　　魏晋玄学可分为正始、竹林、元康和东晋四个时期，在理论上有偏重老子或庄子之分，

高逸图（残卷）
唐朝孙位作。画的是"竹林七贤"。目前画面仅剩四人，经考证是山涛、王戎、刘伶与阮籍。上海博物馆藏。

但主要的仍是对于儒家思想的态度，即政治倾向的不同。正始时期玄学家以何晏、王弼为代表，竹林时期以阮籍、嵇康为代表，元康时期以向秀、郭象为代表，东晋时期以僧肇、张湛为代表。

　　对于魏晋玄学，人们最津津乐道的就是竹林时期的"竹林七贤"，即晋代的嵇康、阮籍、山涛、刘伶、阮咸、向秀和王戎七位名士。他们经常在山阳（今河南辉县、修武一带）的竹林之下聚会，酣歌纵酒，放旷不羁，因而得名。据说刘伶经常随身带着一个酒壶，乘着鹿车，边走边喝酒，车后还跟着一个人，带着掘挖工具。刘伶说这是为了方便自己什

洛神赋图（局部）

原作为东晋画家顾恺之根据三国文学家曹植的名篇《洛神赋》所作，描绘了曹植在由京师返回封地途中与洛水女神相遇的动人爱情故事，绘画思想深受魏晋玄学的影响。现存长卷为宋代摹本，分别藏于辽宁省博物馆、故宫博物院、美国弗利尔艺术博物馆等处。

随便怎么喝都行。有的人直接用手掬酒喝，有位族人则把头伸进酒缸里喝个痛快，其他人不但不以为忤，反而跟着效法，脸上、头发上全沾满了酒。这时一群猪闻到酒香，也把头伸进酒缸里喝酒，阮咸不仅不赶猪，还和猪共饮。

"竹林七贤"借酒浇愁，或酒后以狂言发泄对时政的不满。嵇康、阮籍、刘伶等对执掌朝政的司马氏集团持不合作的态度。阮籍虽然连续在司马氏父子手下做官，但那并非出于他的本意，而是一种明哲保身的方法。据说凡是司马府上有宴会，阮籍是每请必到，到便喝酒，有时真的醉了，有时佯装酒

么时候醉死了，好就地埋了。有一次，刘伶喝醉酒跟人吵架，对方生气地卷起袖子，挥拳就要打他。刘伶却很镇定地说：我这像鸡肋般细瘦的身体，哪有地方安放老兄的拳头？对方听罢笑了起来，把拳头放了下来。

阮咸放浪不羁也很有名。传说有一次，阮咸请族人喝酒，不耐烦用小杯小碗斟来斟去的，干脆大家围在酒缸旁，

>>>阅读指南

王德有：《魏晋玄学——高蹈飘逸的闲适人生》。东方出版中心，2010 年 4 月。

刘强：《竹林七贤》。中国青年出版社，2010 年 10 月。

青瓷堆塑人物罐

西晋冥器。又名魂瓶、谷仓罐，是晋代盛行的典型器物，多出土于江南地区，罐上部往往堆塑亭台楼阁、人物、佛像等，是西晋封建庄园经济和士族地主、官僚贵族现实生活的微缩反映。江苏丹阳博物馆藏。

醉，以此来掩饰自己。有一年，阮籍听说缺一名步兵校尉，又听说步兵营善酿佳酒，就请求去那里当校尉。当了校尉后，阮籍整天泡在酒中，纵情豪饮，一点也不管事。阮籍有个女儿容貌秀丽，司马昭想娶作儿媳，几次托媒人登门求婚，阮籍不想答应，又怕得罪司马昭，只好天天沉醉于酒中。一连60多天，他都烂醉如泥，使提亲的人没有机会开口，司马昭无可奈何，只得作罢。

嵇康等人的不合作为司马朝廷所不容。曹魏景元三年（262），嵇康因反对司马氏的专权被司马昭下令处以死刑。在刑场上，3000名太学生向朝廷请愿，请求赦免嵇康，并要求让嵇康到太学当老师，他们的要求没有被接纳。嵇康气定神闲，向人要来一架琴，在高高的刑台上，面对成千上万前来送行的人们，弹奏了《广陵散》。铮铮的琴声，神秘的曲调，美妙的音乐，滋润着每个人的心。曲终音静，嵇康激愤绝望地说："《广陵散》今天成为绝响！"说完，他从容赴死。

魏晋时期社会动荡，司马氏和曹氏两大家族争夺政权的斗争异常激烈，许多人因参与政治斗争而招致杀身之祸。文士们不仅无法施展才华，还要时时担忧生命安全，为了明哲保身，只好从老庄哲学中寻找精神寄托，用饮酒、佯狂等形式来排遣苦闷的心情，以"清谈"为主要特征的玄学便应运而生，它由汉代道家思想、黄老之学演变发展而来，是道家和儒家的融合。作为中华民族文化的一部分，魏晋玄学一直是滋养中华民族的精神食粮。

>>>寻踪觅迹

阮籍墓遗址 在河南尉氏县小陈乡阮庄村，墓地原有祠宇，后被洪水所毁，阮氏族人集资建了新坟茔作为纪念。另外，南京市第四十三中学内有阮籍衣冠冢，系东晋学子为纪念先贤所立。

嵇康墓 又称嵇中散墓，位于安徽涡阳县石弓镇。墓已被盗，只存空墓。

华
胡
混
血

55. 隋朝建立与开皇之治

隋代大佛是甘肃天水麦积山石窟的标志
主尊释迦牟尼佛高16米，形象敦厚，气势磅礴，从一个侧面体现了隋朝的繁荣强大。

隋朝开国皇帝杨坚是汉族，但从小生活在西北民族地区。其父杨忠是西魏12大将军之一和北周的开国元勋，被封为随国公。西魏恭帝赐杨忠鲜卑复姓普六茹氏。杨坚是杨忠的长子，鲜卑名那罗延，意为金刚力士，后来掌权了才恢复汉姓。

杨坚14岁就开始了仕途生涯。杨忠死后，他继承了父亲的随国公爵位，并娶西魏名将、名臣独孤信的小女儿为妻。北周宣帝宇文赟（yūn）即位后，杨坚的长女被封为皇后，杨坚晋升为柱国大将军、大司马。由于北周宣帝腐败无能，杨坚逐渐控制了朝政。宣帝没干多久就把皇位让给了年仅7岁的儿子，即北周静帝，丞相杨坚成为实际上的主政者。

公元 581 年，北周静帝把帝位"禅让"给杨坚，北周亡。杨坚登基建立新朝，建都长安（今陕西西安），定国号为"大随"。由于"随"字的"辶"有走的意思，怕不吉利，于是改为"隋"。杨坚即隋文帝。

隋朝建立后，与突厥进行了两次大规模战争，击溃了突厥的军事威胁，还统一了今青海地区，587 年废除南朝后梁，589 年灭南朝陈，随即收复岭南地区，实现了全国统一，从而结束了自西晋末年以来长达近 300 年的分裂局面。

隋文帝杨坚在位期间，励精图治，采取了一系列措施巩固政权、稳定社会、发展经济和文化事业。

首先，确立三省六部制以巩固中央集权。"三省"即尚书省、门下省、内史省，是辅助皇帝处理国家事务的机构。内史省负责起草诏令，门下省负责审议，尚书省是国家最高行政机关，下设吏部、礼部、兵部、民部、刑部、工部六部。其中吏部掌管全国官吏的任免、考核、升降和调动，民部掌管全国土地、户籍

备骑出行图（局部）
山东嘉祥县隋代徐敏行夫妇墓出土。四个仪卫并肩而立，二人执灯，一人执伞，一人执扇。墓主徐敏行曾任职于南朝梁、北齐、北周和隋四朝，隋文帝时任晋王杨广部下。

以及赋税、财政收支，礼部掌管祭祀、礼仪和对外交往，兵部掌管全国武官的选拔和兵籍、军械等，刑部掌管全国的刑律、断狱，工部掌管各种工程、工匠、水利、交通等。三省六部制分工明确，组织严密，对后世影响深远，自隋定制，一直沿袭到清朝。

其次，简化地方行政机构。实行州、县两级制，撤销了 500 多个郡，并将一

>>>小贴士
租庸调制 隋唐时期一种赋税制度，规定以人丁为本，不论土地、财产多少，都要按丁交纳定额的赋税并服一定的徭役。租即田租，缴纳的是粟等粮食；种桑养蚕或种麻的地区则缴纳绢、布、麻等，叫作调；庸则是力役，如规定成年男子每年给官府服役 20 天，也可用物品折抵役期。

些郡县合并，同时裁汰了大量冗官。为了加强行政控制，杨坚下令：九品以上的官员一律由中央任免；官吏的任用由吏部掌握，每年都要进行考核；州、县官吏每三年要轮换一次。这不仅大大节省了开支，提高了行政效率，也减轻了百姓的负担。

再次，设立科举考试制度，选拔优秀人才。这种选官不问门第、以成绩作为主要标准的方法相对公平，被后世历朝沿用，直到清朝末期才废除。

隋朝笼冠俑

湖北武汉出土。笼冠原是汉代以来武官戴的一种帽子，但隋朝不限于武官，皇帝的近臣也戴。中国国家博物馆藏。

第四，制定《开皇律》。废除了前代鞭刑、枭首、裂刑以及灭族等酷刑恶法，减去死罪81条，流罪154条，徒、杖等罪千余条，大大减少了法律的残酷性和野蛮性。《开皇律》律文共500条，对后世产生了深刻影响，成为唐及其以后各代法典的基础。

隋开皇六年造观音菩萨铜像

第五，改革土地和赋税制度。实行均田制和租庸调制并整顿户籍，进行人口调查，提高了农民的生产积极性，增加了纳税人口，国家的赋税收入也相应增加了。

第六，改革府兵制。府兵制起源于北魏时期鲜卑人当兵、汉人务农的政策。

>>>阅读指南

蒙曼：《隋文帝杨坚》。江西人民出版社，2011年7月。

《一本书知晓隋朝》。世界图书出版公司，2010年9月。

白釉双龙柄联腹传瓶
陕西西安隋代李静训墓出土。白瓷虽然出现于北齐，但技艺成熟是在隋代。中国国家博物馆藏。

府兵全家可免除赋役，当兵成为鲜卑人的特权。开皇十年（590），隋文帝下令原来为鲜卑人专任的府兵全家一律归入州、县户籍，变军籍为民籍，按均田制授田，兵士本人则由军府统领。这一措施不仅减轻了朝廷的经济负担，也使农业户口大增，促进了农业的发展，也适应了民族融合的时代趋势，有利于民族团结和国家统一。

此外，隋文帝还废除了当时比较混乱的各种钱币，铸造新的五铢钱，重新统一了度量衡，为工商业的发展创造了条件。

开皇二年（582）正月，鉴于都城长安久经战乱，残破不堪，隋文帝下令在旧长安城的东南修筑新城。仅一年时间，新的都城——大兴城就竣工了。大兴城是当时世界上最大的城市之一，设计和布局思想对后世及日本、朝鲜等国的都市建设有深刻影响，后来被唐朝沿用。

584年，隋文帝下令开凿广通渠，以此为序幕，隋朝开始了一系列修建运河的工程，使黄河与长江两大水系、两大文明联结为一体。

隋文帝在位的20余年间，隋朝政治清明，社会安定，人口增加，府库充实，外患不生，社会呈现出一片繁荣景象，史称"开皇之治"。

隋朝的统一和开皇之治，揭开了隋唐盛世的序幕。与此同时，夏、商、周以来中国北方先后出现的匈奴、鲜卑、乌桓、羯、羌、氐和江南地区的山越以及部分蛮、俚、僚等民族，这时基本上被汉族同化而销声匿迹了，而汉族因吸收了众多少数民族的新鲜血液则发展壮大了，中国的民族结构图从此发生了根本改变。

>>>寻踪觅迹

隋文帝泰陵 位于陕西扶风县王上村。留有高27.4米的土夯覆斗形墓冢一座，陵前有清代石碑一方，附近有供祭祀的隋文帝庙遗址。

56. 俚汉团结使者冼夫人

群黎归顺石雕像
海南儋州市中和镇宁济庙始建于唐代，是海南最早的冼庙，庙中有九个跪着的石雕像，传说他们是归附冼夫人的八峒土著的峒首。

隋文帝曾经册封过一位少数民族女性首领，给她设置幕僚机构和属官，颁发印信兵符，让她全权指挥岭南六州兵马，并授予一项特殊权力，即遇有紧急事件，她可以先斩后奏，见机行事。她就是被岭南人尊为"圣母"的冼（xiǎn）夫人。

冼夫人名叫冼百合，是南朝、隋初岭南俚人首领。俚人是东汉至五代时生活在今粤西、桂东、桂南和越南北部等地的一个族群集团，其先民是先秦时的西瓯、骆越以及汉代的乌浒、南越人。冼夫人娘家世代都是南越俚人的首领，辖地千里，统领部落十数万家。冼夫人年轻时非常能干，不但能挽弓射箭，更善于谋略，深谙行军布阵之法，还经常规劝亲族为善，以解仇息兵，深受族人信赖，甚至连海南儋耳（今海南儋州）一带的俚人也来归附。

冼夫人24岁时，与高凉郡（今广东高州）太守冯宝结婚。冯宝是北燕皇族（汉族）后裔，他的曾祖父率领族人从东北乘船渡海来到岭南定居，此后几代都担任朝廷命官。高凉一带的俚人头领原来与汉族地方官吏格格不入。结婚后，冼夫人一方面帮助冯宝推行朝廷的政令，另一方面约束本族头领遵纪守法，并协助丈夫调查民情，处理好与当地豪强大姓的关系。冯宝也为俚人办理词讼，教俚人耕织和兴修水利，传播汉人先进的生产技术，还开办学馆，亲自开坛讲学，吸收俚人子弟入学读书。冯、冼联手，秉公无私，政令有序，人莫敢违。

南梁太清二年（548）八月，河南王侯景举兵叛梁，把梁武帝紧紧包围在建康（今江苏南京）中心的台城。广州都督萧勃决定征集兵马救援，高州（今广东高州）刺史李迁仕因早有异心，假装生病，迟迟不肯出兵，却派人急召高凉太守冯宝。冼夫人认为，李迁仕装

粤西风味小吃——古粽

用冬叶包裹糯米蒸煮而成，传说起源于冼夫人的军队行军打仗时携带的一种食物。

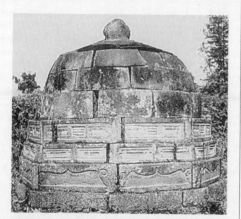

海南澄迈县石石矍村冼夫人衣冠冢

石石矍村有"海南冯氏第一村"之称。据考证，这里是冯、冼后裔最早的聚居地。隋仁寿元年（601），冼夫人不顾年迈，奉诏出巡海南，次年正月在此去世，并安葬于此，后来才归葬老家。

病抗拒都督的调遣，私下里却铸造武器，聚集兵马，显然有谋叛之意。她对冯宝说："刺史突然召你前往，肯定是逼你同反。你先不要去，等待几天，以静观其变。"

没过几天，李迁仕果然反叛，派部下率领精兵出城与侯景呼应，自己守着一座空城。冼夫人和冯宝商议，趁此机会，假说是给李迁仕送物资，暗地里实施突袭。李迁仕果然中计，他远远地望见冼夫人带着一千多人的队伍背扛肩挑而来，以为真的是输送给养的，丝毫不加防范就打开了城门。冼夫人率众到了城里，迅速从笋筐、背囊中抽出刀剑，像秋风扫落叶一般，一下子就占领了高州城，李迁仕败逃而去。冼夫人乘胜率

部与长城侯陈霸先的队伍会师，击溃了李迁仕的叛军。后来，陈霸先又与其他人合力击溃了侯景，平定了侯景之乱。

公元557年，陈霸先称帝，取代南梁建立南陈。改朝换代之际，冯宝去世，岭南大乱。冼夫人凭着自己的威望，竭力劝服、安抚百越各部，安定社会。她派年仅9岁的儿子冯仆率百越头领去见陈武帝陈霸先，表示愿意归附南陈。陈武帝封冯仆为太守，因冯仆年纪小，实际上是冼夫人主政，十多年间辖区安然无事。570年，广州刺史欧阳纥叛陈，并将冯仆骗去，想诱迫他同反。冼夫人以国家为重，不顾儿子安危，就近联络百越酋长合力平定了叛乱。冯仆因母亲平叛有功被升迁，冼夫人也被册封为"石龙太夫人"，权职待遇一律比照刺史。

南朝末期局势动荡，南陈已无力管理岭南地区。为了保境安民，岭南数郡推举冼夫人为首领，并尊她为"圣母"。

589年隋灭南陈后，隋文帝派遣使

年例是粤西民间一个以祭祀为主的传统节日，一般在农历正月举行，其起源据说和冼夫人也有一定关联

者前往岭南，给冼夫人送来陈后主亲笔写的"谕以国亡"书信、南陈兵符以及冼夫人当年呈献给陈后主的"扶南犀杖"，希望她归附隋朝。冼夫人目睹信物，确认南陈已经亡国。为了确保一方安定，她召集各部首领数千人，痛哭了一整天后，宣布归隋。冼夫人因顾全局、识大义，被隋朝封为"宋康郡夫人"。

不久，番禺王仲宣反隋，附近各州也跟着反叛，形势十分危急。冼夫人派孙子冯暄率兵平叛。冯暄与叛军将领陈佛智是朋友，所以故意逗留不进。冼夫人派人将冯暄逮捕下狱，然后再派小孙子冯盎率军讨伐陈佛智。她自己亲自披挂上阵，作为后援，所到之处，各路叛

>>>阅读指南

白雄奋、吴兆奇、李爵勋：《冼夫人文化全书》。中山大学出版社，2009年9月。

崔伟栋：《冼夫人》。中国社会科学出版社，2008年10月。

洗夫人塑像

军闻风归顺。

叛乱平息后，将近80岁的洗夫人骑着马，张着锦伞，带着骑兵，护卫隋朝使者巡视各州，各地首领纷纷前来拜谒受爵，岭南从此安定下来。隋文帝大为赞赏，封洗夫人为"谯国夫人"，授予她六州兵马权和很多赐物，追封冯宝为"谯国公"，同时赦免冯暄，冯暄和弟弟冯盎一起被封为刺史。独孤皇后也赏赐洗夫人金银首饰和宴会礼服等。

每逢年节，洗夫人都会将珍藏的梁、陈、隋三朝赐物陈列出来训示子孙，要他们像她一样忠国爱民。

后来，番州（今广东广州）总管赵讷贪污暴虐，鱼肉百姓，导致民怨四起甚至反叛。洗夫人协助长史张融上奏揭发赵讷罪行。隋文帝派人将赵讷绳之以法，下诏委任洗夫人招抚逃亡、反叛的各族人民。洗夫人虽年届九十，仍然抖擞精神乘骑骏马，盛张锦伞，亲捧隋文帝诏书，风尘仆仆地巡行十几个州，宣达圣旨，晓谕各族百姓。岭南各地复归平静，安定繁荣达半个世纪。洗夫人去世后，隋朝赠谥号为"诚敬夫人"。

洗夫人生活在一个战乱频繁、政局动荡的时代，并拥有自己的武装力量，完全具备称雄割据的条件，但她顺应岭南各族人民的愿望，拥护并致力于国家统一和民族团结。她和子孙三代是南朝梁、陈和隋、唐初岭南地区政治稳定的主要支柱，为促进当地社会经济发展，增进俚、汉等族人民的了解与友好，做出了重要贡献。

>>>寻踪觅迹

洗夫人故里 位于广东电白县山兜丁村，有洗夫人故居遗址、洗夫人墓、娘娘庙等相关古迹。

广东高州市 洗夫人主要活动地。有长坡旧城、洗太庙、冯公庙等相关古迹。每年农历十一月二十四洗夫人诞辰日，城乡凡有洗太庙处，均有相关的民俗活动。另外，广东、广西、海南、东南亚等地洗夫人活动、管辖和俚人后裔聚居地，都兴建有纪念洗夫人的庙宇、纪念馆等，并有众多相关民俗文化活动。

57. 隋与突厥的往来

公元552年，突厥汗国建立之后，威服塞外各族，势力迅速扩展至整个蒙古高原及其以外地区。当时中原正逢南北朝分裂动乱时期，北齐和北周政权慑于突厥强大的军事实力，也为了消灭对方，对突厥采取了拉拢、忍让的策略，突厥从中获得了很大的经济利益。

隋朝建立初期，突厥汗室发生内讧，形成沙钵略、阿波、达头等可汗并立的局面，其中沙钵略可汗的妻子是北周的千金公主。隋文帝杨坚取代北周建立隋朝，决定不再像北周那样每年送给突厥大量财物，引起突厥不满。

隋开皇二年(582)，沙钵略趁隋朝初建，根基未稳，打着为北周报仇的旗号，率领40万大军，兵分多路，大举进攻隋朝边境，一些地方的五谷六畜等财物被洗劫一空。隋朝军队严防死守，才遏制住突厥的攻势。双方对峙整整一年，伤亡都十分惨重。

583年，隋文帝任命杨爽等人为行军元帅，兵分八路反击突厥。突厥轻敌，

突厥石人

在我国北方从内蒙古到新疆的广阔草原上，分布着众多神秘的石人，它们形态各异，面朝东方。考古发现它们的周围有很多公元6世纪至7世纪的墓葬，此时正值隋唐之世，北方草原上最活跃的民族是突厥，因此称之为突厥石人。

突厥石人

防备不严，被隋军打得大败。突厥沙钵略丢兵弃甲，潜伏于茂草之中才得以逃脱。因军中缺粮，加上疾病流行，突厥军队死伤惨重。

在隋朝的军事打击和挑拨、分化下，突厥内部发生分裂，分裂为东、西两个汗国。东突厥以沙钵略为首，西突厥以达头、阿波为首，双方势力范围以阿尔泰山为界，连年内战。

隋文帝采纳大臣长孙晟（shèng）远交近攻、离强合弱的建议，先与西突厥交好，孤立和打击东突厥。在隋朝和西突厥的双重压力下，为了缓和与隋朝的关系，584年，东突厥沙钵略可汗请妻子千金公主出面，向隋求和。千金公主请求改姓杨，认隋文帝做干爹，隋朝则改封千金公主为大义公主。

沙钵略派遣使者致书隋文帝，说："皇帝陛下，您是我夫人的父亲，也就等于是我的父亲。我是您的女婿，自然应该算是您的儿子。我们两国的礼俗虽然不同，但情义却是一样的。自今以后，我们子子孙孙以至万世，亲好不绝。上天为证，永不违负！我国的牛羊驼马都是陛下的牲畜，贵国的缯彩绢帛也都是我国的财物。"

隋文帝给沙钵略回信说："知道贵国与我有和好之善意。朕既然是沙钵略可汗的岳父，就将沙钵略可汗当作自己的儿子一样看待。朕即刻就派遣大臣去看望女儿，同时也是看望沙钵略可汗。"当

>>>小贴士

突厥后裔　目前世界上有七个突厥系国家，即土耳其、哈萨克斯坦、阿塞拜疆、乌兹别克斯坦、吉尔吉斯斯坦、北塞浦路斯、土库曼斯坦。突厥血统的民族主要有土耳其人、土库曼人、撒拉尔人、哈萨克人、柯尔克孜人、鞑靼人（新疆及周边地区的塔塔尔族）、阿塞拜疆人、乌兹别克人、吉尔吉斯人等。

面向东方的石人群

新疆阿勒泰市切木尔切克乡喀依纳尔一号墓地有五尊石人群雕像，站立于茔院前的东部，这是其中保存完整的三尊。

时隋文帝的儿子、晋王杨广请求利用突厥内部争斗之机出兵进攻，一举消灭突厥，隋文帝没有答应。

隋朝使者到达东突厥，沙钵略陈列军队，摆放珍宝，称身体有病不能起立，拒绝跪接诏书。长孙晟说："可汗既然做了大隋的女婿，怎么能不尊敬岳父呢？"沙钵略只好跪受诏书，但又感到委屈和羞愧，与部下抱头痛哭了一番。从此，隋朝和东突厥以翁婿相称。

585年，沙钵略受西突厥与契丹两面夹击，遣使来隋朝求援。隋朝派军队帮助沙钵略打败了阿波可汗，并将缴获的物品全部交给他。沙钵略承认："天无二日，土无二王，大隋皇帝，真皇帝也。"表示愿意归附隋朝，并与隋朝定约，双方以沙漠为界。

开皇七年（587），沙钵略派儿子到隋朝进贡地方特产，并请求在恒州（今河北正定）和代州（今山西朔州）之间打猎。隋朝准奏，并派使者赐给酒肉。沙钵略率随从拜谢两次后接受了赏赐，乘着酒兴，一天就亲手打了18头鹿，把鹿尾、鹿舌进献给了隋文帝。不久，沙钵略去世，隋文帝三天不设朝理事，以示哀悼，并派遣使者前去吊唁。

沙钵略的弟弟莫何可汗继位后与隋朝保持友好关系，但可惜没多久就去世了，他的两个儿子都蓝可汗和突利可汗成为各自部落的首领。由于都蓝是个反复无常的人，隋朝转而支持突利。开皇十七年（597），突利娶了隋朝宗室之女安义公主，率众南迁到隋朝边境地区。都蓝每次骚扰隋朝边界，突利都给隋军通风报信。599年，都蓝与达头联合攻打突利，突利大败，兄弟子侄都被杀了。

>>>阅读指南

吴玉贵：《突厥汗国与隋唐关系史研究》。中国社会科学出版社，2007年3月。

徐黎丽：《突厥人变迁史研究》。民族出版社，2009年7月。

隋朝武士俑

突利逃到隋都哭诉，隋朝派出军队大破都蓝和达头。都蓝兵败后被部下杀死，达头受伤逃回后，自立为步迦可汗，统合东西突厥，一度成为北方共主。

隋朝把突利更名为启民可汗，由于安义公主已去世，就又把义成公主嫁给他。隋朝在朔州（今内蒙古和林格尔县西北）筑大利城安置启民可汗，还帮助他收聚部众，在河套地区辟出牧地供他游牧。启民可汗的部落得到休养生息，很快又壮大起来。

600年，达头可汗又一次进犯隋朝边界，被隋军击败，启民可汗被抓的6000余部众及20余万头牲畜被追问。达头经历多次失败后无力再发动战争，他一度统合的突厥汗国完全崩溃，只好西逃吐谷浑。铁勒等十余个部落投奔启民，启民重新统一东突厥，并接受隋朝册封，表示"千万世长与大隋典羊马"。

604年，杨广继位为帝。隋大业二年（606），启民可汗入朝晋见，隋炀帝招集全国乐人款待。第二年，隋炀帝巡视北方到达榆林（今内蒙古托克托黄河南岸），启民和义成公主来到行宫拜见，献马3000匹。隋炀帝十分高兴，赏赐他们绢、帛等物。启民还上书隋炀帝，请求按照隋朝的样子，改变突厥的风俗习惯、衣饰和法令等。隋炀帝认为不妥，没有答应，但下诏褒奖启民，赐给他只有诸侯或贵族才有资格乘坐的大车，允许他使用相应的礼乐仪仗，来朝参拜时，给予只称呼官职、不直呼其姓名的礼遇，并位列诸侯王之前。隋炀帝让人支起大帐，款待启民部众，并赏赐大量物品。

隋炀帝还亲临启民营帐，启民跪伏在地，举杯祝寿，毕恭毕敬。隋炀帝十分高兴，作诗一首，同时赐给启民和义成公主每人一个金甕（wèng，通"瓮"），以及衣服、被褥、锦彩等。

启民对隋朝忠心耿耿，不仅每年按时给隋朝送来牛羊等大量土特产，还替隋朝管理北方边境，防止西突厥的侵扰，隋北方边患得以解除。

>>>寻踪觅迹

新疆维吾尔自治区 隋唐时期突厥活动的中心区域，有突厥石人等众多相关文物古迹。其中维吾尔、哈萨克、乌孜别克等民族具有突厥血统。

58. 隋炀帝雁门被围

雁门关

位于山西代县城北雁门山顶，是战争最为频繁的古代关隘之一。有两关、四口、十八隘、十二联城、三十九遗址等丰富的历史遗存，长城、围城、关城、瓮城、隘城、古关道、城堡、兵寨、烽火台、校场、关署等建筑构成了一个规模宏大的古代边关军事联防工程体系。

公元609年，东突厥启民可汗去世，长子咄吉继位，被称为始毕可汗。几年之后，始毕的力量逐渐强大，开始对隋朝不那么恭顺了。大臣裴矩向隋炀帝献策，建议把宗室女嫁给始毕的弟弟叱吉设，并封为南面可汗，让他们兄弟互相牵制。但是，叱吉设不敢接受隋朝的册封，始毕知道这件事后对隋朝很不满。

始毕身边有许多西域胡人给他出谋划策，其中史蜀胡悉擅长军事谋略，是始毕的得力帮手。经隋炀帝同意，裴矩派人假装和史蜀胡悉做买卖，将他诱骗到马邑，趁其不备杀了他。然后派使者告诉始毕，说史蜀胡悉背叛可汗来隋朝投降，我们已经帮你处死他了。始毕知道这是隋朝的阴谋，从此不来隋朝朝贡了。隋朝与东突厥的关系一时紧张起来，北部边疆形势日渐恶化。

隋朝武士俑

为缓解与东突厥的关系，隋大业十一年（615）八月，隋炀帝巡视北部边疆，希望能够再现大业三年北巡启民可汗牙帐的和睦情景。没想到的是，隋炀帝刚刚到达位于今山西代县的雁门郡，始毕就率领几十万兵马，以武力迎接他的到来。这时义成公主已按照突厥的婚俗嫁给了始毕，她知道始毕准备袭击隋炀帝的车驾后，赶紧派人报告隋炀帝。

接到消息，隋炀帝的车驾迅速掉头驶入雁门城躲避，没多久，东突厥军队就包围了整个雁门郡。当时雁门城中只有 15 万军民，粮食只够吃 20 天。东突厥对雁门郡发起了猛烈攻击，隋军出师不利，几次交战之后，雁门郡的 41 座城池被攻破了 39 座，只剩下雁门和崞（guō）县（今山西原平），一支冷箭甚至射到了隋炀帝面前。隋朝君臣顿时惊慌失措，隋炀帝也十分恐慌，抱着儿子痛哭流涕，眼睛都哭肿了。

左卫大将军宇文述劝隋炀帝率数千精锐轻骑突围，但遭到众人反对。大臣苏威认为，守城我们还有余力，骑兵则是突厥的强项，不可轻举妄动。民部尚书樊子盖说，陛下是万乘之主，万一突围不成，弄得狼狈，悔之何及！不如据城坚守，征集全国各地兵马前来救援。内史侍郎萧瑀（yǔ）建议派人通知义成公主，让她想想办法。萧瑀还说：现在军心不稳，将士们担心解除了突厥祸患之后，又要去征伐高句丽。如果陛下明确下诏宣布赦免高句丽的罪过，专事征伐突厥，众心稳定了，自然就会奋勇作战。

萧瑀指的将士们的担心是有原因的。原来，为了实现对辽东地区和朝鲜半岛北部的有效管辖，隋炀帝曾于公元 612 年、613 年和 614 年连续三次大举征伐高句丽。由于策略失当，造成数百万士兵和百姓丧生，国力锐减，引起人民的

>>>阅读指南

马长寿：《突厥人和突厥汗国》。广西师范大学出版社，2006 年 5 月。

蒙曼：《蒙曼说隋·隋炀帝杨广》。长江文艺出版社，2012 年 6 月。

隋朝骑马俑

强烈不满。

危急时刻，隋炀帝采纳了大臣们的建议，答应停止征伐高句丽，并命令全国军队立即前来救驾。他检阅并慰问了守城将士，许诺给立功者以重赏：没有官职的，直接授予六品官职，赏赐物品百段；已有官职者，级别和赏赐依次增长。将士们得到承诺，士气高涨，奋勇抗敌，终于保住了城池，为等待救援争取了时间。

皇帝被围，非同小可。雁门附近各郡县的太守、县令得到消息，迅速前来救援，各地救兵也陆续赶往雁门。最先到达雁门的军队中有一支由左屯卫大将军云定兴率领，后来的唐太宗李世民就在这支队伍中服役，那时只有16岁。李世民在这次救援行动中显露出了过人的军事才能，他向云定兴献计：敌众我寡，我们应该多携带旗帜、军鼓以迷惑敌军。白天竖起旌旗，几十里连绵不断，晚上则擂鼓呐喊，让突厥人以为大批援军已到，不敢再战。云定兴采纳了李世民的建议。

九月，隋朝各路救兵逼近雁门，义成公主也收到了隋炀帝的请求。公主急中生智，采用了调虎离山之计。她派人告诉始毕可汗："北部边境告急！"始毕见隋朝大军云集，家里后方又出了问题，于是率军撤围。隋炀帝在雁门被围了一个多月，终于脱险回到洛阳。

为了解围，隋炀帝曾宣布取消征讨高句丽，但解围后，他又出尔反尔，决定继续出兵高句丽，百姓与将士的不满情绪被点燃，全国民变爆发，隋朝从此走向衰亡。

>>>寻踪觅迹

山西代县 古称雁门郡、代州，是古代著名的边塞重地和南北贸易、文化交流的重镇，有"赵国门户，汉室要塞，大宋边防，朱明重镇"之称。有古长城、代州古城、雁门关、边靖楼、杨忠武祠、杨七郎墓以及古代将帅墓群等众多文物古迹。

59. 隋炀帝西巡

伏俟城遗址

位于青海共和县铁卡加村，是公元6世纪至7世纪吐谷浑王城，也是隋西海郡的治所。"伏俟"为鲜卑语，意为"王者之城"。既有汉式城郭的特点，又颇具民族风格，体现了吐谷浑文化的多元性。

肃肃秋风起，悠悠行万里。
万里何所行，横漠筑长城。
岂台小子智，先圣之所营。
树兹万世策，安此亿兆生。
讵(jù)敢惮焦思，高枕于上京。
北河秉武节，千里卷戎旌。
山川互出没，原野穷超忽。
拟金止行阵，鸣鼓兴士卒。
千乘万旗动，饮马长城窟。
秋昏塞外云，雾暗关山月。
缘岩驿马上，乘空烽火发。
借问长城侯，单于入朝谒。
浊气静天山，晨光照高阙。
释兵仍振旅，要荒事方举。
饮至告言旋，功归清庙前。

这首《饮马长城窟行·示从征群臣》的作者是隋炀帝，是他在隋大业五年（609）巡视西北时创作的，因整首诗"气势强大，颇有魏武之风"而成为千古名篇。

在南北朝至隋的近百年间，吐谷浑人一直控制着河西地区。吐谷浑是慕容鲜卑在公元329年建立的政权，5世纪中叶起势渐强盛。隋朝统一全国后，吐谷浑可汗慕容世伏遣使朝贡，还娶隋朝宗室女光化公主为妻。西突厥和吐谷浑南北夹峙，经常阻塞丝绸之路中段河西走廊的畅通，影响中外贸易。隋炀帝即位后，对这种情况很不满，决心消除吐谷浑对丝绸之路的威胁，打通西域贸易通道。

隋代乐俑

608 年七月，隋朝劝诱西突厥铁勒部攻打吐谷浑，吐谷浑可汗慕容伏允向隋朝请降求救。隋朝乘机出兵进入吐谷浑控制区，慕容伏允见隋军强盛，不敢降，率众西逃。隋军追击，大败吐谷浑，但隋兵一撤，慕容伏允又回到了故地。于是，隋炀帝决定西巡，亲征吐谷浑。

609 年三月，隋炀帝率领百官、妃嫔及各路大军 40 万人从长安（今陕西西安）出发，走丝路南道，沿渭河上溯，经今甘肃陇西、渭源到达临洮后，向青海西北行进。隋朝军队一路追击吐谷浑，慕容伏允带领残部退到了覆袁川（今青海门源县境内）。隋炀帝来到覆袁川后，立即部署兵力，从东西南北四面将吐谷浑人包围起来，慕容伏允只带领几十个

人逃出。接着，隋军又包围了退守车我真山（今青海祁连县境内）的吐谷浑人，吐谷浑仙头王无处可退，只好率众投降。随着隋军攻克吐谷浑首都伏俟城（今青海共和县），吐谷浑主力被彻底击溃，其"故地皆空"，隋朝随后在这里设置了鄯善、且末、西海、河源四郡，迁徙内地犯人到此屯垦戍边，实现了对今青海省北部的有效管辖。

同年六月，隋炀帝经大斗拔谷（今甘肃民乐县扁都口）到达张掖。大斗拔谷位于今甘肃和青海交界处，是祁连山脉中段一条贯通南北的百里峡谷，自古便是兵家必争的险关要隘，也是重要的商旅通道。大斗拔谷海拔 3500 多米，终年温度都在零度以下。隋朝大军经过大斗拔谷时，走得非常艰难。由于山高险险，几十万人只能

隋代牛车模型

牛车自东汉晚期开始成为社会上层人士的交通工具，到了隋朝，仍然是主要的出行代步工具。

甘肃天水麦积山高大的隋代佛像

沿着崎岖的山路鱼贯而行，又逢天气突变，狂风大作，大雪纷飞，饥寒交迫使士卒冻死大半，随行官员和妃嫔大都失散，隋炀帝也狼狈不堪。西部自古是大漠边关，自然条件和环境恶劣，隋炀帝在西巡路上可谓吃尽了苦头，但他还是坚持了下来。

隋炀帝到达张掖时，高昌王麴（qū）伯雅、伊吾王吐屯设以及西域27国的国王、使臣夹道相迎，他们都受命身穿锦衣，佩戴金玉。武威、张掖一带的百姓和年轻女孩也都被要求穿上节日的盛装，前去欢迎和观看，衣服旧的、车马破的都有人监督。现场焚香奏乐，歌舞欢腾，车驾马匹浩浩荡荡充塞道路，长达数十里。

隋炀帝在张掖的十几天里，西域各国君主与使臣纷纷前来朝见，商人们也都云集张掖进行贸易，伊吾等27国向隋炀帝"献地千里"。隋炀帝非常高兴，在观风行殿举行了一个豪华的展览会，陈列隋朝各种奇珍异宝、丝绸锦绣等，向西域诸王及使者展现隋朝的富裕、文明和强大。在宴请27国国王和使臣时，演奏了隋朝宫廷的九部大乐，并表演"鱼龙漫衍"等杂技节目，隋炀帝让麴伯雅和吐屯设坐上座，以示恩宠。在张掖，隋炀帝还宣布了在吐谷浑故地设置郡县、大赦天下等决定。历史上称隋炀帝西巡张掖是举办了一次"万国博览会"。

隋炀帝是我国历史上唯一远涉河西走廊的皇帝。历时半年的西巡，达到了开拓疆土、安定西疆、展示国威、畅通丝路的目的，进一步促成了甘肃、青海、新疆等大西北地区成为中国领土不可分割的一部分，加强了中原与西域的联系，可谓功在千秋。

>>>阅读指南

　　[法]鲁保罗著，耿昇译：《西域的历史与文明》。新疆人民出版社、人民出版社，2012年4月。

　　西夜：《西域迷迹》。京华出版社，2010年7月。

>>>寻踪觅迹

　　甘肃张掖　古称甘州，地处河西走廊的咽喉地带，是古丝绸之路上的枢纽，有众多独特的人文景观和文物古迹，如隋代木塔、隋代"万国博览会"会址山丹焉支山等。

60. 裴矩经略西域

镶嵌红玛瑙虎柄金杯
公元 5 世纪至 6 世纪。新疆昭苏县波马古墓出土，
新疆伊犁自治州博物馆藏。

裴矩是隋及唐初的政治家，原名裴世矩，后因避唐太宗讳而去"世"字。

裴矩曾在北齐和北周为官，隋初成为隋文帝的近臣，曾参加过平南陈的战争。开皇十年（590），裴矩奉诏巡抚岭南，还没动身，岭南就发生了南越人叛乱，通往南方的道路不通。裴矩不顾危险，毅然起程，配合岭南隋军平定了叛乱。随后，在俚人首领冼夫人的陪同下，

裴矩巡抚了岭南 20 余州，使岭南地区安定下来。裴矩还参与过打败西突厥达头可汗的战斗，并受命成功安抚东突厥启民可汗。

隋炀帝即位后，裴矩受到重用，担任吏部侍郎，参掌朝廷政事，他卓有成效的贡献就是经略西域。

早在开皇七年（587），东突厥都蓝可汗就遣使请求在边界地区设立互市，与隋朝进行以物易物的交易，得到隋文帝的批准。592 年，东突厥各部落首领共同向隋朝贡马 1 万匹、羊 2 万只、骆驼 500 峰、牛 500 头。

从隋大业元年至九年（605～613），裴矩多次往来于甘州（今甘肃张掖）、凉州（今甘肃武威）、沙州（今甘肃敦煌），大力招徕胡商，并引西域商队到长安、洛阳等地进行贸易活动。裴矩深知隋炀帝远略雄心，因此尽力搜集西域各国的山川地理、风俗习惯、物产资源等资料，绘画了各国王公和百姓的服饰、仪表等面貌，撰写成三卷本《西域图记》，共收录西域 44 个国家的情

"胡王"锦

隋朝。新疆吐鲁番阿斯塔那墓地出土。花纹中有"胡王"二字，可能是出自中原或西域汉族工匠之手。胡人执鞭牵驼的图案是当年丝绸之路的真实写照。新疆维吾尔自治区博物馆藏。

况，敬献给隋炀帝，引起了隋炀帝通西域的兴趣。裴矩还制作了西域各国的地图，上面注记各地险要，还画出了从敦煌出发去西海（今地中海）的三条路：北路经伊吾，中路经高昌，南路经鄯善，是关于中西交通的重要史料。

裴矩上奏隋炀帝，认为凭借大隋的威德和将士们的骁勇，跨越昆仑山易如反掌，但是突厥和吐谷浑控制了西域，阻挡了各国的朝贡之路。如今胡商们秘密送来诚恳的书信，急切盼望成为隋的臣民，朝廷如果能派使者出使西域，招

抚他们，则不必大动干戈，就能轻而易举地消灭吐谷浑和突厥。隋炀帝大为赞赏，每天叫裴矩坐在御座旁，询问西域的情况，将经营西域的事全权委托给他。

裴矩经营西域的主要原则是以安抚为主，通过立德、立威来服抚西域诸国。为此，裴矩采取的策略就是一方面拉拢高昌、伊吾等国，另一方面孤立、遏制、打击吐谷浑和突厥。他招引高昌王麹伯雅和伊吾王吐屯设等入朝朝贡，麹伯雅在隋朝逗留了约四年时间，甚至参加了隋征讨高句丽的战争。为了笼络麹伯雅，隋炀帝还将宇文氏之女封为华容公主嫁给了他。

联珠对雀"贵"字纹锦

新疆吐鲁番阿斯塔那墓地出土。联珠对雀是隋代盛行的装饰纹样，是中西文化交流融合的产物。新疆维吾尔自治区博物馆藏。

甘肃敦煌莫高窟第296窟这幅壁画展现了丝绸之路上商旅往来的景象

由于裴矩成功游说铁勒攻打吐谷浑，给隋军发起对吐谷浑的攻击和隋炀帝亲征吐谷浑制造了机会。在消灭吐谷浑之后，隋朝又进军伊吾，设立了伊吾郡和柔远镇进行管辖，并在汉代旧城东面修筑一座新伊吾城，派裴矩与隋军将领一同经略。

对西突厥，裴矩采取了分化瓦解的手段。当时西突厥处罗可汗统治无方，苛敛属部，铁勒诸部群起反抗，经常互相攻伐。处罗的母亲向夫人本是中原人，处罗的父亲去世后，她按突厥习俗改嫁处罗的叔叔。开皇末年，向夫人夫妇入

>>>阅读指南
钟兴麒：《西域地名考录》。北京图书馆出版社，2009年2月。
王勇、高敬：《西域文化》。时事出版社，2011年1月。

朝隋朝，恰逢突厥内乱而滞留长安。裴矩听说处罗思念母亲后，上书隋炀帝，建议派遣使者携带诏书去招抚处罗，处罗果然派使者向隋朝贡献了上等好马。但处罗依仗自己实力强大，并不听命于隋朝。大业五年（609），隋炀帝西巡，召处罗在大斗拔谷相会，处罗找借口不赴会，隋炀帝大怒。裴矩于是设计削弱处罗的势力。这时刚好西突厥另一位酋长射匮向隋朝求婚，裴矩上奏建议"厚礼其（射匮）使，拜为大可汗"。射匮在隋朝支持下进攻处罗，处罗战败，只好归顺隋朝。

隋炀帝把处罗的部众分为三部分，分住在今甘肃永登县和山西静乐县，处罗则被封为曷萨那可汗，只领五百骑随着皇帝巡幸四方。隋炀帝把皇室信义公主嫁给处罗，并赐锦彩袍千件、彩色丝

甘肃敦煌莫高窟第419
窟隋代造像

绸万匹，处罗还曾从征高句丽。

隋炀帝西巡张掖时，裴矩全程陪同，并且做了大量的组织工作，保证了西巡的成功。

隋炀帝西巡回洛阳时，很多西域使者和商人跟随来到隋朝都城。在裴矩的建议下，大业六年（610）正月，隋炀帝征调四方奇技、杂戏演员，在洛阳大演百戏招待西域胡人，前后达一个月之久。洛阳的店铺甚至用帷帐装饰，西域商人可以免费吃住，隋炀帝赚足了面子。

隋炀帝曾对群臣称赞道："裴矩很能领会我的意图，凡是他上奏的，都是我的肺腑之言，只是我还没说出来，他就替我说了。要不是尽心为国，哪能做得这么好呢！"由于裴矩用心经营，西域重新出现"商旅不绝，相望于道"的情景，隋朝对西域的影响更大了。

>>>寻踪觅迹

敦煌 古称瓜州、沙州，位于河西走廊最西端甘肃、青海、新疆交会处，是丝绸之路上的交通要道，古迹遍布，有莫高窟、榆林窟、西千佛洞等。隋代短短的37年中，竟在莫高窟开窟77个，且规模宏大，技艺精湛，同时并存着南北两种截然不同的艺术风格。

61. 靺鞨臣附隋朝

客使图
唐章怀太子李贤墓壁画。描绘的是唐朝外交机构鸿胪寺的官员接待外国使节的情景。有关专家认为最后那位使者是靺鞨人。

　　隋唐时生活在中国东北地区的靺鞨，其先民是先秦时的肃慎，东汉魏晋时的挹娄、南北朝时的勿吉。

　　勿吉在高句丽的北边。据史书记载，勿吉各部落和氏族居住在不同的地区，各自独立地组织生产和生活，尚未形成全族统一的首领。每个部落有自己的武装，仍然保持着"凿穴以居，开口向上，以梯出入"的居住方式。为了防止外部侵掠，已有了城堡建筑。在黑龙江省东部、南部各地，考古已发现了数以十计的勿吉城堡，一般长、宽各几十米，都是依山傍水而建。

　　勿吉的农业有了进一步发展，相当于中原地区春秋战国时代的耕作水平。农作物的品种有粟、麦、穄(jì，黍类)，

鞨鞨先民遗址中出土的陶猪是鞨鞨人善于养猪的实物证明

并种植一种名"葵"的蔬菜。粮食作物已食用有余，"嚼米酝酒，饮能致醉"。畜牧业以养马、喂猪最为普遍，且有一定的规模。

北魏孝文帝年间，勿吉多次派遣使者到北魏进贡通好。其间，勿吉人在历史上做了一件著名的大事，就是在北魏太和十七年（493）灭亡了称雄一时的夫余，成为东北一支强大的势力，并且随着与中原关系日益紧密，逐渐兴盛起来。勿吉曾向北魏请求准许其和百济配合，南北夹攻高句丽。北魏以三方都是自己的藩属，要求他们"宜共和顺，勿相侵扰"，勿吉听从谕令，停止了对高句丽的进攻。

到北齐时，勿吉仍"朝贡不绝"，使团人数有时一次多达500余人。有学者统计，勿吉在近百年时间内，到中原朝贡达30余次。他们以贡品的形式把大批土特产运到中原，比如北魏太和初年有一次就贡马500匹，返回时，中原朝廷又回赐大量的锦、帛、绢、金银制品等物，这种往来促进了勿吉社会经济的发展。

隋唐时，勿吉被称为鞨鞨，这一称谓始见于史书。北齐年间，也写作鞨羯。隋代鞨鞨有数十个部落，主要有粟末、伯咄、安车骨、拂涅、号室、黑水、白山等七部，粟末鞨鞨和黑水鞨鞨最强大，各部相距二三百里，生活区域东临大海，西与突厥相接，南边毗邻高句丽，北与室韦相连。

鞨鞨以农业经济为主，也从事狩猎，各部发展不平衡，居住在南部的粟末部较先进。鞨鞨人善养猪，一些富户的猪多达数百口，他们吃猪肉，并以猪皮为衣。

穿孔石刀
汉魏时期。黑龙江佳木斯市博物馆藏。佳木斯地处黑龙江、乌苏里江和松花江汇流的三江平原腹地，是肃慎、挹娄、勿吉、鞨鞨繁衍生息的地方。

粟末靺鞨人石像

辽宁朝阳市黄河路唐墓出土，辽宁省博物馆藏。

隋开皇初年，靺鞨派使者来隋朝贡。在隋文帝设宴款待时，靺鞨使者随乐起舞，舞蹈动作多是作战姿势。当时靺鞨与契丹因互相抢掠经常发生矛盾，隋文帝借机劝和，使者谢罪称是。

隋炀帝时，粟末靺鞨败于高句丽，其首领突地稽率领部落千余户附隋，隋炀帝把他们安置在营州（今辽宁朝阳），并封突地稽为辽西太守。突地稽喜欢中原的风俗习惯，请求穿戴中原汉族服饰，隋炀帝拿锦绮赏赐他。大业七年（611）春，隋炀帝亲征高句丽，突地稽带领靺鞨兵马跟随作战，立了战功，隋炀帝又给他优厚的赏赐。唐朝时，突地稽受封右卫将军，被赐国姓李氏，唐高宗时的名将李谨行就是突地稽的儿子。

到了唐初，靺鞨形成了以粟末部和黑水部为核心的两大部落联盟集团，并走上了不同的发展道路：粟末靺鞨建立了自己的政权，接受唐朝的"招慰"和册封，向唐朝纳贡，成为唐朝属下的地方民族政权，亡国后其民大部分融入其他民族；黑水靺鞨则在较长时期内保留原有称号，唐朝在其地设立黑水都督府进行管辖，后米成为满族祖先女真族的直系源流。

>>>阅读指南

何光岳：《女真源流史》。江西教育出版社，2004年2月。

马一虹：《靺鞨、渤海与周边国家、部族关系史研究》。中国社会科学出版社，2011年11月。

>>>寻踪觅迹

黑龙江省博物馆、佳木斯市博物馆等肃慎、挹娄、勿吉、靺鞨活动区域的文博机构，均收藏有相关文物。

62. 隋炀帝出师流求

五牙战舰复原模型
隋朝最大的主力战船，有五层楼，高百余尺，可容800名战士。隋灭南陈、三下江都、三去流求和三征高句丽，都有它参与。

羽骑尉朱宽去海上寻访这个地方，并让何蛮一同前往。他们来到流求，因语言不通，无所作为，只好抢了一个流求人带回大陆。

神秘的流求深深地吸引着隋炀帝，第二年，他再次派遣朱宽去招抚流求。流求拒不接受招抚，朱宽只夺

流求是隋朝对台湾的称呼，也有观点认为流求是指现在的琉球群岛，或者泛指琉球群岛、台湾等中国大陆东方海中的一连串岛屿。《隋书》记载流求位于建安郡（今福建福州）东面的海中，从建安郡航行五天即可到达。

隋大业初年，有一位名叫何蛮的水手说每逢春秋两季天气晴朗、风平浪静的时候，隐约可以望见东方海中有一个地方，好像有烟雾袅然升起，也不知有几千里。这番话引起了隋炀帝求访异俗的好奇之心。大业三年（607），隋炀帝派

>>>小贴士

流求、流球与琉球 从隋朝到宋元时期，台湾一直都叫流求或流球，有时也写作琉求。到了明朝，文献中说到古代流求时，经常写为琉求。明洪武年间，冲绳群岛的中山国来朝贡，明朝将这个国家定名为琉球，这样，琉球之名就被冲绳群岛所占用，但福建等沿海居民在相当长一段时间内仍然称台湾为琉球。明正德年间，人们开始用大琉球和小琉球来区分冲绳群岛和台湾，小琉球成了台湾的正式称呼。后来一些西方学者发现台湾比冲绳群岛大，便将台湾称为大琉球，将冲绳群岛称为小琉球。台湾定名后，琉球之名才留给了冲绳群岛。

瞌睡的昆仑奴
北魏。昆仑奴来自何方，属于哪个种族，学术界有不同看法。其中一种观点认为昆仑奴来自东南亚，是半游牧民族。

得一些衣服、盔甲回到隋朝。这时，刚好倭国（日本）使者来隋，见到朱宽带回来的物品，说："这是夷邪夕国（日本当时对流求的称呼）人用的东西。"

和平招降不成，隋炀帝决定以武力征讨流求。大业六年（610），隋炀帝下诏令陈棱为统帅，张镇周为先锋，率领一万多人从义安（今广东潮州）渡海进攻流求。隋军吸取了前两次语言不通的教训，招募了南方军人中懂得流求语言的昆仑人担任翻译，前去晓谕流求王欢斯渴剌兜。流求人见到隋军舰船，误以为是商船，纷纷前来贸易。得知这是隋朝的军队，流求王拒绝了隋军的要求，派兵迎战，被隋军击败。陈棱等人乘胜攻克了流求国都，杀死了欢斯渴剌兜，焚烧了宫室，流求国灭亡。隋军俘虏了数千流求人，满载而归。

这次出征，增加了隋朝对流求的了解。《隋书》对流求番族的政治组织、姓氏、男女服饰、性情相貌、建筑、风俗习惯、树木鸟兽、宗教信仰等均有详细的描述，为后人了解台湾提供了珍贵资料。

此后，经历唐、宋，大陆沿海一带的居民对台湾的情况有了更多的了解，不少人还前往定居。他们把先进的生产技术和文化带到了台湾，促进了台湾经济、文化的发展，台湾和大陆间的关系越来越密不可分。

>>>阅读指南
张崇根：《台湾四百年前史》。九州出版社，2008年2月。
纪连海：《琉球之谜》。北京大学出版社，2011年10月。

>>>寻踪觅迹
台湾 古称夷州、流求、流球、琉球，是中国第一大岛，物产丰富，风光优美，人文富有特色。
日本冲绳县 冲绳本名琉球，自古与中国关系密切，明清时期为中国的藩属国，建筑、风俗等深受中国文化影响。

63. 大运河的叹息

隋朝大运河示意图

千里长河一旦开，亡隋波浪九天来。

锦帆未落干戈起，惆怅龙舟更不回。

这是唐代诗人胡曾的《汴水》诗。胡曾认为：隋炀帝开凿京杭大运河，耗费了大量的人力、物力与财力，使得民不聊生；起义军掀起的推翻隋朝的浪潮此起彼伏，一浪高过一浪；隋炀帝带上百官妃子乘船游玩，奢华的旅程还没有结束，不料自己却死在途中。说明隋炀帝修建大运河导致了隋朝的灭亡。

隋朝修建运河始于584年。那时，隋文帝下令在渭水南边开了一条从长安东到潼关入黄河的运河，长150多千米，名叫广通渠。随着全国的统一和南北经济文化的发展，修凿的局部运河已不能满足社会的需要，沟通南北水道成为一种迫切需要。

大业元年（605），隋炀帝下令修建以洛阳为中心，北达涿郡（今北京）、南至余杭（今浙江杭州）的大运河。工程分四段进行：首先开凿从洛阳到山阳（今江苏淮安）的通济渠，沟通了黄河与淮河；再从山阳到江都（今江苏扬州），疏通并凿深、加宽了春秋时期吴王夫差开的邗沟，联结了淮河与长江；接着，大运河又向

赵州桥

位于河北赵县洨河上，建于隋代，由著名工匠师李春设计，是世界上现存最早的古代石拱桥。

南北两头延伸，608年向北开凿了从洛阳到涿郡的永济渠，打通了黄河和海河；610年向南开凿了从京口（今江苏镇江）到余杭的江南河，将长江与钱塘江连了起来。仅六年时间，全长约2700千米、纵贯海河、黄河、淮河、长江、钱塘江五大水系的大运河就竣工了。

大运河工程浩大，隋炀帝动用了几百万民工。有史料记载，当时全国只有890万户，平均每户要出工将近20个工时，大部分青壮年都被征去修运河了，很多民夫累死在工地上。如修通济渠时，征发河北各郡壮丁百余万，男丁不足，妇女也被迫服役，监督工程的官吏残暴严酷，运河修完时，民夫死掉了三分之二。可以说，大运河浸透了无数黎民百姓的苦难和血泪。唐代会稽（今浙江绍兴）县令李敬芳感叹道："汴水通淮利最多，生人为害亦相和。东南四十三州地，取尽脂膏是此河。"大诗人白居易也说："汴水（指大运河）流，泗水（淮河支流）流，流到瓜洲古渡头，吴山点点愁。"

运河河面宽约30米至70米，在修运河的同时，还在两岸筑起御道，种上榆树和柳树，从洛阳到江都，一路上树木成荫。沿途还建造了供皇帝休息的离宫40多处，建了许多粮仓，作为转运或贮粮之所。

隋炀帝早就派人造好了许多大船，运河还没有全线完工，隋炀帝就游兴大发，迫不及待地去游江都。605年八月，隋炀帝率领一支近20万人的庞大队伍从洛阳启程。

隋炀帝乘坐的船叫龙舟，有四层楼，如同宫殿一样豪华气派。上层是正殿、内殿和东西朝堂；中间两层有100多个房间，都用金玉装饰；下层是宫廷内侍住的地方。萧皇后乘坐的船叫翔螭(chī)舟，也是相同的装饰，只是稍小一些。随行的妃嫔、王公贵族、文武官员、僧尼道士、番客等也各有相应等级的座船，多达几千艘，都装饰得五彩缤纷。此外，还有乘坐卫兵和装载武器、帐幕、贡品等物资的船几千艘。上万艘船在大运河上一路排开，首尾相接竟达100多千米，岸上为船队拉纤的纤夫就达8万多人。同时，两岸还有骑兵护卫行进。一路上旌旗遍野，鼓乐不息，五色缤纷的彩旗与河上光彩耀目的船只交相辉映，气势非凡。

为了满足船队大批人员的享受，隋炀帝命令两岸250千米之内的百姓给他们准备吃的、喝的，叫作"献食"。沿岸州县官员逼着老百姓置办丰盛的美食，结果贡献的美味佳肴太多，船队吃不了的，就在岸边掘个坑埋掉。

当时江都是个繁华的地方，除了尽情游玩，隋炀帝还会见了江都各界人士，并宣布大赦江淮以南地区，免除江都五年租赋，受到了热烈欢迎。

隋炀帝在江都闹腾了半年，改走陆路耀武扬威地回洛阳。这样一来，又要置办车马仪仗，制作百官仪服，于是要求各州县贡献羽毛。老百姓遍地设网捕捉禽鸟，也凑不够数量，只好高价去买，一只野鸡尾就要花10匹绢的代价。

大业六年（610）三月，隋炀帝第二次坐船游江都。此时隋朝经济空前强盛，威服四夷，各国使臣纷纷来朝。隋炀帝倍感光彩，宣布江都太守的品级与京城最高官员相同，提升了江都的地位，使之成为隋朝的南方政治中心。这年冬，隋炀帝下令开凿江南河，要求能够通行龙舟，并在沿岸设置驿宫，以便今后他向东巡游会稽。

>>>小贴士

京杭大运河　隋朝大运河使用500多年后，到南宋末年，部分河道因淤塞失去了通航功能。元朝建立后，用了10年时间，将隋朝大运河南北取直疏浚，不再走洛阳、西安，又先后挖通会通河以及北京与天津之间的通惠河，把天津至江苏清江之间的天然河道和湖泊连接起来，清江以南接邗沟和江南运河，直达杭州，这就是京杭大运河。京杭大运河流经河北、天津、山东、江苏、浙江等六个省市，全长1700多千米，比隋朝大运河缩短了900多千米，至今仍在发挥作用。

浮雕双龙石栏板

隋朝。出土于赵州桥下淤泥中。中国国家博物馆藏。

612年，隋炀帝下令全国军队向涿郡集中，他从江都乘船沿着运河直达涿郡，亲自指挥对高句丽的战争。隋炀帝先派人在东莱（今山东莱州）海口造兵船300艘，造船的民夫下半身泡在海水里，日夜不休地劳作，时间一久，许多人腰以下部位腐烂生蛆，倒在海水里死去。隋炀帝又命令河南、淮南、江南各地督造五万辆大车，送到高阳，用来运输衣甲等物资，还征发江淮以南民夫和船只把黎阳仓以及洛口仓的粮食运到涿郡。于是，无数车辆、船只沿着陆路和运河，不分白天黑夜，源源不断由南向北，形成一支滚滚洪流。几十万民夫在半路上有不少累死饿死。由于民夫死亡太多，耕牛也被征去拉车，弄得田园荒芜。

隋炀帝在位只有短短的13年，却修建洛阳城，开凿大运河，三征高句丽，北巡榆林及塞外，西行张掖，三游江都，每一项都规模浩大，劳民伤财，造成无数百姓家破人亡。隋炀帝的雄心壮志成了人民无法承受之重，他们忍无可忍，被迫反抗，全国各地不断燃烧起农民起义的烈火。当大业十二年（616）七月隋炀帝最后一次沿运河下江都时，隋朝的统治已经摇摇欲坠。当时许多大臣不同意隋炀帝离开洛阳，有的官员上书劝阻，竟被处死。船队到达汜水（今河南荥阳），有一个小官员上表请求隋炀帝回京城，隋炀帝杀了他后继续前行。到了梁郡（今河南商丘），又有人拦路上书，劝告隋炀帝："你如果去江都，天下就不是你的

>>>阅读指南

胡戟：《隋炀帝的真相》。北京大学出版社，2011年8月。

李硕：《隋朝——大河滚滚下的悲欢》。时代文艺出版社，2011年10月。

了。"隋炀帝又把人杀了。

一路上，隋炀帝仍然横征暴敛，荒淫奢侈。江淮各郡官员前来拜见，他都要过问进献多少礼品，依此评定官员的业绩，作为升迁的标准。江都郡丞王世充进献铜镜屏风和美女，被升为通守；历阳（今安徽和县）郡丞赵元楷进献珍奇美味，被升为江都郡丞。郡县官吏借此肆意盘剥百姓，导致怨声载道。有民谣唱道："要抗兵，要抗选（选美女），家家要把铁器敛。敛起铁来做成枪，昏君赃官杀个光。"

大业十四年（618），隋炀帝的近臣宇文化及见隋朝大势已去，在江都发动兵变，缢死隋炀帝，不久隋朝就灭亡了。

唐朝诗人皮日休在《汴河怀古二首》中写道："尽道隋亡为此河，至今千里赖通波。若无水殿龙舟事，共禹论功不较多。"意思是说：大家都把隋朝的灭亡归咎于这条运河，可直到今天，南北几千里的航运却都要依靠它；如果隋炀帝当年没有乘龙舟游江南的荒唐行径，就凭修建大运河这件事，他就可以与治水功臣大禹比高低。

隋朝大运河是世界上最伟大的工程之一，作为南北交通大动脉，它沟通并促进了中国南北方经济、文化等方面的交流与发展，加强了南北联系，使国家和民族实现了真正意义上的大一统。历史也是客观公正的，隋炀帝灰飞烟灭了，大运河却从昨天流到今天，还在继续着它的历史使命。

河南洛阳博物馆藏隋代石狮子

>>>寻踪觅迹

隋朝大运河和京杭大运河 大运河催生了沿岸众多的古今名城，如嘉兴、杭州、苏州、镇江、扬州、淮安、徐州、济宁、聊城、德州、沧州、天津、北京等，并留下了无数古桥、古码头、古仓窖等文物古迹。据"中国大运河"申报世界文化遗产筹备机构统计，列入申遗项目的至少包括132个运河遗产点和43段河段。浙江杭州大运河南端终点拱宸桥附近建有京杭大运河博物馆。

隋炀帝陵 位于江苏扬州市槐泗镇槐二村，并建有隋炀帝纪念馆。

64. 唐朝建立及李唐皇室的鲜卑血统

唐高祖李渊献陵石犀牛
陕西西安碑林博物馆藏。

隋朝末年，军阀割据，政局动荡，农民起义风起云涌。大业十三年（617）五月，隋太原留守、唐国公李渊见天下大乱，隋朝灭亡不可扭转，也趁势起兵，年底即占领隋朝首都大兴城（今陕西西安）。李渊拥立隋炀帝的孙子杨侑（yòu）为帝，即隋恭帝，遥尊隋炀帝为太上皇。李渊自任大丞相，进而又封为唐王。618年五月，隋炀帝在江都被杀的消息传来，

李渊迫使隋恭帝禅位，自立为帝，建立唐朝，仍以大兴城为都，并改名为长安。

在随后的几年间，唐朝军队剿灭了各方群雄，在唐武德六年（623）基本统一了全国。在唐朝建立和征战四方的过程中，李渊次子李世民出了大力，但太子却是长子李建成，兄弟二人争夺权力的斗争愈演愈烈。唐武德九年（626）六月，李世民先发制人，在皇宫的玄武门设下埋伏，李建成和弟弟李元吉被杀，史称"玄武门之变"。李渊被迫退位当了太上皇，李世民即位，他就是唐太宗。

唐朝皇室出自陇西汉族，与北周皇室和隋朝皇室关系密切，是一个具有鲜卑血统的家族。李渊的祖父是西魏重臣和北周的开国功臣，死后被追封为唐国公，后来他的儿子和孙子李渊都承袭了

唐高祖李渊献陵石虎

这个爵位。

　　唐高祖李渊和隋炀帝杨广是表兄弟。李渊的母亲和隋炀帝的母亲是亲姐妹，都是北周鲜卑贵族独孤信的女儿，李渊因此曾深受隋炀帝重用。李渊的妻子窦氏是北周大臣窦毅的女儿，原姓纥豆陵，也是鲜卑人。李世民的长孙皇后原姓拓跋，同样是鲜卑人。因此，李唐王朝的开国皇帝和初期君主都是胡化了的汉人和鲜卑贵族女性的混血儿。

　　流淌着鲜卑族血液的唐太宗李世民有着鲜卑人的勇猛和果敢。相传有一次，李世民跟随父亲出战，李渊进军失利，李世民率领士兵从敌阵后面冲进去，使用双刀砍杀了几十人，杀红了眼，砍得两把刀都缺了口，两只袖子都灌满了敌兵的血，直到打垮敌军。还有一次，李世民与另一个农民起义将领窦建德交战，只带尉迟敬德一员大将和几个士兵去诱敌，窦建德的五六千骑兵追杀过来，李世民毫无惧色，亲手射死一员敌将和几个士兵，尉迟敬德也杀了十几个士兵，居然吓得几千骑兵不敢再追。李世民大智大勇，勇猛善战，当时打着金狼头军旗的突厥骑兵和可汗对他佩服得五体投地。

　　李渊和鲜卑皇后窦氏的女儿平阳公主也是女中豪杰。在李渊起兵反隋时，平阳公主独自跑到关中也拉起一支起义军，发展到七万之众，并屡屡挫败敌军，

狩猎图（局部）

陕西乾县唐章怀太子墓壁画。具有鲜卑血统的李唐皇室性喜骑马打猎，并以善猎为荣。章怀太子是唐高宗李治和武则天的儿子。陕西历史博物馆藏。

昭陵六骏之飒露紫

昭陵六骏是指唐太宗昭陵的六块骏马青石浮雕。六骏名为拳毛騧（guā）、什伐赤、白蹄乌、特勒骠、青骓、飒露紫，是唐朝建立前唐太宗骑过的六匹战马，唐太宗令人将它们的形象刻在石上，置于自己的陵前，其爱马之情似乎可见鲜卑的影子。雕像上的人叫丘行恭，曾在战斗中救过唐太宗。飒露紫、拳毛騧现藏于美国宾夕法尼亚大学博物馆，其余四骏陈列在西安碑林博物馆。

威震关中，为李渊夺取隋都大兴城助了一臂之力。传说山西著名的娘子关就是因平阳公主曾经率军在此驻守而得名。

唐朝贤臣强将云集，担任宰相长达30年之久的长孙无忌就是其中之一。长孙无忌也是鲜卑人，是唐太宗长孙皇后的亲哥哥，其先祖是北魏鲜卑皇族，父亲是隋朝的右骁卫将军。

汉族和鲜卑等少数民族共同创造了中国历史上辉煌的一个王朝——唐朝，它是草原游牧文化和中原文明融合的结晶。

>>>阅读指南

姜正成：《李渊 —— 天纵神武》。中国言实出版社，2012年5月。

姜正成：《隋末唐初那些事儿》。中国社会出版社，2012年6月。

>>>寻踪觅迹

唐高祖李渊献陵 位于陕西三原县永合村。唐太宗李世民依照东汉光武帝原陵的规格修筑，墓前有华表、石犀、石虎等石雕，是研究初唐艺术的宝贵资料。附近还有60多座初唐功臣贵戚的陪葬冢。

娘子关 位于山西平定县东北和河北井陉县西口，是长城上的著名关隘，现存关城为明代所筑。

侍女图（局部）
陕西富平县吕村西唐李凤墓壁画。李凤是李渊第15子。

65. 渭水结盟　阴山交战

隋朝末年，中原内乱，原先附隋的东突厥趁机脱离隋朝的控制，迅速崛起。当时包括李渊在内的中原地方割据势力为了消灭对手，都曾借助过东突厥的力量。李渊就曾与始毕可汗约定：攻下的地区，土地和人民归自己，金银财宝归始毕可汗，从而得到突厥出兵相助。突厥介入中原内战，从中得到不少好处。

唐朝建立初期，为了集中精力统一全国，对突厥采取了优抚策略，但突厥却趁唐朝立足未稳，连年南侵，攻击城镇，掳掠人畜财物。唐武德七年（624），东突厥颉利和突利两位可汗倾其全部人马入侵，直接威胁唐朝京城长安。有人提议迁都躲避，由于李世民的反对才作罢。唐高祖李渊派遣李世民率兵抵御突厥，双方在五陇阪（今陕西彬县）交锋，李世民用反间计离间突利与颉利，才使突厥退兵。之后，唐朝与东突厥在今山西、陕西、甘肃、宁夏境内多次交战，双方互有胜负。

唐武德九年（626）八月，唐太宗李世民即位。颉利可汗见唐朝政局变动，以为有机可乘，领兵20多万南下，直逼唐朝都城长安，而此时长安的兵力只有

三梁进德冠
唐昭陵李勣墓出土，应是御赐之物。昭陵博物馆藏。

数万。颉利率军抵达距长安只有40余千米的渭水北岸，派亲信执失思力入长安晋见唐太宗，借此观察唐朝虚实。

执失思力向唐太宗鼓吹：颉利和突利两位可汗率军百万，马上就要到了。唐太宗斥责道："我们与你们的可汗当面约定通和，前后赠给你们金银布帛，多得无法计算。你们的可汗背弃盟约，竟然率兵来犯，难道不感到羞愧吗？你们戎狄人也长着一颗人心，怎么能够完全忘却我们的巨大恩惠，自夸兵强马壮！

唐代突厥武士形象

新疆温泉县阿尔卡特墓地出土，
新疆维吾尔自治区博物馆藏。

长孙无忌和大将李靖绕道西趋豳（bīn）州（今陕西彬县），据险设伏以阻突厥后路。布置妥当后，唐太宗披上战甲，骑上战马，带着高士廉、房玄龄等六位大臣，出长安城，直奔渭水边。

颉利听说执失思力没有回来，却来了唐太宗，大为吃惊，赶到河边一看，只见唐军陆续到来，旌旗遍野。唐太宗隔水责备颉利背信弃义。颉利见唐军军容整齐，士气旺盛，似乎早有准备，心里顿时没了底，赶紧下马拜见唐太宗。唐太宗让军队退后布阵，自己独自留下来与颉利对话。

大臣萧瑀（yǔ）怕唐太宗轻敌，在马前劝他不要冒险。唐太宗说："我心中有

今天我就先把你杀了！"执失思力害怕了，连忙请求饶命，大臣们也劝唐太宗按照礼节打发他回去。唐太宗认为，如果马上放了执失思力，突厥会以为我们害怕了，从而更加肆意妄为，于是把执失思力交给门下省先囚禁起来。

唐太宗清醒地认识到，自己刚继位，不宜发动大规模的战争，对突厥最好采取以守代攻的策略，尽可能维持和好关系。不过，现在突厥打到了家门口，肯定不能退缩，唐太宗决定用疑兵之计退敌。唐太宗派大将尉迟敬德领兵北上泾州道（今甘肃泾川）抵抗突厥，另派大臣

突厥人石像

双耳圈足铁鍑

内蒙古四子王旗出土，唐代突厥等北方草原民族遗物。内蒙古博物院藏。

数。突厥之所以敢倾全国兵力直抵长安城郊，是因为我们国家内部出现了变故，他们认为朕刚刚即位，没有力量抵抗。我们如果示弱，突厥就会纵兵劫掠，那就不好制服了。朕轻装骑马独自前来，就是表示对他们的藐视；摆出军阵，是表示我们决心一战。这样做必然出乎颉利意料，他就会失去主张。他已深入中原腹地，肯定怀有戒惧之心，因此，与之战就必须胜，与之和就必须牢固。制服突厥，在此一举！"

这时，尉迟敬德在泾阳（今陕西泾阳）击败突厥的左翼军，活捉了突厥名将阿史那乌默啜。颉利得知消息，果然

请求讲和。唐太宗又亲临渭水边与颉利相会，二人在便桥上杀了白马，歃（shà）血为盟，史称"渭水之盟"。唐太宗还送了许多礼物给颉利，颉利答应不再进犯中原，率兵撤退。

渭水之盟还是让唐太宗感到耻辱，也坚定了他反击突厥的决心。为了彻底解除突厥的威胁，唐太宗励精图治，采取一系列措施稳定政局，恢复经济，增强国力，并在军事上加紧备战，甚至一反前朝不许臣下带武器上殿的规定，允许军士每天在自己居住和办公的显德殿内习武射箭，培训了一支精锐部队。

此后不久，东突厥内部出现分裂。薛延陀、回纥、拔也古、同罗诸部落对颉利变革国俗和推行的政令不满，另立薛延陀部首领夷男为可汗，并遣使入贡，接受唐朝的册封，薛延陀从此崛起于漠北。突利可汗也因长期受颉利的压制和排挤，暗中与唐朝联络，表示愿意归附。这时天灾又至，大雪天气导致牲畜大量被饿死、冻死，部众饥困，加上颉利连年用兵入侵唐朝，属民不堪其苦，纷纷叛离，颉利势力渐弱。唐朝反击突厥的条件已经成熟。

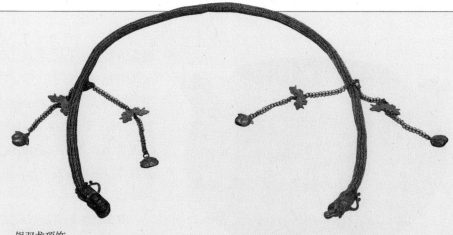

银双龙项饰
唐代东突厥遗物，内蒙古博物院藏。

唐贞观三年（629），代州（今山西代县）都督张公瑾上书唐太宗，提出了反击突厥的六个有利条件，坚定了唐太宗出兵的决心。刚好这时东突厥进扰河西（今甘肃酒泉、张掖一带），唐太宗以此为借口，于十一月诏命李靖、李勣(jì)等人统领十余万兵马，兵分六路讨伐突厥。

贞观四年（630）正月，李靖率领三千精锐骑兵，从马邑（今山西朔州）出发，占领定襄（今内蒙古和林格尔西北）城南的重要战略据点——恶阳岭，并连夜突袭颉利驻兵防守严密的定襄城。颉利毫无防备，发现唐军突然出现在阵前，以为肯定还有主力随后，大惊失色道："唐朝如果不是发动全国兵力，李靖怎么敢孤军深入到这里？"于是仓皇将牙帐（即指挥中心）北撤。李靖利用突厥的恐慌心理，派人混进突厥军中进行离间活动，说服颉利的亲信康苏密投降唐朝。与此

同时，李勣在白道（今内蒙古呼和浩特西北）截击，大败颉利。颉利不敢停留，率领残余的数万兵马退到铁山（今内蒙古白云鄂博），然后派执失思力再次到长安向唐太宗谢罪，表示愿意倾国降附，并请求亲自入朝。于是，唐太宗派中书侍郎唐俭去招抚突厥，并命令李靖率兵接应。实际上颉利使的是缓兵之计，他是想等到草青马肥的时候重整旗鼓，东山再起。

二月，李靖与李勣在白道会合，他们一致认为，颉利虽然战败，兵马仍然很多，之后一定会撤往漠北保存实力，那里道远路阻，难于追及，终将养虎为

>>>阅读指南
蓑笠翁：《李勣——与大佬们过招的日子》，中国政法大学出版社，2012年4月。
罗斌：《一口气读完唐朝的那些战争》，京华出版社，2010年5月。

突厥人石像

患。如今朝廷使节唐俭在突厥，颉利必定松懈不备，如果发动突然袭击，可以一战而胜。于是，李靖带领一万精兵和20天的粮草连夜出发，李勣率军随后增援。果然不出所料，颉利放松了警惕，唐军二百骑兵前锋乘雾前进，到达离颉利营帐只有3.5千米时才被发现。颉利仓促应战，溃散，被歼万余人，唐俭趁乱脱险而归。唐军俘虏突厥男女十万余人和数十万头牲畜，还俘虏了颉利的儿子叠罗施。颉利的妻子隋朝义成公主被杀。颉利在退兵途中又遇到李勣的截击，又被俘五万余人，其下部落大酋长均率众投降唐朝。唐军大获全胜，史称"阴山之战"。

颉利人马丧失殆尽，投奔另一个突厥部落苏尼失部沙钵罗设可汗。唐朝大同道将领李道宗引兵前来，要求苏尼失部交出颉利，颉利趁夜色逃走，躲藏在荒谷中。三月，唐将张宝相率军进攻苏尼失部，俘虏了颉利，把他押送到长安。太上皇李渊听说颉利被擒获，在皇宫内凌烟阁设宴庆贺，并亲自弹奏琵琶，唐太宗则起身伴舞。

颉利被俘后，东突厥四分五裂，有的北附薛延陀，有的西奔西域，有十万余户投降唐朝，东突厥灭亡。唐朝在东突厥故地设置了顺州、化州、长州、定襄、云中等都督府进行管辖，疆域由此扩大至阴山以北300千米，势力范围达到贝加尔湖。

颉利可汗受到了唐太宗的厚待。唐太宗在顺天门城楼召见颉利，数落他有五条罪状，颉利痛哭谢罪。唐太宗封颉利为右卫大将军，赐给住宅和田地，给予丰厚的供养。几年后，颉利去世，唐太宗追赠他为归义王，遵从突厥火葬习俗为他举行了葬礼。

>>>寻踪觅迹

李靖故居　位于陕西三原县鲁桥镇东里堡。始建于唐贞观年间，当时称李氏园，也称唐园，后毁于战火。清康熙年间，李靖后人出资重修，清末又烧毁过半并再次复修，改名为半耕园。1918年后又经多次修复，使这座历经1300多年的古园林驰名渭北，现存多为宋及明清时期建筑。

66."天可汗"

契苾夫人墓壁画
契苾夫人为契苾何力第六女，死后随父附葬昭陵。

东突厥灭亡后，唐朝在其故地设置管理机构，任用东突厥贵族担任地方军政长官，他们的职务世袭，名义上要接受唐朝的册封，定期朝贡，但不必向朝廷交纳赋税，并且仍然可以保持本民族的风俗习惯与生活方式。这种方法在各个少数民族地区推广后，唐朝的边疆迅速安定下来。

对于大量内迁的突厥人和其他少数民族，唐朝采取包容政策，允许他们在中原自由活动，可以与汉人通婚，甚至还可以入朝为官。据统计，当时住进长安城的突厥人有近万户。京城内蕃汉杂居，和睦相处，皇太子还经常召突厥人进宫游玩。

东突厥的大小首领都得到了任用和安置。铁勒首领契苾(bì)何力率部千人归唐，唐太宗将他们安置在甘、凉二州（今甘肃张掖、武威），封契苾何力为左领军将军，封其母为姑臧夫人，封其弟契苾沙门为贺兰州都督。契苾何力很快就表现出过人的军事才能，立下了赫赫战功。

贞观八年（634），唐朝征讨吐谷浑，契苾何力率部随征。期间，薛万钧兄弟冒进突入敌阵被围，契苾何力率军奋勇突击，打退敌军，救出了薛氏兄弟。接着又率一千余精兵突袭吐谷浑王帐，俘获吐谷浑王后，并缴获骆驼、马、牛、羊20余万头，取得重大胜利。

贞观十三年（639），唐朝征讨高昌。契苾何力在西域长大，熟悉西域的情况，因此被封为葱山道副大总管，随军出征。次年高昌投降。

642年，唐太宗让契苾何力回凉州看望母亲和弟弟，并视察其部落。那时铁勒薛延陀部很强盛，部落中一些人挟持契苾何力的母亲和弟弟，准备投奔薛延陀。契苾何力极力劝阻，众人不听，还把他抓去见薛延陀的真珠可汗。在真珠可汗面前，契苾何力拔刀割去自己的左耳并发誓："哪有唐朝的烈士受屈于你们的，天地日月，愿知我心！"当时唐朝朝廷也误传契苾何力投靠了薛延陀，但唐太宗说："契苾何力心如铁石，一定不会背叛我的。"

后来，薛延陀使者来到长安，跟唐太宗讲了契苾何力的情况，唐太宗感动得落下泪来，立即派人去薛延陀交涉。真珠可汗乘机派人向唐朝求婚。唐太宗说："我是百姓的父母，只要对百姓有利，决不爱惜一个女儿。"于是，唐太宗以换回契苾何力为条件，答应把新兴公主嫁给真珠可汗。

贞观十九年（645），契苾何力随唐太宗征高句丽，激战中腰部被长矛刺中，伤势严重仍率军奋战。战后，唐太宗亲自给契苾何力敷药，以示关怀。

>>>阅读指南
豆子：《唐朝从来不淡定2——李世民的政治课》。辽海出版社，2011年11月。
醉罢君山：《大唐帝国的扩张——廓清漠北（第1部）》。中国民主法制出版社，2012年11月。

此后，唐朝攻薛延陀、征龟兹、平西突厥以及经略辽东等，契苾何力都屡建战功。

唐太宗尊重并重用少数民族将领，也赢得了少数民族将领的尊敬。很多像契苾何力一样的少数民族将领和首领，在唐朝开拓和巩固边疆的过程中，发挥了重要作用。

胡人武官俑
陕西西安长安区郭杜乡唐墓出土。胡人在唐朝做官任职很常见，充分体现了唐朝政治的包容与开放。西安博物院藏。

唐太宗还大力推行与少数民族的和亲政策，先后把妹妹衡阳公主和九江公主分别嫁给突厥阿史那社尔与执失思力，把弘化公主嫁给吐谷浑诺曷钵可汗，把文成公主嫁给吐蕃王松赞干布。

唐太宗的民族政策，大大提高了唐朝的威望，东北地区的奚、室韦等十几个部落和西域的很多小国都纷纷归附。西逃的突厥人听说族人在唐朝待遇优厚，也前来归降。

贞观四年（630）三月，西域和北部

彩绘驭夫木俑
新疆吐鲁番阿斯塔那唐墓
出土，新疆维吾尔自治区
博物馆藏。

边疆各族君长来到长安，请求尊奉唐太宗为各族共同的首领"天可汗"。"可汗"原是游牧民族对其首领的称呼，称"天可汗"，是他们把唐太宗当成了自己爱戴的可汗，拥戴他为他们共同的君主，"敬之如父，礼之如天"。

唐太宗幽默地说："我为大唐天子，还要处理可汗的事吗？"群臣和各族君长都高呼"万岁"。从此，唐太宗不仅是唐朝的皇帝，而且是北方各族的最高君长。

唐太宗晚年自认为成就唐朝伟业与他重视少数民族有关。有一次，他问身边的大臣："自古帝王虽然平定了中原华夏，却不能降服周边少数民族。我的才能赶不上古人，但成就的功业却超过了他们。你们知道其中的原因吗？"群臣异口同声称："皇上功德大如天地，多如万物，无法找到适当的词语来表达。"唐太宗认为，自己只是做到了五个方面而已：自古帝王多忌妒超越自己的人，我对于别人的优点，如对待自己的优点一样；人无完人，能干与不能干二者兼而有之，我常常能扬长避短，避开他们的缺点，取其长处；做君王的常常过于宠爱贤人，而对于有过失的人，便想把他推到山谷置之不理，我敬重贤人，更怜悯不贤之人，这样，他们都能各自找到适合自己的位置；君王多厌恶忠谏正直之人，或明或暗置之于死地，自我登基以来，正直忠谏之人重用于朝廷，从未罢逐过一个人；自古君主都推重华夏，鄙视少数民族，我却对他们一视同仁，予以爱护，所以他们的部落都愿意归顺我大唐。

唐太宗去世时，在朝廷做官和来朝贡的少数民族首领几百人，都悲恸地放声大哭，有的甚至剪去头发，用刀划破面孔、割去耳朵，鲜血流了满地。契苾何力等闻讯赶来，请求杀身殉葬。松赞干布也上书效忠致哀："先皇晏驾，天子新立，臣子有不忠的，我将率兵赴难。"

少数民族归附大唐，如同百川归海！

>>>寻踪觅迹
陕西历史博物馆、洛阳博物馆、新疆维吾尔自治区博物馆等均收藏众多唐代北方少数民族文物。

67. 突厥阿史那氏效忠唐朝

昭陵六骏之特勒骠

阿史那氏是突厥最为显赫的姓氏。阿史那氏的杰出首领土门自立为伊利可汗，建立突厥汗国，并娶西魏长乐公主；阿史那氏达头可汗和沙钵略可汗分别建立了西突厥和东突厥；阿史那社尔、阿史那思摩、阿史那忠等都是唐初名将……

阿史那社尔是东突厥处罗可汗的次子，少年时就以智勇双全闻名，并受命统领臣服的铁勒、回纥、同罗等部落。在当部落首领的十年时间里，他休兵养民，不征赋税，深得人心。

贞观二年（628），阿史那社尔率部西迁可汗浮图城（今新疆吉木萨尔县破城子），并乘西突厥内乱之际，引兵攻占西突厥近一半的土地，拥众十余万人，自称都布可汗。

贞观九年（635），阿史那社尔率部投附唐朝，受到唐太宗的厚待，部落被安置于灵州之北。唐太宗与阿史那社尔一见如故，授予他左骁卫大将军职（禁军统领），并将皇妹衡阳公主嫁给他，封他为驸马都尉。唐太宗与阿史那社尔意气相投，竟然允许他持刀觐见，带枪为自己宿卫。

陕西礼泉县庄河村阿史那思摩墓壁画

阿史那社尔对唐朝忠心耿耿，立下了赫赫战功。

贞观十四年（640），阿史那社尔随吏部尚书侯君集率兵击灭高昌国，俘虏高昌王及群臣。侯君集私自拿走高昌许多珍宝，唐军部将见状竞相效仿，只有阿史那社尔以未奉诏为由，秋毫不取。唐太宗称赞他廉洁谨慎，赐他一把高昌宝刀和各色彩绸1000段，并封为毕国公。贞观十九年（645），阿史那社尔率部随唐太宗东征高句丽。高句丽流箭如雨，阿史那社尔频频中箭，但他毫不在乎，拔出羽箭，继续冲锋。士兵受其感召，奋勇作战，大获全胜。回到长安后，阿史那社尔被授予鸿胪卿，主管外事和少数民族事务。

此时，薛延陀乘唐太宗率大军亲征高句丽之机，数次发兵入寇唐朝。646年六月，唐太宗命阿史那社尔与执失思力、契苾何力等各率本部兵马，分兵几路进攻薛延陀，把薛延陀可汗抓到了长安。

贞观二十一年（647）十二月，为打通西域商路，唐太宗任命阿史那社尔为昆丘道行军大总管、左骁卫大将军，率领唐军和铁勒、突厥、吐蕃、吐谷浑等各族军队共十余万兵马，出征龟兹（今新疆库车）。阿史那社尔采取分兵夹击、各个击破等战术，先后攻破五座龟兹大城，俘虏龟兹王、宰相、大臣和贵族等百余人。阿史那社尔派人到龟兹各地晓以利害，促使龟兹700多座小城投降。阿史那社尔向龟兹百姓宣示唐朝威望，说明讨伐龟兹的原因，立龟兹王的弟弟叶护为新国王。阿史那社尔的行为震动了西域各国，西突厥、于阗、安国等争着给唐军送骆驼、马匹和军粮，表示愿意归附唐朝。阿史那社尔刻石碑记功后班师回朝。

>>>阅读指南

刘学铫：《狼的子孙——突厥汗国》。（台湾）菁英辅考（风格司艺术创作坊），2011年12月。

刘永连：《突厥丧葬风俗研究》。广西师范大学出版社，2012年6月。

在这次战争中，唐军缴获甚多，有些将领就私自使用战利品。唐军将领郭孝恪军中床帷、器用多饰金玉，并拿一些送给阿史那社尔享用，阿史那社尔没有接受。唐太宗得知后感慨道："二将的人品，无须问别人了。"郭孝恪在守卫龟兹城时，寡不敌众，浴血拼斗，与儿子一起壮烈殉国，阿史那社尔后来为他报了仇。

贞观二十三年（649）五月，唐太宗去世，阿史那社尔出于感谢和深情厚谊，请求以身殉葬，永远侍卫唐太宗。唐高宗李治派人向他说明唐太宗的遗嘱，不许他殉葬。阿史那社尔去世后，陪葬唐太宗昭陵。他的坟冢被修成葱山的形状，并立碑表彰他平定龟兹之功。

阿史那社尔为官清廉，生活简朴，功勋卓著，从不自傲。史书评价说："历代武臣，壮勇出众者有很多，节行励俗者很少，而阿史那社尔廉慎知足。"

陕西礼泉县西周村阿史那忠墓壁画

阿史那思摩曾是颉利可汗的重臣，在武德年间就曾多次来到唐朝，被唐高祖李渊封为和顺郡王。东突厥灭亡后，阿史那思摩得到了唐太宗的赏识。贞观十三年（639），为了牵制薛延陀，唐太宗试图恢复东突厥，封阿史那思摩为乙弥泥孰俟利泌可汗，赐姓李，让他带领三万户东突厥人北渡黄河回到漠南故地。薛延陀害怕东突厥站稳脚跟对其不利，连连发兵攻击，双方的战争一度减轻了薛延陀对唐朝的威胁。641年，唐朝派李勣等兵分几路攻打薛延陀，阿史那思

唐乾陵六十一番臣像
归顺唐朝任各种官职的少数民族酋长像。原来每个石像背部都镌刻着姓名、职衔、族属等文字，经过一千多年的风雨侵蚀，现已漫漶（huàn）不清。石像的头颅毁于何时及何人之手也是个未解之谜。

时，封阿史那忠为左贤王，随阿史那思摩建牙帐于定襄城（今内蒙古和林格尔）。

唐高宗永徽年间，阿史那忠历任左武卫大将军、右骁卫大将军、长岑道行军大总管、青海道行军大总管、西域道安抚大使、西域道行军大总管等职，在反击铁勒、契丹入侵，防备吐蕃，安抚西域等方面立下了赫赫战功，为国家统一做出了重要贡献。阿史那忠去世后也陪葬昭陵。

唐朝对阿史那氏的重用，消除了突厥的逆反心理，对化解民族矛盾，促进民族融合与国家统一起了重要作用。

摩配合唐军，诱敌深入，大败薛延陀。但没几年，趁唐太宗征伐高句丽，薛延陀向东突厥发起新一轮攻击，阿史那思摩部众竞相叛离，他只好南渡黄河，逃回唐朝。唐朝授阿史那思摩右武卫大将军职，将其余众安置在胜、夏二州（今内蒙古达拉特旗和陕西靖边县）之间。后来，阿史那思摩跟随唐太宗出征高句丽，受了箭伤，唐太宗亲自为他吮血。阿史那思摩死后，也陪葬昭陵。

阿史那忠之名"忠"为唐太宗所赐，他是突厥苏尼失部的小可汗，其父苏尼失是启民可汗的同母弟。东突厥颉利可汗在与唐朝的战争中兵败后西奔，就是被阿史那忠生擒的。到唐朝后，唐太宗封阿史那忠为左屯卫将军，并将宗室女定襄县主许配给他。唐太宗重建东突厥

>>>寻踪觅迹
唐太宗昭陵 位于陕西礼泉县，是我国面积最大、陪葬墓最多的一座帝王陵。昭陵建设持续了107年之久，有180余座陪葬墓，陪葬有众多功臣贵戚，包括颉利、阿史那社尔、阿史那思摩、阿史那忠等15个少数民族首领。昭陵遗存了大量文物，是初唐走向盛唐的实物见证。陵区内建有昭陵博物馆，收藏并展示相关出土文物。

68. 全其部落　顺其土俗

东突厥灭亡后，大量东突厥人内迁降附唐朝，如何妥善安置他们，成为一个重要问题。于是，唐太宗召集群臣议"安边之术"。

群臣你一言我一语，各持己见。有人认为，北方少数民族自古以来就是中原的祸患，现在有幸消灭了他们，应该把他们全部内迁到黄河以南，分散居住到各州县，教他们耕田织布，转化为农民，使塞北地区永远空旷无人。

中书侍郎颜师古认为，突厥、铁勒自古以来都是难以降伏的民族，现在陛下既然能够让他们称臣，就应该把他们安置在黄河以北地区，设立酋长统领其部落，则可以永无祸患。

礼部侍郎李百药认为，突厥有许多部落，各有首领，是一个组织相对松散的民族。他建议在东突厥故地定襄设置都护府对其进行管理和控制。

>>>阅读指南

薛宗正：《北庭历史文化研究——伊、西、庭三州及唐属西突厥左厢部落》。上海古籍出版社，2010年5月。

王永兴：《唐代经营西北研究》。兰州大学出版社，2010年9月。

镶嵌红宝石金面具
新疆昭苏县波马古墓葬出土，唐代西突厥遗物。新疆伊犁自治州博物馆藏。

夏州都督窦静认为不宜将突厥安置在中原一带。他建议给突厥首领王侯封号，将宗室女嫁给他们，分割他们的土地，离析他们的部落，使其权势分散削弱，易于钳制，让他们永为藩臣，才能永保边塞平安。

中书令温彦博认为把突厥人全部迁徙到中原不是好办法。他建议依照汉光武帝时的办法，将突厥人安置在塞外，保全其部落，顺应其风俗习惯，以充实空旷之地，使其成为中原的屏障。

谏议大夫魏徵认为，突厥世代为寇

突骑施钱币

突骑施是唐代西突厥的一个部落，散居伊犁河流域，隶属于安西都护府管辖。突骑施钱完全依照唐式标准币开元通宝铸造，钱文为粟特文。

盗，如果不忍心杀他们的话，就应当把他们放归故土，而不能安置在大唐境内。温彦博反驳道：对于天地万物，君王应包容一切，无有遗漏。现在突厥困窘，前来归附我大唐，为什么要抛弃而不予以接受呢！

唐太宗最后采纳了温彦博"全其部落"的建议，把东突厥部众安置在黄河以南的朔方之地，并设立都督府，仍以突厥贵族为都督或将军，管理当地突厥部落。部分突厥贵族则留在唐朝朝廷担任武职，被唐朝授予将军或中郎将之职的突厥酋长，五品以上者多达百余人，几乎占朝廷中同级官员总数的一半。

与此同时，对于散居在大漠之外伊吾（今新疆哈密）之地的突厥部众，唐太宗任命凉州都督李大亮为西北道安抚大使前往招抚，并在碛口存贮粮食，救济往来的突厥人。

对于唐太宗想把少数民族内迁、赐给大量财物的做法，李大亮认为不妥。他上书说：要想怀柔远方，必先安抚近地。中国如树根，四夷如枝叶，用疲困中国的方法供养四夷，是不可能长治久安的。从秦汉至隋朝，对外事奉戎狄，都导致自身疲弱。如今招抚突厥，只见劳民伤财，未见收益。河西长期受少数民族侵扰，州县萧条，人口稀少，自从突厥衰微以来才能耕种有收获。如今放粮赈给，势必又要增加百姓负担，应该停止招抚、慰问为宜。伊吾远在塞外沙漠

陕西西安唐代突骑施奉德可汗王子墓出土的陶俑

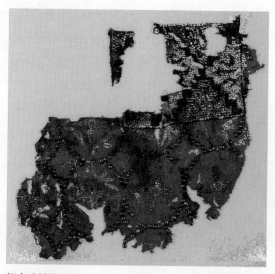

缀金珠绣绮残片

新疆昭苏县波马古墓葬出土，唐代西突厥遗物。新疆伊犁自治州博物馆藏。

之地，他们有自己的君长，既然愿意归附大唐，不妨接受。让他们居住在故土，对大唐怀有敬畏和感恩之心，永远作为大唐的屏障，才是施虚惠而坐收实利的办法。唐太宗采纳了李大亮的建议，贞观四年（630）在伊吾设立西伊州，开始经营西域。

东突厥灭亡后，西突厥仍然控制着西域地区。从628年开始，西突厥发生内乱，十个主要部落逐渐分裂为南庭和北庭两部分，双方征战不断。贞观年间，唐朝降吐谷浑、平高昌、讨焉耆、征龟兹，西域震骇，不仅很多西突厥的附属国转而归附唐朝，西突厥各部也与唐朝建立了若即若离的关系。

为了管理西突厥，贞观十四年（640），唐朝在交河城（今新疆吐鲁番）设置了安西都护府，统辖高昌故地。646年，西突厥乙毗射匮可汗请求与唐朝和亲，唐太宗要求他以龟兹、于阗、疏勒、葱岭等五个附属国作为聘礼。唐军进驻后，在龟兹、焉耆（今新疆焉耆）、于阗（今新疆和田）、疏勒（今新疆喀什）四城修筑城堡，建置军镇，隶属安西都护府，史称"安西四镇"。

公元649年，唐太宗去世，西突厥首领阿史那贺鲁觉得有机可乘，自立为沙钵罗可汗，651年发兵攻打唐朝庭州（今新疆吉木萨尔）。此后几年，唐朝先后派梁建方、契苾何力、程知节等将领反击西突厥。唐高宗显庆二年（657），唐军兵分南北两路，由苏定方统辖，合击沙钵罗。唐军士气高昂，踏雪追击100余千米，大败沙钵罗，沙钵罗被俘，西突厥灭亡。唐朝在西突厥故地设置蒙池、昆陵两个都护府，行政区划扩大至中亚。

苏定方让西突厥各部回到原来居住的地方，并将被沙钵罗掠夺的人口和牲畜等财物发还各部，让他们恢复畜牧业生产，同时开通道路，设立驿站，慰问民生疾苦。西突厥各部久经内讧和战乱

镶嵌红宝石金罐
新疆昭苏县波马古墓葬出土，唐代西突
厥遗物。新疆伊犁自治州博物馆藏。

之后，终于过上了安居乐业的生活。

沙钵罗被擒后送到唐朝，他表示悔过，说：过去太宗皇帝待我很好，我却背叛了他，我愿在太宗昭陵受死，以谢罪于先帝。唐高宗听说后产生了怜悯之心，特赦了他。后来沙钵罗病死，唐朝将他葬在颉利可汗墓旁。

658年，安西都护府升格为大都护府，治所移到龟兹。为了管理天山以北的西突厥故地，唐朝在显庆年间设置金山都护府，治所设在庭州，隶属于安西都护府。唐高宗龙朔元年（661），在于阗以西、波斯以东原西突厥役属的西域16国之地也全部设置都护府，共管理80个州、110个县、120多个军府，并由安西都护府统领。

则天后长安二年（702），唐朝在庭州设置北庭都护府，取代金山都护府，管理西突厥故地，仍隶属于安西都护府。唐睿宗景云二年（711），北庭都护府升为大都护府，与安西都护府分治天山南北。天山以北包括阿尔泰山和巴尔喀什湖以西的广大地区归北庭都护府统辖，天山以南直至葱岭（今帕米尔高原）以西、阿姆河流域的辽阔地区属安西都护府管辖。安西和北庭两个都护府管辖的地区历史上都是中国的领土。

设置都护府是唐朝落实"全其部落，顺其土俗"民族政策的重要措施，是唐朝加强地方统治、处理民族关系的重要政策。这项制度对维护国家统一，巩固西北边防，促进西域和中原以及中外经济文化交流，都有重大意义，也对后世产生了深远的影响。

>>>寻踪觅迹

交河故城遗址 唐安西都护府所在地，位于新疆吐鲁番市亚尔乡。故城原为古代西域车师前国都城，现存建筑物大部分是唐代修建的，形制布局与唐长安城相仿。城内市井、官署、佛寺、佛塔、街巷，以及作坊、民居、演兵场、藏兵壕、寺院佛龛中的泥菩萨都还可以找到。

唐北庭都护府遗址 位于新疆吉木萨尔县北庭镇。汉为车师后国王都，突厥时为可汗浮图城，高昌回鹘时为其夏宫，元代在此设行尚书省统领全疆，因战火荒废于明初。

69. 唐朝皇帝为突厥可汗树碑立传

毗伽可汗金冠
蒙古国毗伽可汗陵园祭祀遗址出土，蒙古国国家历史博物馆藏。

在突厥亡国后近半个世纪的时期内，唐朝统治下的东突厥各部基本稳定。由于唐朝经常征调突厥人参与东征西讨，渐渐引起突厥部众的不满，一些突厥上层人物滋生了复国思想。唐高宗永淳元年（682），东突厥贵族阿史那骨咄禄、阿史那元珍等叛唐，召集流散的突厥余部，重建突厥政权，史称后突厥，阿史那骨咄禄自立为颉跌利施可汗。

后突厥势力逐渐强大，开始四面出击。682年，阿史那元珍率兵侵入唐朝并州（今山西太原）和单于都护府（今内蒙古和林格尔）北部边境，唐朝派69岁高龄的老将薛仁贵前往抵御。薛仁贵领兵到达云州（今山西大同），与后突厥军队相遇。双方剑拔弩张之际，突厥人问："唐朝大将是谁，请报上名来！"唐军回答："薛仁贵。"突厥人不信，说："我们听说薛仁贵将军被发配到象州，已经死了很久了！"这时，薛仁贵脱去头盔，露出脸来，突厥人一看，大惊失色，连忙下马列队行礼后退却。

薛仁贵为什么会有如此大的威名？原来，唐高宗龙朔二年（662），铁勒九姓部落联盟聚兵十余万，与唐军交战于天

阙特勤雕像头冠
蒙古国阙特勤墓地出土，蒙古国国家历史博物馆藏。

蒙古国毗伽可汗陵园碑庙遗址出土的唐朝鬼面瓦和瓦当

山。铁勒几十员骁将前来挑战，薛仁贵应声出列，连发三箭，三员敌将应声坠马而亡。铁勒大军顿时混乱，薛仁贵趁势掩杀，铁勒大败，从此不再为唐朝边患。薛仁贵收兵后，军中纷纷传唱："将军三箭定天山，壮士长歌入汉关。"因此，突厥人对薛仁贵十分忌惮。

见后突厥军队撤退，薛仁贵立即率兵追击，打了个大胜仗，斩首一万多，俘敌三万多，还缴获了许多牛马。

后突厥吃了败仗，并没有就此罢休。随后几年，后突厥除了频繁入侵唐朝北部，还进攻九姓铁勒、三十姓鞑靼、契丹、奚等，共出征47次，其中颉跌利施可汗亲自参加战斗的就达20次。

唐长寿二年（693），阿史那骨咄禄病死，他的弟弟默啜继位。默啜在位时，势力较为强盛，拥兵40万，占地万里，

西北各民族大多受其控制。此时正值武则天统治时期，唐朝内忧外患交加，默啜自恃强大，以帮唐朝征讨契丹、奚族为条件，不断向唐朝要地、要粮、要布帛及农器等各种财物。武则天一次就曾给后突厥谷种4万斛，杂彩5万段，农器3000件，铁4万斤，并答应与之和亲，但默啜贪而无信，仍然不断侵犯唐朝边地，肆意杀掠。

土耳其安卡拉加济大学校园内的毗伽可汗碑复制品（正面）

神龙元年（705），唐中宗李显继位，默啜仍然不断犯边。707年十月，唐中宗采纳各方建议，派军队击败了来犯的后突厥军队。第二年又乘默啜率全军进攻西突厥时，夺取漠南，用60天时间在黄河北岸构筑了西、中、东三座受降城，又在牛头朝那山（今内蒙古固阳县东）以北设置了1800座烽火台。三座城堡互相呼应，截断了后突厥南侵之路，默啜只好改向西域扩张，进攻北庭都护府，但被唐军打败。默啜年迈后，昏庸暴虐，属部纷纷离散归降唐朝。

开元四年（716），默啜在攻打铁勒部落时被杀死，前可汗骨咄禄之子阙特勤杀死默啜诸子和亲信，拥立自己的哥哥为毗伽可汗。毗伽任用老臣暾欲谷为谋臣，招纳离散的部众，力量很快壮大起来，甚至打败了唐朝的征讨大军。暾欲谷认为"唐主英武，民和年丰"，不可为敌，毗伽接受了他的建议，于721年派使者向唐朝请求和解。

唐玄宗李隆基给毗伽写了一封信。信中说：过去大唐与突厥和亲，华夏人和突厥人安居乐业，两国军队也相安无事。大唐买进突厥的牛羊马匹，突厥换走丝织品，双方都丰衣足食。最近几十年来，两国关系之所以不如以往，完全是由于默啜可汗言而无信，口是心非，虽然和亲挂在嘴边，但心里想着叛离，多次派兵入侵，掠夺我大唐边境百姓的财产，终致人怨神怒，自己也被人杀死。这种善恶吉凶的因果报应，可汗您是亲眼所见。但可汗您又走上默啜的老路，先是入侵我甘、凉二州，随后又派使者前来求和。我大唐如上苍光明磊落，如大海能纳百川，不追究以前的过错，只看日后的表现。可汗您如真有意求和，则我们两国就能保持长久的友好关系，否则，就不必麻烦使者浪费

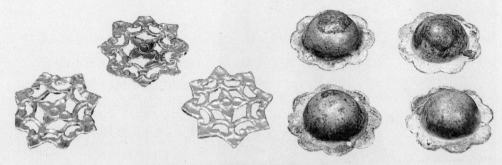

蒙古国毗伽可汗陵园遗址出土的金饰和银扣

时间了。如果突厥再次入侵，我大唐早已做好准备，在此恭候了。何去何从，请可汗三思！

从此，后突厥与唐朝的关系大为改善。毗伽每年都派使者入唐朝觐、纳贡，甚至遥尊唐玄宗为父亲，并多次请求和亲，还派大臣随唐玄宗东巡封禅泰山。当吐蕃想联合后突厥一起侵犯唐朝瓜州时，毗伽不但予以拒绝，还把吐蕃的信送交唐朝。唐玄宗很高兴，在紫宸殿设宴款待送信来的后突厥大臣，并答应与后突厥互市，每年用几十万匹丝绸交换突厥的战马，既增强了唐军的战斗力，也优化了中原马种。

731 年，毗伽可汗的弟弟阙特勤去世，唐朝不但遣使前往吊祭，派工匠协助后突厥为阙特勤建碑立庙，唐玄宗还御笔亲书碑文。"阙"是人名，"特勤"是突厥贵族子弟的称号。阙特勤碑正面和左右侧刻着用突厥文写的毗伽可汗口述的祭文和突厥征战的历史，背面为唐玄宗亲笔书写的汉文。734 年，毗伽可汗去世，唐朝用同样的方法为他树碑立传，只是汉文碑文由唐朝史官李融书写。

1889 年，《故阙特勤之碑》和《毗伽可汗碑》在蒙古鄂尔浑河流域被发现，中华民族历史上唐与突厥友好关系的这一段佳话再次被证实。

毗伽可汗死后，后突厥内乱频繁，逐渐衰弱，不久就退出了历史舞台，继之而起的是回纥。

>>>阅读指南

耿世民：《古代突厥文碑铭研究》。中央民族大学出版社，2005 年 8 月。

陈凌：《突厥汗国与欧亚文化交流的考古学研究》。上海古籍出版社，2013 年 1 月。

>>>寻踪觅迹

蒙古国国家历史博物馆 位于蒙古国首都乌兰巴托。收藏有毗伽可汗陵园出土的 2800 余件珍贵文物，这些文物被称为"毗伽可汗的宝藏"。

新疆各地博物馆收藏有与突厥相关的文物。

70. 唐平定高昌

铜眼罩

阿斯塔那唐墓出土。西域风沙大，古代人用这样的眼罩抵挡风沙，类似现在的墨镜。阿斯塔那墓群位于新疆吐鲁番东南，是西晋至唐代高昌官民的公共墓地，共有500余座古墓葬，出土了各种织品、汉文文书、少数民族文字、雕塑及手工艺品等珍贵文物，内容涉及政治、经济、军事、思想文化等各个方面。新疆维吾尔自治区博物馆藏。

高昌原为西汉时车师前部地，汉朝士卒携家属在此筑垒屯田戍守，因"地势高敞，人庶昌盛"，被称为高昌壁或高昌垒。东晋咸和二年（327），割据河西的前凉王张骏将高昌壁改置为高昌郡。北凉时（460），柔然攻入高昌，立阚（kàn）伯周为高昌王，高昌成为独立王国，史称阚氏高昌。此后，张氏、马氏、麹氏先后统治高昌，其中麹氏立国时间最长，全盛时占有今新疆吐鲁番市全境。

四代高昌统治者都是汉人，其居民也多为汉魏以来屯戍西域的汉人后裔和逃避战乱的内地移民，少数为柔然、高车、突厥及匈奴人，因此，高昌的语言、风俗、官制、政令、文化等均与中原相同。由于国小兵弱，高昌不得不依附周边强邻和中原王朝。

由于地处丝绸之路北路要冲，加上政治稳定，物产丰富，文化发达，经过多年的经营，高昌成为汉唐间中西政治、经济、文化交流的重要枢纽。隋大业五年（609），高昌遣使朝贡，并出兵协助隋朝攻打高句丽，隋朝把宇文氏女封为华容公主嫁给高昌王。贞观初年，高昌王麹文泰带着王后和儿子来到唐朝，受到唐太宗的隆重接待，高昌王后被册封为公主，并赐姓李。

国力的强盛使高昌王渐渐骄傲起来。唐初，西域处于西突厥控制之下，丝绸之路严重受阻。高昌依附西突厥，自恃国家富强，经常阻遏西域各国与唐朝的往来，并联合西突厥，发兵攻打附唐的伊吾、焉耆等国。焉耆向唐朝求助，唐太宗派使者前往高昌了解情况。麹文泰

人首豹身镇墓兽
新疆吐鲁番阿斯塔那唐墓地出土，
新疆维吾尔自治区博物馆藏。

居然傲慢地对唐朝使者说："唐在中原，高昌在西域，万里之遥，互不相干；鹰飞翔在天空，野鸡藏匿于草丛，猫游戏于厅堂，鼠嚼食于洞穴，各得其所，难道不能自己生存吗？"意思是唐朝没资格管高昌的事。

　　唐朝使者回到长安如实禀告，唐太宗听了非常生气，但仍然希望麴文泰能够悔过自新，便下诏征召麴文泰入朝，试图晓之以理，让他知道祸福利害，可麴文泰并不领情，宣称有病在身，不来唐朝。于是，唐太宗下决心征讨高昌。

　　贞观十三年（639）十二月，唐太宗任命侯君集为交河道行军大总管、薛万均等为副总管，率领包括突厥、铁勒军队在内的十几万大军远征高昌。唐太宗还以"天可汗"的身份，发布《讨麴文泰诏》，历数麴文泰反复无常、背信弃义、恩将仇报、侵犯邻国、勾结西突厥骚扰唐朝等罪行。

　　得知唐朝发兵前来讨伐，麴文泰满不在乎。他对大臣们说：唐朝离我们有3500余千米，其中戈壁就有1000千米，那里寸草不生，冬天寒风刺骨，夏天像火烧一样热，风都能吹死人，100个人都到不了我们这里，更不用说大批军队了。我去过隋朝和唐朝，唐朝西北一带城邑萧条，人烟稀少，还不如隋朝。唐朝即使出兵，也不会太多，因为兵多粮草供应不上；如果兵力在三万以内，我们对付起来轻而易举；即使兵临城下，他们的粮食最多也只能吃20天，到时自然溃散，有什么可担忧的！我们只要以

蒲鞋
新疆吐鲁番阿斯塔那唐墓出土。蒲鞋用蒲草、棕麻编成，轻便凉爽，取材容易，制作简便，成本低廉，适合高昌炎热的夏季穿着。

弈棋仕女图

新疆吐鲁番阿斯塔那唐墓出土。墓主张氏是唐代安西都护府官员，曾被授予上柱国勋爵。弈棋贵妇着唐朝贵族常见的服式，当为六品官吏之妻。新疆维吾尔自治区博物馆藏。

十几万唐军铁骑历时七个多月，克服了后人难以想象的炼狱般的磨难，终于穿越了死亡大漠，640年八月，契苾何力率领的唐军前锋三千骑兵率先包围了高昌门户碛口（今新疆轮台）。一千多高昌守军根本没有料到唐军居然能够穿越死亡大漠，未作任何抵抗就投降了，消息传到高昌都城，朝野震动。这时，驻扎在高昌附近可汗浮图城（今新疆吉木萨尔）的西突厥可汗欲谷设侦察到唐军的力量，不顾当初与麴文泰的山盟海誓，带领手下主力掉头就跑，一口气向西跑了500千米。原本指望西突厥救援的高昌王麴文泰受到致命打击，竟忧惧而死。

逸待劳，等唐朝军队疲惫不堪、弹尽粮绝时，再一举歼灭他们！

唐军统帅侯君集驻扎西北多年，深知西域戈壁大漠环境恶劣，为此，唐军做了充分准备：每个骑兵都配备多匹战马以供换乘，马上携带大量干粮、咸肉和多个装水的大皮囊；携带多套军服以应对复杂的气候；打造近千部大车，携带数量庞大的粮食、马料、箭镞等军需品；制造了大量专门储水的水车；征调了大量军驼。远征军携带的物资足够大军在沙漠中使用三个月。突厥名将契苾何力在西域长大，谙熟沙漠复杂的地形，他自告奋勇充当唐军先锋。

有人建议趁高昌举国为麴文泰举行葬礼之机进行突袭，但侯君集认为，唐朝进兵高昌，是因为高昌王麴文泰骄慢无礼，如果乘人之危，那唐军就不是前去问罪的正义之师了。于是，唐军擂鼓进军，进抵田地城（今新疆鄯善）。侯君

>>>阅读指南

张峰峰、张鹏：《吐鲁番不寂寞——高昌王国传奇》。中国国际广播出版社，2012年1月。

孟宪实：《汉唐文化与高昌历史》。齐鲁书社，2004年1月。

集下书晓谕城中高昌守军，给他们一天时间考虑，如果不投降，第二天清晨将攻城。高昌守军拒不投降，唐军只用半天时间就攻陷城池，俘虏男女7000余人，并乘胜直抵高昌都城之下。

麴文泰的儿子、高昌新国王麴智盛给侯君集写信，说是父亲得罪了大唐天子，但他已经受到了惩罚，我才刚刚继位，什么事情都不知道，请求尚书（侯君集）高抬贵手。侯君集回复智盛，如果真正悔过，就应当主动出城投降。但智盛仍然坚守不出，期望留守在可汗浮图城的西突厥军队能来援助。

联珠对孔雀纹锦
新疆吐鲁番阿斯塔那唐墓出土，新疆维吾尔自治区博物馆藏。

树下人物图
新疆吐鲁番阿斯塔那唐墓出土，日本热海美术馆藏。

八月八日，唐军对高昌城发起总攻。唐军拥有重型抛石炮、车弩炮等先进装备，还建造了高达五丈的巨型攻城塔，可以俯瞰城内，批示目标。箭雨、石弹裹挟着火焰遮天蔽日地飞向高昌城，高昌守军顿时土崩瓦解，外城迅速被攻破。

可汗浮图城的西突厥军队对唐军的凌厉攻势感到震惊，赶紧献城投降。智盛走投无路，只好向侯君集递交降书，正式投降唐朝，高昌王国灭亡。随后，唐军迅速四处出击，平定高昌全境三郡五县共22座城池，人口达8000余户。侯君集刻石纪功后，带着投降的高昌君臣回朝。

唐朝统一高昌后，在其故地设置了西州，在可汗浮图城设立庭州，在交河城（今新疆吐鲁番西雅尔郭勒）设立安西都护府，留兵镇守，防御西突厥。

>>>寻踪觅迹
高昌故城遗址 位于新疆吐鲁番市哈拉和卓乡。始建于公元前1世纪，历经1300余年，13世纪末毁弃于战火。城内建筑遗址星罗棋布，当年的庙宇、佛堂、街道都历历在目。

新疆维吾尔自治区博物馆收藏有阿斯塔那墓葬出土的相关文物。

71. 玄奘西游求佛法

玄奘负笈图（铜雕）

又称《玄奘取经图》，表现玄奘风尘仆仆取经归来的情景。原画收藏在日本东京国立博物馆，年代及作者不详。与玄奘有关的纪念地，几乎都有这幅画面的不同表现形式。

贞观元年（627）八月，唐朝都城长安一带发生灾情，大批难民外出谋生。在逃难的队伍中有一个衣衫褴褛的僧人，但他不是为了寻找生路，而是为了寻求佛法。这个人就是唐朝高僧玄奘。

玄奘原名陈祎（huī），13岁出家，法名玄奘。为了研究佛法，玄奘周游了四川、湖北、河南、陕西等地，追访有名的佛学大师。隋唐的佛经是由西域人和中原人合作翻译的，由于语言上的隔阂和对佛教教义理解的不同，大部分经卷都经不起推敲。玄奘决心自己去天竺（今印度）求得真经，以解惑辨疑。

公元627年，玄奘从长安出发，到达今新疆哈密后，沿天山南麓西行，过焉耆、库车、阿克苏出国，经今吉尔吉斯斯坦、哈萨克斯坦、乌兹别克斯坦、塔吉克斯坦、阿富汗和巴基斯坦，进入印度。

在玄奘西游途中，发生过许多故事，如他与高昌王麴文泰结拜为兄弟，留下了一段千古佳话。

玄奘离开长安后，经今甘肃兰州、武威、张掖、酒泉、敦煌，出玉门关，穿过被称为"八百里瀚海"的戈壁滩，进入新疆境内，这段路走得相当艰难。玄奘孤身一人在茫茫戈壁中迷了路，又不幸把最后一个水囊打翻了，四天五夜滴水未进，险些丧命。幸好在出玉门关前一个名叫石槃陀的胡人给了玄奘一匹又瘦又小的枣红色老马，依靠识途老马，他找到了泉水，得以穿越沙漠，于第二

印度那烂陀寺遗址

年正月到达伊吾（今新疆哈密）。能够只身穿越上无飞鸟、下无走兽的戈壁滩，就是奇迹，因此伊吾城轰动了。伊吾王和僧人纷纷前来参谒，国王还把玄奘请进王宫住了十几天，供养非常丰富。

当时正好有高昌使者在伊吾。高昌王麴文泰是个虔诚的佛教徒，听到消息，立即派重臣挑选数十匹良马驰往伊吾，劝玄奘改变从北庭西行的计划，把他接到了高昌都城。麴文泰让玄奘住在王宫的佛寺内，以礼相待，让高昌的高僧与玄奘谈论佛法。

在高昌住了一段时间后，玄奘向麴文泰辞行，请求继续西行。麴文泰说："自从听说法师大名以来，我满心欢喜，一直盘算着您何时能到高昌来，让我来供养您终身。我国僧徒虽少，也有数千人，他们都是您的弟子，需要您的教导。我让他们全都手捧经卷，当您的听众。希望您体察我的诚心，别再想着西行啦！"麴文泰还挽留玄奘做高昌的国师。

玄奘谢绝了麴文泰的好意，说自己此行是为了求法，法既未得，不可半途而废。如此反复再三，麴文泰生气了，声称如果玄奘不留在高昌，就把他遣送回唐朝问罪。玄奘无奈，只好以绝食表明西行取经的决心。

麴文泰见玄奘意志坚定，深受感动，同意放行，同时他提出和玄奘结拜为兄弟，并希望玄奘能在高昌讲经一个月，取

>>>阅读指南

玄奘：《大唐西域记》。

沧溟水：《玄奘大师》。湖南人民出版社，2010年4月。

经回来时再来高昌住三年，玄奘答应了。

玄奘讲经的地方是麹文泰特设的大帐，能坐 300 人，麹文泰和大臣、僧众都来听讲。每次讲经，麹文泰都亲自捧香执经迎接玄奘，并跪在地上以背代凳，请玄奘踏而登坐。

玄奘离开高昌时，麹文泰为他准备好了西行的"行装"：法衣 30 套，面衣（脸罩）、手套、鞋、袜等若干；黄金 100 两，银钱 3 万枚，绫绢 500 匹，这些费用可供玄奘往返 20 年；配备役夫 50 名、好马 30 匹，并剃度四个沙弥作为玄奘的侍从；给沿途 24 个西域小国的国王各写

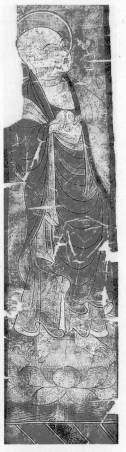

佛教绢画残片

新疆鄯善县吐峪沟石窟出土。吐峪沟是高昌时代最早、规模最大的一座石窟，约开凿于十六国至唐朝，是高昌文明的一部分，也是中原佛教文化与西域佛教文化最早的交会地之一。

>>> 小贴士

玄奘身后事　玄奘去世后，被迁葬到今陕西西安长安区兴教寺。兴教寺在唐末战乱中被毁，一些僧人将玄奘遗骨迁至今陕西户县终南山中的紫阁寺。北宋太宗年间（988），僧人可政将玄奘顶骨带到南京天禧寺。1942 年，侵华日军在南京大报恩寺三藏殿遗址挖出装有玄奘顶骨和文字说明的石函。由于玄奘名声显赫，致使他的灵骨被一分再分，1943 年首先被分成三份，分别藏于南京、北京和日本。此后，南京这份灵骨先被分为两份，供奉在南京玄奘寺和灵谷寺。后灵谷寺遗骨又分出两份，分别给台湾玄奘大学和西安大慈恩寺。北京那份灵骨被分为四份：一份赠给印度那烂陀寺遗址玄奘纪念堂，一份供奉于成都文殊院，其余两份在"文革"中散失。日本那份灵骨被分为三份，供奉于台湾日月潭玄奘寺和日本奈良药师寺、埼玉县慈恩寺。

目前，玄奘舍利被供奉在全世界九个地方。

一封介绍信，每封信附一匹大绫作为信物，以方便玄奘通行；专门为西突厥叶护可汗准备了 500 匹绢和绫以及两车水果，请他照应玄奘。麹文泰在给叶护可汗的信中说："玄奘法师是我的兄弟，打算去婆罗门国求法。愿可汗如同照顾我一样照顾法师。同时请可汗出面招呼以西各国供应法师驿马，并帮忙递送出境。"

玄奘出发那天，高昌君臣和百姓倾城而出，依依不舍前来送别。由于有高昌王的介绍信和叶护可汗派人护送，玄奘之后走了相当长一段安全、顺利的行程。

玄奘从天竺学成归国，本来可以不

走沙漠而走相对安全的海道的，但他信守当年与麹文泰的约定，仍取道北路，翻雪山，涉流沙，准备到高昌与麹文泰重逢。遗憾的是，此时麹文泰已死，高昌也已亡国。玄奘半路上得知消息，悲痛不已，只好改道而归。

玄奘与高昌王的友谊以及在高昌的讲经活动，对高昌了解中原文化起了积极作用。

在天竺，玄奘花了四年时间，游历了20多个国家，访问了许多佛教圣地，又在天竺最高佛教学府那烂陀寺学习了五年，读完了寺里所藏的各种经书，成为闻名天竺的佛学家。天竺戒日王非常崇重玄奘，在都城曲女城组织了一场佛学辩论大会，请玄奘当论主，古印度18个国家的国王、大小乘僧及信众7000余人出席。玄奘讲论，任人问难，竟无一人能难倒他，一时名声大震。18国国王会后都皈依玄奘，成为他的弟子。

贞观十九年（645）正月二十五日，

玄奘大师取经图（临摹）

甘肃瓜州县榆林石窟五代壁画。

在经历种种艰难险阻与磨难、辗转跋涉2.5万千米后，西游17年的玄奘终于回到了长安，并带回657部佛教经典、150粒如来舍利（佛骨）和佛像等佛教宝物。唐朝为玄奘举行了盛大的欢迎仪式，史载当时长安"道俗奔迎，倾都罢市"，唐太宗甚至让宰相房玄龄率文武百官前去迎接。唐太宗召见玄奘，赐给他一件袈裟，让他尽早把带回来的佛经翻译成汉文。

在唐太宗的支持下，由朝廷供给所

新疆吐鲁番高昌故城讲经堂遗址

传说就是玄奘在高昌期间讲经的地方，如今墙垣高台犹存。

陕西西安大雁塔

需，在长安建立译经院，并召全国各地高僧协助玄奘翻译从印度带回的佛经。玄奘译经的场所先后有弘福寺、大慈恩寺、玉华宫等处。在19年时间里，玄奘经常"三更暂眠，五更又起"，夜以继日地工作，共译出佛经75部、1335卷。这些佛经使佛教得以在中国迅速传播，并逐渐民族化，为中华民族的文化发展做出了巨大贡献。可以说，佛教能成为世界三大宗教之一，玄奘功不可没。

玄奘还亲自主持在大慈恩寺内建造了大雁塔，用来供奉和珍藏他带回的佛经、佛像、舍利等宝物。此外，玄奘还奉诏将《老子》等中国经典译作梵文，传于印度。

唐太宗对玄奘西行诸国的情况很感兴趣，敦促他将所见所闻撰写成书，于是，由玄奘口授、其弟子辩机笔录的不朽名著《大唐西域记》得以问世并流传至今。

《大唐西域记》全书12卷，按照玄奘行走的路线，逐章描述了138个大小国家的历史、地理、宗教、神话传说、风土人情、物产资源等情况，其中他到过的有110个国家，另外28个国家的事情是在途中听说的。本书对研究佛教史学和古代中亚、南亚的历史地理等均有极高的价值。

佛教产生于公元前6世纪晚期的古印度，两汉之际经西域传入中原。东汉末年，佛教开始在社会上进一步流传。三国两晋时期，佛教在与中国固有思想文化的相互冲突与融合中得到了迅速传播与发展，与传统的儒、道思想并存并进。到了隋唐时期，形成了佛（释）、儒、道三足鼎立之势。中国佛教与印度佛教虽有渊源关系，但中国佛教形成了自己独特的思想体系，是中华文化不可分割的一部分。

>>>寻踪觅迹

大雁塔 位于陕西西安大慈恩寺内。建于唐高宗永徽三年（652），是玄奘为藏经所建，另一说是唐高宗为纪念母亲文德皇后而建。塔高七层，底层四面石门上的线刻佛像传为唐代画家阎立本的手笔，塔南门两侧砖龛内嵌有唐初书法家褚遂良所书的两块石碑。另外，大慈恩寺、陕西铜川玉华宫旧址和南京等地还建有玄奘纪念馆、玄奘寺等。

河南偃师玄奘故里 有诵经斋、凤凰台、马蹄泉、晾经台、玄奘寺和玄奘纪念墓园等相关遗迹。

72. 唐平定铁勒九姓

铁勒九姓是对铁勒所有部众的统称，其实姓氏不止九个。

铁勒在秦汉时期称为丁零，魏晋南北朝时称为敕勒、高车，从隋朝开始，铁勒是中原对突厥以外的其他突厥系民族的通称。一直到隋唐之际，铁勒都役属于突厥。隋唐时，铁勒主要活跃在鄂尔浑河流域，有仆骨、同罗、拔也古、思结、契苾、薛延陀、回纥等许多部落。隋炀帝年间，铁勒以契苾、薛延陀二部为主建立了部落联盟。

唐初，铁勒各部中以薛延陀与回纥

唐朝骑兵俑

最强。贞观二年（628），薛延陀首领夷男率领七万余户部众归附东突厥，但不久薛延陀就联合回纥等九姓铁勒部落共同反抗东突厥的奴役，夷男被推为首领。这时，唐太宗正想利用薛延陀来牵制东突厥，于贞观三年册封夷男为真珠毗伽可汗，并赐给鼓和大旗。夷男受命，建牙帐于郁督军山（今蒙古国境内杭爱山），与东突厥分庭抗礼，并派弟弟入贡唐朝，唐太宗赐给宝刀与宝鞭。贞观四年（630），薛延陀联合回纥帮助唐朝灭了东突厥，从此摆脱了东突厥的统治。由于唐朝把大多数东突厥部众迁到黄河以南安置，造成漠北空虚，薛延陀乘机接管了原东突厥的大部分地盘，正式建国，铁勒各部及其他少数民族纷纷归附。薛延陀迅速壮大，全盛时期拥有精兵数十万，是唐朝北方最强大的汗国。

贞观十三年（639）之前，薛延陀与唐朝基本上保持友好关系，经常向唐朝进贡马、牛、羊、骆驼、貂皮等。唐太宗担心薛延陀日益强盛对唐朝构成威胁，就采取策略抑制薛延陀。贞观十二年（638），唐太宗下诏封夷男的两个儿子为小可汗，表面上是施恩，实际上是想分

彩绘贴金陶武士俑
陕西礼泉县郑仁泰墓出土。在唐朝讨平铁勒的战役中，郑仁泰曾任铁勒道行军大总管。陕西历史博物馆藏。

彩绘贴金武官俑
陕西礼泉县张士贵墓出土。张士贵为唐初名将，在戎马生涯中屡立战功，为贞观十五年反击薛延陀之战五员大将之一。唐昭陵博物馆藏。

解夷男的势力。接着，唐朝又让东突厥首领阿史那思摩带领部分族人回到漠南故地，暗中监视薛延陀，引起了夷男的不满。

贞观十五年（641），唐太宗东巡洛阳为封禅泰山做准备。夷男得知消息，命长子大度设率兵 20 万，攻击阿史那思摩部。阿史那思摩只有四万骑兵，抵挡不住，节节向南退却，遣使到洛阳告急。唐太宗让李勣和四员能征惯战的大将，率领 15 万大军，分兵五路迎敌。

李勣统军赶到长城外，与正在追击阿史那思摩的大度设相遇，便一声令下，

喊杀震天，大度设惊惧北撤。李勣选精骑六千，紧紧咬住大度设，一场血战后，唐军斩敌首三千多，俘虏军民五万多人。薛延陀不得不退回漠北，恰逢天降大雪，人畜冻死者十之八九。唐朝与薛延陀的第一次大规模战争，给了薛延陀沉重的打击。

薛延陀挑战唐朝失败后，第二年遣使入唐，献马 3000 匹，谢罪并请求和亲。唐太宗招来文武大臣，商议对付薛延陀的良策。唐太宗说："我设计了两套方案，一是精选十万大军，灭其国家，俘其首领，可保我边境百年安定；二是答应和亲，采取羁縻之策，也可保证边境 30 年安定。不知哪一套方案更好？"宰相房玄龄认为第二套方案好，于是唐太宗答应让宗室女新兴公主与夷男和亲，但唐太宗对夷男心存芥蒂，后来以薛延陀没能按时备足聘礼为借口，解除婚约。

>>>阅读指南

段连勤：《丁零、高车与铁勒》。广西师范大学出版社，2006 年 12 月。

醉罢君山：《大唐帝国的扩张——帝国雄途(第 2 部)》。中国民主法制出版社，2012 年 11 月。

唐朝武士俑

的侄子咄摩支为酋帅，去掉可汗称号，遣使奉表唐朝，试图保存实力，但铁勒九姓不服，唐朝也不同意。唐太宗派李勣到塞外统一指挥战事，并对他说：薛延陀余众"降则抚之，叛则讨之"。李勣对薛延陀发起猛烈攻击，斩首五千多，俘虏三万多人。咄摩支无奈，只得投降，被唐朝封为右武卫大将军，薛延陀汗国灭亡。

薛延陀被平定后，铁勒各部相继附唐。为了安抚铁勒各部，唐太宗亲自前往灵州（今宁夏灵武），铁勒各部闻讯，几千人赶来拜谒，尊称唐太宗为"天可汗"，并请求唐朝在各部设置管辖机构。

贞观二十一年（647），唐朝在薛延陀故地设置六府七州，以归附的铁勒各部首领为都督、刺史，又设燕然都护府于单于台（今内蒙古呼和浩特），管理这些边州。

在配合唐朝消灭薛延陀后，回纥乘机接管了薛延陀的土地和部众，回纥首领吐迷度自称可汗，从此，"九姓回纥"或"回纥"逐渐替代了"铁勒九姓"。

贞观十九年（645），夷男病故，其子拔灼自立为多弥可汗，乘唐太宗东征高句丽未还，引兵攻打夏州（今陕西榆林）。唐太宗早有准备，命令执失思力率领突厥士兵镇守夏州，周围各州也都有大将把守，互相呼应，执失思力很快击败了拔灼。拔灼由于易怒多疑杀死了大批贵族，导致薛延陀陷入混乱。唐太宗感到时机已经成熟，决定彻底消灭薛延陀，安定北部边疆。

贞观二十年（646），唐朝几路大军分道齐头并进，出击薛延陀，一举击溃了薛延陀主力。拔灼见大势已去，在恐慌中逃走，被回纥人所杀。薛延陀立夷男

>>>寻踪觅迹
　　内蒙古博物院　收藏众多中国古代北方草原民族文物。

73. 东国公主传桑蚕

传丝公主木板画
新疆策勒县丹丹乌里克遗址出土。根据当地出土的唐代文书，有专家认为这里是唐代安西四镇所属杰谢镇所在地。

相传瞿萨旦那国不知桑蚕，听说东方国家已有桑蚕丝织，便派使者去求桑蚕种，遭到拒绝。东国皇帝不仅"秘而不赐"，还下了一道命令，严禁任何人携带桑蚕种出关，更不准泄露养蚕的秘方，否则将被判处极刑。

瞿国国王碰了钉子，接着想出了一条妙计：备礼派使者前往东国求亲，通过通婚来获取桑蚕种。东国皇帝不知瞿国联姻的真正意图，也有怀柔远方的意向，于是便答应了瞿国的求婚。

瞿国国王挑选了几位精明能干的使者和侍女去迎亲，嘱咐他们密求公主带些蚕种和桑籽来。公主习惯了本国的生活，要离别父母，远嫁他乡，不禁满怀惆怅。瞿国迎亲使者说："公主不必多

虑，我们国君年轻开明，您仍然可以依照这里的方式生活。只是我国没有丝棉桑蚕，您以后恐怕没有锦衣可穿。您要设法把蚕种和桑籽带到瞿国，将来才可以自制裳服。"于是，在使者和侍女的安

>>>小贴士

于阗名称的演变及含义 于阗又作于填、于置、于殿、于寘等。匈奴人称之为于遁，诸胡称之为豁旦，印度人称之为屈丹，玄奘音译为瞿萨旦那，吐蕃则称之离余国。在各种古书中，于阗曾被称为五端、兀丹、斡端、忽炭、扩端、鄂端等。清代时叫和阗。1959 年，"阗"字简化为"田"字，和阗就成了和田。

从唐代至今，一千多年来，中外人士对于阗含义的解释五花八门，莫衷一是，主要有地乳、汉人、花园、牛之国、玉城、葡萄等释义。

排下，公主把桑蚕种藏在自己的帽子里，踏上了出嫁之路。

公主出嫁的仪仗队到达边关，边防军士奉旨搜查了公主随身携带的物品，但不敢检查公主的衣帽，桑蚕种就这样被安全带到了瞿国。瞿国国王在止麻射寺举行隆重的仪式，奉迎公主入宫，从此，西域的蚕丝业迅速发展起来。

这个故事是唐僧玄奘在贞观年间西行去天竺（今印度）取经途中听说的，他在《大唐西域记》一书中记载了这个传说。

瞿萨旦那国即于阗国，中心区域在今新疆和田县。据后人考证，娶东国公主的就是于阗国第十代国王尉迟舍那，那个东方国家很可能就是中原王朝。

20世纪初，英国人斯坦因在传说中的于阗国古都——和田丹丹乌里克遗址

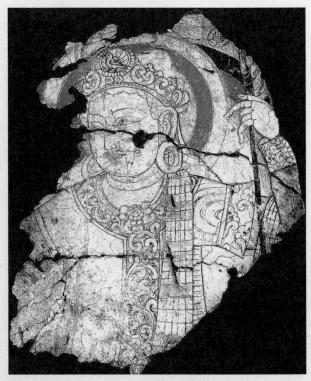
新疆策勒县达玛沟于阗佛寺遗址出土的壁画

发现了一幅版画，画面上有一位盛装的公主，头上戴着帽子，面前放着一碗蚕茧，旁边的侍女正用左手指着公主的帽子，似乎在暗示帽中藏着蚕种的秘密。这幅传丝公主木板画现藏大英博物馆。斯坦因认为画中主人就是帽中夹带桑蚕种的东国公主，瞿国人为了纪念她引进桑蚕种的功绩，就把她画在画上作为永久纪念。

于阗是汉代西域三十六国之一，始终与中原王朝保持着密切联系。东汉班超曾以此为根据地，北攻姑墨（今新疆拜城），西破莎车（今新疆莎车）、疏勒

>>>阅读指南

王嵘：《昆仑迷雾——于阗》。云南人民出版社，2004年9月。

颜亮、赵靖：《佛自西方来——于阗王国传奇》。中国国际广播出版社，2012年1月。

（今新疆疏勒），于阗都出兵相助。因位居丝绸之路要道，为东西方商贸集散地和文化要冲，于阗在东汉时势力强盛。魏晋南北朝时期，于阗曾向魏文帝曹丕献名马，与前凉、前秦、北魏都有往来，还不断遣使南朝，并曾向痴迷佛法的梁武帝萧衍献玉佛。因地理位置的重要性，于阗也难免战火，东汉初曾为莎车吞并，后又臣服于西突厥，还被吐谷浑和吐蕃占据过。

唐贞观二十二年（648），吐谷浑被唐军打败，于阗复国，于阗王遣子入侍唐廷，正式隶属唐朝，并被编为唐安西四镇之一，成为丝绸之路南道重要的军政中心。上元元年（674），唐朝在于阗设毗沙都督府，封于阗王为都督。天宝年间，唐玄宗把宗室之女嫁给于阗王尉迟胜，并授予右威卫将军、毗沙府都督。安史之乱时，尉迟胜率兵赴中原帮助唐朝平叛，后终老长安。唐肃宗时授于阗王尉迟曜兼安西四镇节度副使，并管理本国事务。这时吐蕃崛起，790年，于阗被吐蕃攻陷。9世纪中叶，随着吐蕃势力衰退，于阗又重新复国，并在五代十国时期国势再次强盛。

东国公主传桑蚕的故事说明于阗是西域最早获得中原种桑养蚕技术的国家，故手工纺织发达。于阗还是佛教东传的必经之地，凡传入中国的经典，十之八九要经过这里。佛教高僧法显、玄奘都曾到过于阗，并受到热情接待。

于阗国历经汉、魏、晋、南北朝、隋、唐、五代，到北宋前期仍有极强的辐射力。11世纪初，于阗被回鹘人灭亡，整整立国13个世纪，是我国历史上最长命的王朝，其惊人的生命力与延续性，在世界史上也是相当罕见的。

骑马骑驼人物行进图木板画
新疆策勒县丹丹乌里克遗址出土。

>>>寻踪觅迹

新疆和田　古称于阗，同时还是古代西域皮山、扞弥、渠勒、精绝、戎卢等国所在地，有众多佛教文化遗址。和田博物馆收藏有相关文物。

74. 弘化公主夫妻还家

弘化公主墓志
甘肃武威市喇嘛湾弘化公主墓出土，武威市博物馆藏。

吐谷浑政权建立于东晋十六国时期，南北朝时期迅速发展壮大。公元540年左右，吐谷浑第18代王夸吕建都于伏俟城（今青海共和县境内），自称可汗。由于地处丝绸之路要道，吐谷浑充当了中亚陆路交通的中介人、向导和翻译，与西域各民族都有密切联系。吐谷浑统治者与中原王朝关系密切，深受中原文化影响，一直通用汉语和汉文。

隋开皇年间，隋朝把宗室女光化公主嫁给吐谷浑可汗。由于吐谷浑阻碍隋朝与西域的往来，隋炀帝继位后，两次征讨吐谷浑，在其地设置河源、西海、鄯善、且末四郡，将轻罪犯人发配到此屯田戍守。隋末中原战乱，隋朝摇摇欲坠，无力顾及边疆，吐谷浑可汗乘机收复故地，重整旗鼓，仍以伏俟城为王都。

唐初，吐谷浑一方面不断遣使到长安朝贡，另一方面又联合西突厥，控制西域各小国，频繁扰犯唐朝边境，还拘禁唐朝使者。唐太宗派使臣要求吐谷浑放人，居然往返了十来次。唐太宗大怒，贞观八年（634）派名将李靖、侯君集率

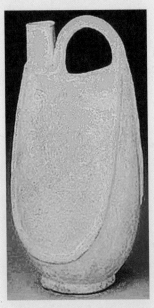

弘化公主墓出土的白釉瓷壶
这是弘化公主出嫁时从中原带去的陪嫁品。

莲鱼纹鎏金银碗
甘肃武威市喇嘛湾吐谷浑王室墓葬出土。墓主为武则天侄孙女武氏，嫁吐谷浑首领慕容曦皓。

十万唐军兵分三路，大举讨伐吐谷浑，吐谷浑伏允可汗兵败被杀（也有说是自杀）。从此，吐谷浑分成东西二部：西部吐谷浑以鄯善为中心，由伏允次子率领，后降附吐蕃；东部吐谷浑仍居伏俟城，由伏允长子慕容顺率领，举国附唐。唐朝封慕容顺为西平郡王，还派大将李大亮率数千精兵作为后盾，帮助慕容顺树立威信。但慕容顺还是不能服众，唐军一撤退，他就被手下杀害了，吐谷浑大臣争权夺利，国内一片混乱。唐朝又立慕容顺之子诺曷钵为吐谷浑可汗，并封为河源郡王，后改封青海国王。诺曷钵颁行唐朝历法，奉唐朝年号，并遣子弟入侍，成为唐朝属国。

贞观十三年（639），诺曷钵可汗到长安晋谒唐太宗，献马、牛、羊一万多头，并向唐朝求婚，唐太宗以宗室女弘化公主相许。弘化公主出嫁时，由淮阳王李道明与右武卫将军慕容宝携带大批物资持节护送，礼仪十分隆重。由于李道明无意间泄露了弘化公主并非皇帝亲生女儿的秘密，还起了严重的外交事件，李道明为此被革除王爵，降为刺史。

弘化公主不仅聪明贤惠，而且具有超人的胆略。从她和亲吐谷浑开始，吐谷浑与唐朝的关系日益亲密，但引起了吐谷浑一些大臣的不满。有一年，吐谷浑丞相宣王和他的两个弟弟密谋在祭山活动时劫持诺曷钵和弘化公主，投奔吐蕃。弘化公主得知消息后并没有惊慌，和诺曷钵一起飞身上马，只带少量亲兵，

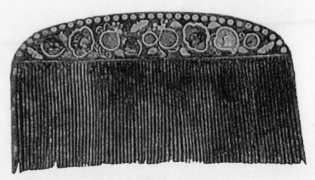

甘肃武威市喇嘛湾武氏墓出土的镶嵌牛角梳

青海共和县吐谷浑伏俟城遗址

连夜去找唐朝官员，一举粉碎了宣王的阴谋。

唐高宗李治继位后，诺曷钵遣使敬献骏马。永徽三年（652），离开长安13年之久的弘化公主十分思念故土，上表请求回家探亲，得到恩准，唐高宗还派人前去迎接。弘化公主夫妻抵达长安，唐高宗优礼相待，加封诺曷钵为驸马都尉。

唐朝与吐谷浑、突厥、高昌、吐蕃、铁勒、契丹、奚、回纥、于阗、南诏等少数民族政权都有和亲关系。弘化公主出嫁吐谷浑，是唐朝公主外嫁少数民族首领的开

甘肃武威市喇嘛湾吐谷浑王室墓葬出土铜人

端，也是唯一一位夫妻双双回长安探亲的公主。诺曷钵与弘化公主的两个儿子也娶了唐朝公主。武则天时期，唐朝与吐谷浑还有三次和亲，其中有两位公主是武则天亲属的后代。和亲使唐与吐谷浑的友好关系保持了一个多世纪。

弘化公主在吐谷浑生活了58年。在她的墓志上，有一首诗："南雪山分百鸟城，邦媛（ài）殂（cú）分此瘗（yì）灵。塞草初凋兮哀挽声，幽泉已闷几时明？"可见唐人和吐谷浑人对弘化公主的爱戴与怀念之情。

>>>阅读指南
周伟洲：《吐谷浑史》。广西师范大学出版社，2006年6月。
胡芳：《草原王国吐谷浑》。青海人民出版社，2004年7月。

>>>寻踪觅迹
武威市博物馆 收藏有该市喇嘛湾弘化公主等唐代吐谷浑王室成员墓葬出土的文物。

75. 唐太宗亲征高句丽

高句丽政权建立于西汉末年，东汉末年发展成为古代东北一股割据势力，都城设在今吉林集安市一带。魏晋南北朝时期，高句丽控制了朝鲜半岛北部大部地区，并将都城迁到那里，与朝鲜半岛南部的新罗、百济形成三国鼎立之势。隋朝与高句丽多次发生战争，并因此引发民变，最终导致隋朝灭亡。

唐朝建立初期，高句丽王高建武遣使入唐朝贡，双方通好。唐朝册封高建武为上柱国、辽东郡王、高句丽王，并放回了隋朝三次征伐时虏获的高句丽人。高句丽也投桃报李，放还隋朝俘虏万余人，并毁了由战死隋军尸体筑成的"京观"（带有炫耀和纪念性质的大土堆），

善于骑射的高句丽人
吉林集安市高句丽墓壁画。

让唐朝派人收敛、安葬隋军骸骨。

中原初定后，高句丽据有的辽东地区被纳入唐朝统一战争的最后部分。为了防止唐朝的进攻，高句丽花费巨大的人工物力，用了16年时间，在沿唐边境修筑了长千余里的长城，并与突厥联盟。

唐贞观十七年（643），新罗使者入唐诉说百济攻占其40余城，并与高句丽图谋断绝新罗与唐朝的通道。唐太宗派使者到高句丽，命其停止争战，遭到高句丽权臣泉盖苏文的拒绝，唐太宗决定发兵征伐高句丽。

贞观十八年（644）十一月，唐太宗

吹角仙人
吉林集安市高句丽墓壁画。

吉林集安市太阳神鸟（三足乌）雕塑
这种起源于中原的神物同样被高句丽人崇拜。

任命刑部尚书张亮率领 4 万多士兵、500 艘战船，从山东莱州渡海直趋平壤，同时命李勣率六万多骑兵进逼辽东，水陆并进，进击高句丽。唐太宗也在第二年二月从洛阳出发，御驾亲征。

四月，唐军攻破高句丽盖牟城（今辽宁盖州）。盖牟城守军是泉盖苏文派来的加尸城（今朝鲜平壤西南）百姓，共有700 人，被唐军全部俘虏后请求为唐朝效力。唐太宗觉得他们的妻子儿女都在加尸城，担心泉盖苏文杀害他们的家属，就赐给粮食让他们回家了。唐朝在盖牟城设立盖州进行管辖。

五月，唐军攻克辽东城（今辽宁辽阳），在那里设置了辽州。对城中的投降者，唐太宗赐给食物，80 岁以上的老人

还赏赐绢帛。辽东城长史被部下杀死，唐太宗让人造了灵车，将棺椁送回平壤。同时，从山东渡海的唐军攻破了高句丽卑沙城（今辽宁大连大黑山山城）。

之后，唐军直扑白岩城（今辽宁灯塔市燕州城）。白岩城主见抵挡不住，便遣使请降，得到允许后，中途又反悔。唐太宗大怒，引兵攻城，并传谕全军：只要拿下此城，就将城中人口全部赏给将士做奴隶。攻克白岩城后，唐军将士要求唐太宗兑现诺言，唐太宗于心不忍，用城中府库的钱粮，将满城百姓从麾下

吉林集安市高句丽王陵中的将军坟
是高句丽第20代王长寿王(413~491年在位)的陵墓，是高句丽石结构陵墓的巅峰之作，有"东方金字塔"之誉。

士兵手中赎买回来。

六月，唐军进至安市城（今辽宁海城），高句丽王室贵族高延寿率15万大军来救援。唐太宗对身边的大臣说：我为高延寿筹划了三种策略：与安市城合兵设防，占据高山险要之地，坐吃城内的粮食，让靺鞨骑兵抢掠我们的牛马军粮，使我们久攻不下，想退兵又有泥沼阻隔，以此来困住我军，这是上策；救出城中军民，和他们一起乘夜逃走，这是中策；不自量力，与我军交战，这是下策。你们等着瞧，他必出下策。

果然，高延寿不听有经验的老将劝阻，倚仗人多，率兵进攻唐军。唐军派出两千骑兵诱敌，刚交战就诈败而逃，高句丽士兵笑言"打唐朝军队太容易了"，一鼓作气向前冲，半路上中了唐军的埋伏。唐军各路兵马怒吼着冲出来，高句丽军阵顷刻间大乱。这时刚好天降大雨，雷电交加，唐军骁将薛仁贵身穿白袍，头缠白布带，高声呐喊着杀入高句丽军中，所向无敌。高句丽士兵吓得纷纷逃窜，溃不成军，唐军乘胜追击，杀敌两万多人。高句丽余众被唐军四面合围，附近桥梁道路都被断绝，只好投降。高句丽举国震恐，安市城周围军民撤退一空，方圆几百里之内都没了人烟。

>>>阅读指南

杨秀祖：《高句丽的军队与战争研究》。吉林大学出版社，2010年3月。

苗威：《高句丽移民研究》。吉林大学出版社，2011年8月。

高句丽铁脚镣子
辽宁桓仁县五女山城出土。是中国目前发现的高句丽文物中唯一的刑具。辽宁本溪市博物馆藏。

七月，唐军开始围攻安市城。由于守军殊死抵抗，唐军围城两个月未能攻克，时近深秋，草枯水冻，兵马难以久留，唐军只好班师还朝。

唐太宗东征，共攻克十座城池，杀敌四万多人，迁徙七万余户高句丽百姓加入唐朝户籍，但唐军将士也阵亡数千人，战马损失十之七八。唐太宗对未能彻底击败高句丽，深自懊悔。

此后，唐朝与高句丽断断续续进行了20余年的战争。唐太宗在世时，采纳群臣建议，从陆海两方面不断对高句丽发动骚扰性袭击，以消耗高句丽国力。唐高宗李治继位后，曾对高句丽发动过三次小规模的战争，虽然给高句丽带来损失，但泉盖苏文在世期间，一直都没能击灭高句丽。唐显庆五年(660)，高句丽与百济联军攻打新罗，新罗乞援于唐。唐高宗派兵联合新罗攻灭百济，高句丽失去盟国，陷于孤立。

乾封元年(666)，泉盖苏文去世，高句丽发生内乱，唐高宗下令对高句丽发动大规模进攻。各路唐军分道合击，捷报频传，一年多时间就实现了会师，然后渡过鸭绿江，追奔100多千米，直抵平壤城下。平壤被唐军包围月余后，高句丽王率98位首领开城门投降。668年九月，立国705年的高句丽覆灭。

唐平高句丽后，分其境为9都督府、42州、100县，并在平壤设安东都护府，管理高句丽和百济故地，任命薛仁贵为检校安东都护，领兵两万镇守，从而将朝鲜半岛的大部分地区纳入唐朝的统治体系之内。高句丽国王、贵族和数十万高句丽百姓被迁入中原各地，逐渐和周围各族融合，最终消失在中国历史的长河中。

>>> **寻踪觅迹**

辽宁辽阳市　古称襄平、辽东城，从公元前3世纪到17世纪，一直是中国东北地区的政治、经济、文化中心和军事重镇。从北燕、南北朝到隋唐，高句丽割据于此。隋炀帝三征高句丽都曾兵临城下，后为唐太宗所克。境内灯塔市燕州城即高句丽白岩城遗址。市博物馆收藏有相关文物。此外，辽宁、吉林两省原高句丽活动区域均有大量相关文物遗存。

76. 仿唐制，吐蕃兴

吐蕃赞普的鎏金铜头盔

吐蕃源出于羌，是藏族的祖先。

东汉以前，越、发羌、唐旄羌等诸多西羌部落先后进入青藏高原，逐渐与当地土著居民融合，成为吐蕃人的祖先。隋朝时，在今西藏和青海西南等地分布着苏毗、羊同、女国、附国、牦牛等部落政权，其中以牦牛部落建立的吐蕃政权实力最强。大约在隋末唐初，吐蕃赞普（国王）朗日论赞兼并了苏毗国，占有今西藏、青海、四川西部等高原地区。

唐贞观三年（629），朗日论赞死于吐蕃内乱，其年仅13岁的儿子松赞干布即赞普位。受父亲的影响，少年时代的松赞干布就已显现出非凡的才能。他沉着冷静，征集了万余人，组成一支精锐的队伍，经过三年征战，平定了各部叛乱，统一了吐蕃。

贞观六年（632），松赞干布把都城由泽当迁到逻些（今西藏拉萨）。逻些气候宜人，景色优美，物产丰富，中心地势平坦开阔，四周群山环抱，远处山岭峡谷险要，进可攻，退可守。之后的历史证明，迁都逻些是正确的选择。此后，松赞干布又征服了周围的苏毗、多弥、白兰、党项、羊同等部，势力日益强盛。

释迦牟尼佛坐像

吐蕃时期（7世纪）。故宫博物院藏。

西藏拉萨布达拉宫壁画中的吐蕃人

《新唐书·吐蕃传》记载此时吐蕃"胜兵数十万"。松赞干布还规定所有士兵都按名登记造册，由官府掌管，不得更改扩充，军队调动必须以赞普下发的金箭为凭。

松赞干布制定了"十善法律"，包括孝敬父母、敦睦亲族、敬事长上、帮助邻里、报答慈仁、尊敬高德、以圣哲为模范、酬德报恩、斗秤公平、与众和谐、说话温雅、酒食知量、心性忠直等20条。松赞干布同时制定了刑律，包括不得抨击种姓高贵者、奸淫者断肢并流放异地、诳语者割舌等

松赞干布非常羡慕唐朝的富庶与繁荣，他模仿唐朝的先进制度，进行了一系列改革。

在政治上，松赞干布建立起了以赞普为中心、高度集权的体制。作为最高统治者，他任用贤明的大臣，与群臣每年举行一次小盟，三年举行一次大盟，通过盟誓，保证臣下世代无条件地效忠王室。他还仿效唐朝典章，规定了官阶品位，给各级官员颁发不同材料制成的章饰，分为翡翠、金、银镀金、银、熟铜、铁六等。臂章钉在方圆三寸的粗毛布上，悬于臂前，以别贵贱。

在军事上，松赞干布仿照唐朝府兵制，建立了四个被称为"如"（藏语意为"部"）的军政组织，每个"如"有上下两个"分如"，各"分如"的马匹毛色和旗帜颜色都不同，以便调遣时一目了然。

西藏琼结县藏王墓镇墓石狮

敦煌莫高窟第 159 窟吐蕃占领时期彩塑
左一天王盔甲样式据说取材于吐蕃军队。

内容。

　　吐蕃经济以畜牧业为主，牲畜以牦牛、马、羊为主，春夏逐水草而居，秋冬有固定的草场，农作物有青稞、小麦、荞麦、豆类等。松赞干布鼓励百姓学习和运用先进的生产技术，发展农牧业生产，还制定税制，统一度量衡，促进了经济发展。

　　为了引进中原及尼婆罗（今尼泊尔）、天竺等地的文化和技术，松赞干布选派一批精通藏文的贵族子弟到唐都长安，入太学学习诗书；派出 16 位贵族去天竺学习梵文，通过研究梵文和西域各国的文字，创制出本民族的文字——藏文。藏文创制后，松赞干布身体力行，专心学习了四年，除了号召大臣们学习藏文，还特别规定青年贵族子弟必须学习藏文。

　　随着社会的稳定和经济文化的发展，吐蕃疆域北至吐谷浑，南至尼婆罗和天竺，东与唐朝相邻，呈现一派中兴之势。

>>>阅读指南
　　格勒：《藏族早期历史与文化》。商务印书馆，2006 年 5 月。
　　次旦扎西主编：《西藏地方古代史》。西藏人民出版社，2004 年 1 月。

>>>寻踪觅迹
　　藏王墓　位于西藏琼结县，是 7 世纪至 9 世纪历代吐蕃赞普的陵墓群，埋葬着第 29 代至第 40 代（末代）吐蕃赞普、大臣及王妃，包括松赞干布、赤松德赞、文成公主、金城公主等。

77. 文成公主汉藏和亲留佳话

步辇图（局部）
宋代摹本，原作者为唐代画家阎立本。描绘了唐太宗（右中坐步辇者）接见吐蕃求婚使臣禄东赞（左二）的情景。故宫博物院藏。

从汉族地区来的文成公主，

带来了各种粮食三千八百种，

给吐蕃粮库打下了坚实的基础。

从汉族地区来的文成公主，

带来各种手艺的工匠五千五百人，

给吐蕃工艺打开了发展的大门。

从汉族地区来的文成公主，

带来了各种牲畜共有五千五百种，

使吐蕃的乳酪酥油从此年年丰收。

……

这是吐蕃人民赞颂文成公主的诗歌。

吐蕃赞普松赞干布与唐朝文成公主和亲的传奇故事在汉藏两族人民中流传至今。

松赞干布敬慕唐朝的强大，决心与唐朝建立友谊。唐贞观八年（634），松赞干布遣使入唐。在首次求婚未成后，640年又派亲信大臣禄东赞带领使团，携带大量黄金和珍宝，到长安再次向唐朝求婚。

传说当时来长安求婚的共有五个少数民族政权的使臣，于是就发生了唐太宗"五难婚使"的故事。

唐太宗先叫人拿来五颗九曲明珠和

五根丝线，让求婚使者将丝线从弯曲细小的珠子孔中穿过。禄东赞找来一只蚂蚁，把丝线拴在蚂蚁身上，把它放在珠子孔口，然后不断往孔内吹气。蚂蚁很快就从珠子的另一端钻了出来，穿线成功！

唐太宗又让人把使臣们带到御马苑，让他们替 100 匹小马寻找自己的母亲。禄东赞把小马驹圈在一起，饿了一整天，然后放出去，小马驹叫着跑向各自的母亲吸奶去了。

有一天晚上，唐太宗请使臣们进宫议事。使臣们匆匆忙忙往皇宫赶，只有细心的禄东赞在去皇宫的路上做了记号。唐太宗和使臣们说完话，就让他们自己寻路回住所，说谁最先回到住所，就把公主嫁给他的君主。禄东赞循着来时做的记号，第一个回到了住处。

唐太宗再让人把使臣们带到东校场，让他们从 300 位美女中把文成公主辨认

罗布林卡壁画文成公主进藏图（局部）

出来。美女们的服装、发型都一样，这可难坏了使臣们。禄东赞早就通过关系找到曾经服侍过公主的旅店女主人，向她了解公主的容貌特征，因此很快就找到了两眉之间有一颗红痣的文成公主。

禄东赞凭借吐蕃人特有的机智，一一破解了唐太宗的难题，唐太宗同意把文成公主嫁给松赞干布。

贞观十五年（641），文成公主入吐蕃。她携带了大量丝织品、手工艺品、生产工具、医疗器械和经书、历法、营造与工艺著作、医方、医学论著，以及耐寒抗旱的农作物种子等，还带上了通晓所带书籍的文士、各类工匠和乳娘、宫女、乐队等。

松赞干布带领大队人马远到青海迎接文成公主。松赞干布高

西藏布达拉宫壁画中的吐蕃人

西藏拉萨布达拉宫壁画中的吐蕃人

兴地穿起唐朝所赠的驸马吉服，向送亲前来的江夏王、礼部尚书李道宗行子婿之礼。

文成公主到达逻些（今拉萨）时，吐蕃人民穿上节日的盛装迎接她。松赞干布按照唐朝的建筑式样和风格，修建专门的宫室给文成公主居住，这就是布达拉宫的前身。今天布达拉宫内还供奉着松赞干布和文成公主的塑像，保存着他俩结婚时的遗迹。

随文成公主入吐蕃的工匠，把中原的农具制造、建筑、造纸、酿酒、制陶、冶金等生产技术传入了吐蕃。过去吐蕃人住帐篷，穿厚重的毡裘，受文成公主影响，吐蕃上层人士改住房屋，开始穿用丝绸。文成公主带去的水磨，深受吐蕃劳动人民的欢迎。公主和她的侍女还把纺织、刺绣技术传授给吐蕃妇女。玉米、土豆、蚕豆、油菜等汉地植物能够适应高原气候，生长良好，今天藏族人喜欢的青稞，传说是当年文成公主带去的小麦经过不断变种而成的。

松赞干布迎娶文成公主后，唐朝与吐蕃的关系极为友好，此后200多年间，双方使臣和商人往来频繁。史书记载，吐蕃境内50千米就有一个驿站，对唐使接待殷勤，供应丰厚。唐高宗继位后，封松赞干布驸马都尉、西海郡王。

文成公主在吐蕃生活了近40年，受到了吐蕃人民的无限崇敬。她去世后，人们设立节日来纪念她，一是把文成公主到达拉萨那天即藏历四月十五日定为萨噶达瓦节，一是藏历十月十五日公主的生日纪念。每逢这两天，藏族人民都会按照传统习俗，穿上盛装，载歌载舞，在布达拉宫后面的龙王庙举行盛大的纪念活动，或到寺院祈祷祝福。松赞干布与文成公主的联姻佳话也随这些节日活动在汉藏人民中不断流传。

>>>阅读指南

崔永红主编：《文成公主与唐蕃古道》。青海人民出版社，2008年1月。

崔明德：《中国古代和亲通史》。人民出版社，2007年5月。

>>>寻踪觅迹

文成公主庙 位于青海玉树县贝纳沟，已有1300多年历史。据说文成公主进藏途中曾在这里停留，并教民众耕作、纺织、盖房等技术，藏民建此庙纪念她。

78. 吐蕃灭亡吐谷浑

西藏拉萨大昭寺壁画中的吐蕃武士形象

松赞干布治理下的吐蕃迅速崛起，从唐太宗贞观年间开始，不断向北扩张，其北境邻居吐谷浑成了首要的攻击目标。贞观十二年（638）八月，松赞干布以吐谷浑离间唐朝与吐蕃联姻为借口，率领吐蕃及其附属的羊同部军队攻打吐谷浑，吐谷浑可汗抵挡不住，逃到青海湖北面，牲畜被抢掠一空。此后，由于文成公主、弘化公主分别与吐蕃、吐谷浑和亲，有唐朝居中调停，吐谷浑和吐蕃的关系出现了十年的和平。

松赞干布去世后，吐蕃丞相禄东赞掌权，对吐谷浑归附唐朝不满，命令他的儿子率军攻打吐谷浑。双方轮番派使者向唐朝求援，并互相指责，唐高宗没有理睬。

唐高宗龙朔三年（663），形势恶化，一个犯罪的吐谷浑大臣逃往吐蕃，泄露了吐谷浑军队的虚实。禄东赞出动精锐军队，乘虚进攻，大破吐谷浑。诺曷钵可汗和弘化公主带数千户人逃到了凉州（今甘肃武威），向唐朝求救。唐高宗派兵屯驻凉、鄯（今青海乐都）二州，防止吐蕃继续进犯吐谷浑，并派使者谴责禄东赞。禄东赞一面屯兵青海，一面派使者到唐朝陈述吐谷浑的罪状，并请求与唐朝和亲，高宗没有答允。

唐麟德二年（665），吐蕃做出和平的姿态，派使者拜见唐高宗，请求与吐谷浑和好，但仍要求把赤水（今青海兴海东南黄河西岸）一带的吐谷浑土地作为吐蕃畜牧之地，被唐高宗拒绝了。

>>>阅读指南

杨铭：《唐代吐蕃与西北民族关系史研究》。兰州大学出版社，2012年1月。

霍巍：《吐蕃时代——考古新发现及其研究》。科学出版社，2012年1月。

唐乾封元年（666），唐高宗封诺曷钵为青海郡王，表示了帮助诺曷钵收复失地的决心，同时积极备战，伺机与吐蕃一决雌雄。唐咸亨元年（670），吐蕃入侵唐朝安西四镇，唐高宗命薛仁贵等率五万军队讨伐吐蕃，并送吐谷浑人回归故地。薛仁贵率领唐军前锋轻装前进，击退部分吐蕃军队后，等待主力到达。但唐军主力携带辎重行军，行动迟缓，还未与薛仁贵会合，就遭到20万吐蕃军队的袭击，大败退走，辎重也全部丢失。随后，在吐蕃40余万大军的进攻下，唐军伤亡殆尽，被迫与吐蕃约和退军。吐谷浑王族又随唐军撤回到凉州，复国的希望彻底破灭。

吐蕃牢牢控制了青海湖地区，并进一步与唐朝争夺河西走廊，唐高宗只好放弃收复吐谷浑故地的念头，让吐谷浑百姓迁居鄯州，但鄯州又不断遭受吐蕃

唐代黄地大型宝花绣鞯（jiān，马鞍垫）
青海都兰县热水乡吐谷浑故地吐蕃墓葬出土。

袭扰，吐谷浑人不安其居，一再要求举族内迁。唐朝又将吐谷浑人迁到灵州（今宁夏灵武）一带筑城而居，唐高宗赐名安乐州，封诺曷钵为安乐州刺史，希望他们能安居乐业。草原王国吐谷浑从此覆灭，部分留居故地的吐谷浑人成为吐蕃的附属。

后来，安乐州又被吐蕃攻陷，吐谷浑人再次内迁，散居甘肃、山西、陕西、宁夏等地。唐末五代时，吐谷浑被称作吐浑、退浑，此后渐渐融合于汉族和其他民族之中。今天的土族，有学者认为是留在青海的吐谷浑后裔。

>>>寻踪觅迹

青海都兰县　公元4世纪至7世纪是吐谷浑和吐蕃领地。吐谷浑遗址、吐蕃墓群与自然风景相得益彰。有唐代早期吐蕃墓葬二百余座，出土了大量绚丽多彩的丝绸等遗物。

宁夏回族自治区博物馆　收藏有吴忠市唐墓出土的文物，有专家认为吴忠是唐代古灵州城所在地。

唐代联珠对鸟纹锦（局部）
青海都兰县热水乡吐谷浑故地吐蕃墓葬出土。

79. 金城公主促甥舅会盟

西藏拉萨大昭寺唐蕃会盟碑（甥舅和盟碑）

松赞干布和文成公主去世后，吐蕃与唐朝的关系开始变得紧张起来，几十年间，双方战争不断，互有胜负。在大家都筋疲力尽时，和亲又成了调整双方关系的一种重要手段。实际上，即使在战争期间，吐蕃的求婚使者也不绝于路。唐景龙三年（709），吐蕃赞普墀（chí）德祖赞（又名尺带珠丹）派遣大臣率领1000多人的使团到唐朝纳贡并求婚，唐中宗将宗室女金城公主许配给了墀德祖赞。

金城公主的父亲李守礼是武则天的孙子，是唐中宗的侄子。710年，唐中宗派左骁卫大将军杨矩护送金城公主去吐蕃。金城公主由长安启程，沿当年文成公主西行的路线入吐蕃。唐中宗亲自将金城公主送到始平县（今陕西兴平），并设宴为她饯行。席间，唐中宗对吐蕃迎亲使者"谕以公主孩幼，割慈远嫁之旨"，命令随从大臣赋诗送别，下令赦免始平县死罪以下的囚犯，免除天下百姓一年的租税，并下诏将始平县改为金城县，将他与公主分手的地方凤池乡改为怆别里，表示对金城公主出嫁的重视、不舍与纪念。

金城公主入吐蕃时同样带去了大批书籍、锦缎、宫廷器具和杂技诸工、龟兹乐等。唐朝还把河西九曲之地（今青海境内）作为金城公主的嫁妆，赐给吐蕃。唐玄宗开元十九年（731），金城公主派使者向唐朝求要《毛诗》《礼记》《左传》《文选》等汉文典籍。管理皇家图书的官员于休烈上书劝唐玄宗不要给吐蕃这些典籍，说："汉成帝时，他的亲弟弟请求得到《史记》和《诸子》，成帝尚且不给，何况现在求书的是吐蕃。"中书门下裴光庭等人认为应该把书送给吐蕃，使他们逐渐受到大唐教化的陶冶，使教化流布，无远不至。于是，唐玄宗命人把《毛诗》等书抄录一份送给吐蕃。此后，儒家经典和其他重要文化典籍源源不断地传入吐蕃，对吐蕃社会和文化的发展产生了积极作用。

金城公主入吐蕃30年，唐蕃双方友好是主旋律，这期间虽也有兵戎相见之时，但大都由金城公主出面或假借她的名义进行调停。

随着吐蕃国势的进一步强盛，唐与吐蕃因地界划分问题经常发生战争。比如开元十五年（727），吐蕃发兵攻占唐朝瓜州城（今甘肃瓜州），企图截断唐与安西都护府统辖的龟兹、焉耆、于阗、疏勒四镇的交通，夺取四镇，唐军发起反击，大败吐蕃。金城公主多方努力，才

>>>阅读指南

[德] 鲍里斯伯爵夫人著，杜文棠、李士勋译：《黄土地的女儿——金城公主》。中国社会科学出版社，2011年4月。

巴卧·祖拉陈瓦著，黄颢、周润年译：《贤者喜宴——吐蕃史译注》。中央民族大学出版社，2010年8月。

从药王山看布达拉宫

西藏拉萨药王山与布达拉宫所在的红山之间有三座白塔，顶部用铁链相连，传说其设计思想源于金城公主。她认为药王山与红山间的缺口破坏了拉萨的"龙脉"，便设计了三座称为"巴嘎噶林"的大白塔，用来维系神山的脉络，中间那座白塔底层开了门洞，成为进入拉萨城的门户，可谓一举两得。

使双方停战。730年，吐蕃派使节送信到边境上，请求与唐朝和解。皇甫惟明向唐玄宗进言："战事连年不断，每天要花费千金，河西、陇右两地因此贫困凋敝。假如陛下派一位使臣去看望金城公主，借机与赞普当面约定通和，使其俯首称臣，从此平息边境战祸，难道不是一种驾驭夷狄的良策？"

唐玄宗觉得有理，就派皇甫惟明出使吐蕃。见到唐朝使者，墀德祖赞十分高兴，把贞观以来唐朝皇帝给吐蕃的敕书一一拿出来给皇甫惟明看。墀德祖赞派大臣跟随皇甫惟明一起入唐朝进献贡品，并给唐玄宗上表，说："外甥两代都娶天朝的公主为妻，我们双方的情义如

同一家人。外甥深深懂得什么是尊贵卑贱，怎么敢做出失礼的事呢！由于边将挑拨离间，才使我得罪了舅舅。我多次派遣使者入朝想说明事情的原委，都被边将阻拦了。如今承蒙您派使臣来探望公主，外甥喜出望外，假如能够重新修复我们以往的亲密关系，我死而无憾！"

开元二十一年（733），金城公主上书唐玄宗，"请立碑于赤岭（今青海湟源县日月山），分唐与吐蕃之境"。第二年，唐朝与吐蕃互派使者，在赤岭会盟树碑，

赤松德赞碑
西藏琼结县藏王墓出土。碑面刻有59行歌颂赤松德赞的古藏文，并有云龙、四蛇、飞天、日月等浮雕图案，雕刻手法呈明显的唐代风格。

正式明确划分边界。双方相约："不以兵强而害义，不以为利而弃言"，彼此不再为寇敌，不举兵侵扰，让百姓安泰、甥舅和好。然后，吐蕃使者跟随唐朝大臣分赴剑南、河西各州县，唐朝大臣也跟到吐蕃，分别安民告示：双方和好，不准互相侵扰。随后，唐朝与吐蕃都把守卫在赤岭的军队撤掉，以"和成一家"。

从公元705年至822年，唐朝和吐蕃共会盟八次，其中第八次会盟是在唐穆宗长庆元年（821），史称"长庆会盟"，此时金城公主已经去世。823年，吐蕃赞普赤祖德赞在拉萨大昭寺前树起一块唐蕃会盟碑作为纪念。此碑也称"甥舅和盟碑"，因为自从松赞干布娶文成公主后，历代吐蕃赞普都以唐朝皇帝的外甥自居，当时的唐穆宗与赤祖德赞是舅甥关系。双方在盟文中重申"和同为一家"的舅甥情谊，决心今后"社稷叶（xié）同如一"，各守本境，互不侵扰，"烟尘不扬"，"乡土俱安"。这块碑今天仍然屹立在拉萨大昭寺前。

历史记住了文成公主，也没有忘记金城公主。

>>>寻踪觅迹
　　日月山　古称赤岭，位于青海湟源县西部，是唐朝与吐蕃的分界线。相传文成公主和金城公文远嫁吐蕃时都曾驻驿于此。山脚下有文成公主庙、倒淌河等相关景观。

80. 会盟变劫盟

张议潮统军出行图（局部）

甘肃敦煌莫高窟第156窟晚唐壁画，描绘张议潮统军收复河西十一州的情形。

唐朝与吐蕃赤岭会盟时，双方商定，以河源为界，各守其边。可好景不长，由于双方都想扩大势力范围，边疆将领也想从战争中获得功名，结盟不到一年，战事又起：吐蕃出兵十万越过边界，唐朝则派军队将其挡在洮河以西。之后，强盛的吐蕃与唐朝分庭抗礼，时而进犯，时而求婚，时而掠地，时而请和，唐朝或征伐防御，或绥靖安抚。

唐大历十四年（779），唐德宗李适继位。此时唐朝与吐蕃都有息战愿望。经过双方的努力，唐建中四年（783），唐朝与吐蕃在今甘肃清水县举行"清水会盟"。会盟的主要内容是重新划定双方边界：将黄河以北的贺兰山区划做"闲田"，驻守在闲田内的双方兵将维持现状，不得互相进攻；双方都没有驻防的闲田，也维持现状，"不得新置（兵将），并筑城耕种"；黄河以南自六盘山、陇山，沿岷江、大渡河南抵磨些诸蛮（今云南西北部）划界，以东属唐，以西属吐蕃。之后，双方又分别在长安和逻些碰头，确认清水会盟的合法性。

然而，没过多久，就发生了"平凉劫

冠以吐蕃赞普缠头的古格国王
古格王国遗址壁画。古格王国是吐蕃王室后裔在公元 10 世纪建立起来的，其统治中心在今西藏阿里一带。10 世纪中叶至 17 世纪初，古格王国雄踞西藏西部，创造了七百多年灿烂的文明史，留下了许多未解之谜。

盟"事件。清水会盟确定双方边界后，吐蕃在军事上的优势明显超过唐朝。唐朝当时内乱频繁，地方割据势力拥兵自保，不听朝廷调遣，因此对吐蕃处于守势。清水会盟当年十月，唐朝发生了"朱泚（cǐ）之乱"，叛臣朱泚攻占长安，唐德宗被迫出走。吐蕃权臣尚结赞请求出兵帮助唐收复长安，唐德宗同意了，并答应事成之后，将北庭、伊西（今新疆北部）分割给吐蕃作为酬劳。唐朝与吐蕃联合出兵打败了叛军，因气候炎热，加上疾疫流行，吐蕃军队没等彻底平定

叛乱就提前撤兵了，唐军自己收复了长安。唐朝以此为借口，不肯将北庭、伊西割让给吐蕃，只答应给予丰厚的缯帛。吐蕃认为唐朝食言毁约，深表不满，决计采取报复行动，并准备乘机除掉唐朝镇守西北地区的三大将领李晟（shèng）、马燧和浑瑊（jiān）。因为不除掉这三员名将，吐蕃的后顾之忧就不能解除。平凉劫盟就是吐蕃报复唐朝、企图除掉唐朝三大将的具体行动。

唐贞元二年（786），吐蕃军队多次进犯唐境，都被李晟击退。尚结赞采取两面手法，一方面派兵进攻唐朝盐（今宁夏盐池）、夏（今陕西榆林）二州，另一方面不断派遣使者向唐朝求和。唐德宗被蒙蔽，力主与吐蕃和盟，又担心将帅生事邀功，为表示诚意，就撤了李晟的兵权。

第二年三月，吐蕃再次遣使求和，唐将韩游瑰（guī）觉察到吐蕃求和的反常，认为"吐蕃弱则求盟，强则入寇，今深入塞内而求盟，此事一定有诈"。但唐德宗听不进劝告，一心想着求和，甚至还妄想联合吐蕃共击回纥。尚结赞以归还盐、夏二州表示求和"诚意"，还提

>>>阅读指南

王东、张耀：《冲出高原——吐蕃王朝传奇》。中国国际广播出版社，2012年1月。

才让：《吐蕃史稿》。甘肃人民出版社、人民出版社，2010年6月。

古格王国遗址壁画

与吐蕃和盟的失误，为尚结赞求和说项的唐将马燧也被罢免了军权，尚结赞除掉唐朝西北三将的企图终于得逞。此后30余年，唐朝与吐蕃再未和盟，直到唐穆宗长庆元年（821）才再度和盟。

唐与吐蕃在争争和和、分分合合中，也增进了了解。同时，时战时和的状态几乎与双方的存亡相始终。唐朝末年，吐蕃也开始衰落，双方的战争进入尾声。842年，吐蕃最后一位赞普达玛死后，吐蕃贵族为争夺赞普宝座争战20多年，吐蕃王朝四分五裂。唐大中二年（848），张议潮带领沙州（今甘肃敦煌）人民率先起义，先后收复被吐蕃占领的河西11个州，吐蕃占领的其他地区也被唐朝军队陆续光复。此时的唐朝也处在悍兵作乱、农民起义的困境之中。877年，在平民起义的浪潮中，唐朝也彻底崩溃。

出请唐朝派浑瑊主盟的要求，唐德宗答应了。

五月十五日，唐朝与吐蕃会盟于平凉（今甘肃平凉）。尚结赞预先将骑兵埋伏在盟坛的西部，做好了劫盟的准备。浑瑊出发前，李晟曾警告他，说这次会盟非同寻常，必须严加防备。但唐德宗却命令浑瑊要表现出会盟的诚意，不要猜测、怀疑对方。当浑瑊率领唐朝会盟人员准备进入盟坛时，被尚结赞要求退去甲胄，更换礼服，之后，鼓声突然响起，吐蕃伏兵从四面八方蜂拥而至。浑瑊觉察后果断地只身从幕后逃出，乘马突围，唐朝其他会盟官员60余人都被扣押，唐军500余人被杀、1000余人被俘，尚结赞乘机大掠邻近州县。

平凉劫盟发生后，唐德宗深悔坚持

>>>寻踪觅迹
古格王国遗址 位于西藏札达县托林镇象泉河畔一座小山上。残存有吐蕃王宫、寺庙和民居等遗址数百间。房屋依山叠砌，层层相连，雄伟壮观。

81. 佛教传入吐蕃

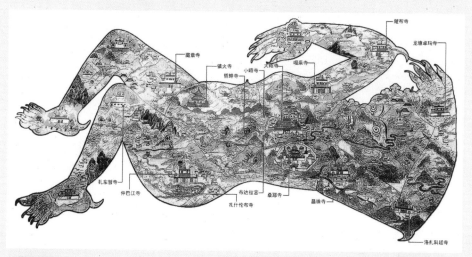

西藏镇魔图

20世纪90年代发现于西藏拉萨罗布林卡。画面上一个仰面而躺的罗刹魔女，其身体的重要器官或关节部位描绘了大昭寺和传说中西藏的12座镇魔寺庙，正好与藏文史籍中关于文成公主算卦修建大昭寺以镇魔女的传说相印证。

现在在西藏各地行走，经常可以见到藏传佛教信仰者三步一磕头、五步一跪拜虔诚朝圣的情景。

藏传佛教是传入西藏的佛教分支，与汉传佛教、南传佛教并称佛教三大体系。佛教是由印度和中原传入西藏的，并且与两位和亲的公主密切相关。这两位公主是指先后与吐蕃赞普松赞干布成婚的尼婆罗（今尼泊尔）墀尊公主和唐朝的文成公主。她们都是虔诚的佛教徒，在她们的影响下，松赞干布皈依佛教，

从此，佛教便在西藏扎下了根。

佛教最早传入吐蕃是在公元5世纪左右。当时有两个印度僧人带着几件印度密教的器物进入吐蕃，但由于吐蕃人还没有文字，也不认识梵文，而且全民信仰当地土生土长的原始宗教苯教，以苯教巫师护持国政，所以，当时吐蕃还不具备接受佛教的条件。

到了公元7世纪松赞干布建立吐蕃王朝后，苯教已不适应阶级社会的需要了，就在这时，两位和亲的公主把佛经

西藏拉萨大昭寺门框菩萨说法图（吐蕃时期，7～8世纪）

贞观六年（632），在大臣和仪仗的护送下，尼婆罗国王之女毗俱胝公主（即墀尊公主）踏上了赴吐蕃的行程。她带来了释迦佛不动金刚、慈氏法轮、自成旃（zhān）檀度母三尊佛像，还有工匠、随从和七头大象驮载的各种珍宝。松赞干布妥善安放三尊佛像及佛门珍宝，虔诚供养。公元641年，文成公主进藏时，正是唐朝佛教盛行之时，随文成公主入藏的，自然有大批高僧和经书、佛像等。

和佛像带入了吐蕃。

那时对吐蕃举足轻重的友邦有两个，一是南部的尼婆罗，一是唐朝，松赞干布发展睦邻关系的主要形式是联姻。唐

松赞干布同时在拉萨修建了小昭寺和大昭寺，分别供养文成公主和墀尊公主带来的佛像。后来，小昭寺成了接待唐使和汉地僧人的重要场所。松赞干布还在拉萨四周建了12座小庙。从此，佛教慢慢在吐蕃传播开来。

文成公主是一位虔诚的佛教徒，很关心寺院的兴建。大昭寺建在拉萨的中

拉萨大昭寺供奉的释迦牟尼12岁等身像
据说是按照释迦牟尼本人的形象塑造的。它由古印度赠送给唐朝，又作为文成公主的陪嫁带入西藏，被供奉至今。

>>>阅读指南
黄明信：《吐蕃佛教》。中国藏学出版社，2010年1月。
克珠群佩：《西藏佛教史》。宗教文化出版社，2009年10月。

拉萨大昭寺佛教壁画

心地带，这里原是一个很大的湖泊。文成公主解释说，整个青藏高原是个仰卧的罗刹女，这个魔女呈人形，头朝东、腿朝西仰卧着，大昭寺所在的湖泊正好是罗刹女的心脏，湖水就是她的血液。文成公主说必须填湖建大昭寺，首先把魔女的心脏给镇住。她同时还推荐了另外12个地方，每个地方都建一座小寺院，镇住魔女的四肢和关节。大昭寺的石狮子都是没有鼻子的。据说是有一天，文成公主来到工地，工匠们都专心去看美丽的公主，正在雕第一只狮子的工匠看得入神了，竟失手把狮子的鼻子削去了。为了统一形式，所有的狮子就不再雕鼻子了。人们还把大昭寺前的几株柳树叫作"唐柳"或"公主柳"，表示对文成公主的尊敬。

文成公主和墀尊公主都是吐蕃文化的重要贡献者，尤其是文成公主，吐蕃人民认为她是天上下凡的菩萨，把她当作神、佛来奉祀。

>>>寻踪觅迹

拉萨 西藏政治、经济、文化和宗教中心，有1300多年历史。有世界文化遗产布达拉宫、大昭寺、罗布林卡和小昭寺、色拉寺、哲蚌寺、八廓街等众多藏文化名胜古迹。

桑耶寺 位于西藏扎囊县，因中心佛殿兼具藏地、汉地和印度三种风格，又被称为三样寺。公元8世纪由吐蕃赞普赤松德赞亲自主持奠基，是西藏第一座剃度僧人出家的寺院，珍藏有自吐蕃王朝以来西藏各个时期的历史、宗教、建筑、壁画、雕塑等多方面的文物遗产。

82. 回纥助唐平内乱

明皇幸蜀图（局部）
唐朝李昭道作。描绘安史之乱时唐明皇（玄宗）入蜀避难的情景。图前骑黑马、穿红衣准备过桥者即唐明皇，妃嫔们则着胡装、戴帷帽。台北"故宫"藏。

回纥是唐初漠北九姓铁勒之一，与薛延陀同源。贞观二十年（646），回纥助唐灭薛延陀，唐朝在回纥领地设置瀚海都督府，封回纥首领吐迷度为都督，都督府下的州刺史、长史、司马等官职也都由回纥首领担任。吐迷度自立为可汗，建立回纥政权。

天宝三年（744），吐迷度六代孙骨力裴罗在唐朝的配合下，推翻后突厥汗国，统一漠北，骨力裴罗自称骨咄禄毗伽阙可汗，建立回纥汗国，并遣使告唐。唐玄宗先封骨力裴罗为奉义王，不久又册封为怀仁可汗。回纥从此成为漠北霸主，与唐朝在政治、经济、文化上的联系更加密切。

唐天宝十四年至宝应元年（755～762），唐朝发生了历史上著名的安史之乱，叛军首领安禄山和史思明都出身胡人。隋唐以来，幽州（今河北北部和北京）一带是胡人的杂居之地，杂居着契丹、奚、突厥等民族，唐朝往往需要倚重能够通晓多种胡语并了解胡风胡俗者进行管理。安禄山和史思明就是这样的人，据说他们都通晓多种少数民族语言，安禄山还善于谄媚逢迎，很得唐玄宗李隆基的信任。开元年间，唐朝在边地设置了十个兵镇，由九个节度使和一个经略使管理，节度

望贤迎驾图（局部）

南宋佚名作。画面描述的是安史之乱后，唐肃宗在陕西咸阳望贤驿迎接由蜀归来的太上皇李隆基的情景。图中宝盖下的李隆基白发黄袍，老态龙钟，唐肃宗黑须红袍。上海博物馆藏。

使权力很大，往往集军权、民权、财权于一身。安禄山一个人就兼平卢（今辽宁锦州西）、范阳（今北京西南）、河东（今山西太原）三镇节度使的重任，拥兵20万，超过唐朝边镇总兵力的三分之一。安禄山拉拢当地少数民族上层，收买他们充当反唐的亲信，安史之乱前，他一次就提拔2500个奚族和契丹族人担任将军和中郎将，以致当地少数民族竟把他和史思明视为"二圣"。

天宝十四年（755）十一月，安禄山率领部下以及同罗（铁勒的一支）、奚、契丹、室韦、突厥等族军队共约15万，号称20万，在范阳起兵，发动叛乱。唐朝措手不及，竟无力组织有效的抵抗，叛军一路所向披靡，仅用35天便攻陷唐朝东都洛阳。

第二年正月，安禄山在洛阳自称雄武皇帝，建立大燕国，定洛阳为都，以范阳为东都，同时封史思明为范阳节度使。

六月，叛军攻占唐朝都城长安（今陕西西安），唐玄宗仓皇逃往四川避难，唐肃宗李亨临危即位。由于叛军势力不断壮大，唐朝统治岌岌可危。唐肃宗采纳名将郭子仪的建议，派敦煌王李承寀(cài)出使回纥，请求援兵。回纥葛勒可汗不仅答应出兵助唐，还将女儿（一说是妻

>>>小贴士

开元盛世　唐玄宗李隆基统治前期即开元年间（713～741），政治清明，经济繁荣，文化昌盛，国力富强，社会呈现前所未有的盛世景象，史称"开元盛世"。但在开元之治繁荣强盛的背后，深刻的社会和政治危机也在发展，并最终引发安史之乱，唐朝盛极而衰，从此日渐衰落。

妹）许配给李承寀。回纥军队与唐朝兵部尚书郭子仪率领的人马会合，杀敌三万，俘虏一万，大获全胜。

至德二年（757）一月，安禄山儿子安庆绪杀父篡位，继续叛乱。郭子仪认为回纥骑兵能征善战，建议唐肃宗让回纥增加平叛兵力，于是，葛勒可汗的儿子叶护等率领四千多精兵前来助阵。唐肃宗很高兴，设宴款待叶护一行，赏赐了大量财物，并册封回纥可汗的女儿为毗伽公主、敦煌王妃，还让长子李豫（后来的唐代宗）与叶护结拜为兄弟。

十一月，回纥及唐朝各路大军15万抵达长安城西，与10万叛军进行了你死我活的阵地战。回纥骑兵与唐朝大军前后夹击，杀敌6万多，叛军大败而溃，唐军收复长安。

在向回纥搬救兵时，唐肃宗因急于收复长安，曾与回纥约定：收复京师之日，土地与男子归唐朝所有，金帛与女人全部归回纥。长安收复后，叶护准备按约行事。李豫急忙跪拜在叶护马前，说："西京（长安）刚刚收复，如果现在马上就履行我们的诺言，势必导致大肆

史思明在安史之乱期间铸造的得壹元宝（背面，仿品）

抢掠，东京（洛阳）的百姓知道了，就会替叛军死守城池，这样东京就难以攻克了，希望等攻克东京后再履行约定。"叶护连忙跳下马回拜，说："我当率军为殿下立刻前往东京。"

这时，郭子仪率领的唐军正与安庆绪的十余万叛军在通往洛阳的必由之路上对峙，由于叛军依山而战，唐军初战不利。正当叛军下山追击唐军之时，李豫和叶护的援军赶到，从叛军背后发动袭击。叛军回头一看，惊呼"回纥兵来了"，迅速溃退。唐军和回纥援军前后夹击，大败叛军，不久就收复了洛阳。《旧唐书·回纥传》描写回纥军队作战勇猛："一鼓作气，万里摧锋，二旬之间，两京克定，力拔山岳，气贯风云。"

叶护回到长安，唐肃宗在宣政殿设宴招待他。唐肃宗称赞叶护："能为国家

>>>阅读指南

　　曲昌春：《唐史并不如烟5·安史之乱》。百花洲文艺出版社，2011年12月。

　　张晋光：《安史之乱对唐代经济发展影响研究》。中国财政经济出版社，2008年12月。

鹡鸰颂 俯同魏光乘作

朕之兄弟唯有五人比

为方伯岁一朝见殊

载崇藩屏而有睽谈

失是以辍牧人而有名

鹡鸰颂（局部）
唐玄宗李隆基楷书墨迹，台北"故宫"藏。

就大事成义勇者，卿等力也。""功济艰难，义存邦国，万里绝域，一德同心，求之古今，所未闻也。"唐肃宗任命叶护为司空，并封为忠义王，以表彰其收复东西两京之功，同时答应每年赠送回纥两万匹绢。

唐朝虽然收复了长安和洛阳，但叛军并没有就此罢休，安庆绪带着人马逃到河北，继续抵抗。乾元元年（758），唐朝集中全国九个节度使的60万兵力围剿安庆绪。由于唐肃宗对郭子仪和李光弼心存猜忌，怕他们拥兵自重，不愿把军权交给他们，想了一个自认为两全其美的办法，故意不设主帅，导致战事久拖不下。第二年春天，在史思明的帮助下，叛军大败唐军，安庆绪得以解围。

不久，叛军发生内讧，史思明杀安庆绪。759年五月，史思明在范阳自立为大燕皇帝，并改范阳为燕京（后成为今北京别称之一），然后整顿人马向洛阳攻来，洛阳再一次失陷。叛军乘胜向长安进军，但途中叛军再次发生了内讧，唐肃宗上元二年（761）春，史思明儿子史朝义杀父篡位。

宝应二年（763）唐代宗继位后，回纥牟羽可汗遣使上书，"请助天子讨贼"。唐代宗任命长子李适为天下兵马元帅，联合回纥军队，再次收复东都洛阳。

唐代宗广德元年（763）正月，叛军首领史朝义兵败自杀，长达七年多的安史之乱终于被平息。回纥三次派兵参加平叛，为唐朝转危为安立了大功，从此，唐朝与回纥的关系更加亲密。唐朝有位大臣说："回纥于国家有救难之勋，而又不曾侵夺分寸土地，岂得不厚乎！"

>>>寻踪觅迹

华清池 位于陕西西安临潼区骊山北麓，是以温泉汤池著称的中国古代离宫。从周朝开始，历代帝王在此修建离宫别苑，唐代曾数次增建。唐玄宗时又大兴土木，治汤池，建宫殿，每年都携杨贵妃到此沐浴过冬。考古已发现唐玄宗与杨贵妃沐浴的"莲花汤"和"海棠汤"、唐太宗沐浴的"星辰汤"以及"太子汤"、"尚食汤"等唐代皇家御汤池遗址，还有唐代梨园遗址、水井等，出土秦、汉等时代的众多文物。

83. 参天可汗道连起大漠和中原

"参天可汗道"也叫"回纥道"，是唐朝在大漠南北开辟的一条驿道。它不仅加强了漠北与中原之间的联系与交往，也开辟了西部与北部边疆的交通往来。

贞观二十年（646），唐朝联合铁勒（回纥）各部灭薛延陀后，铁勒各部首领被封为都督、刺史等官职，负责管理本部事务，还得到了金银绢帛和锦袍等丰厚的赏赐。铁勒等少数民族首领给唐太宗上书，说："我等既然成为大唐臣民，进出京城，就如同去拜望父母一样，请求在回纥之南、突厥以北地区开辟一条通道，起名为参天可汗道。我们每年进贡貂皮充作租赋，仍然延

蒙古国回鹘故城回鹘九姓可汗碑遗存
立于唐宪宗元和九年（814），碑文用汉、粟特和突厥三种文字刻写，涉及回鹘历史上许多重大事件，如葛勒可汗、牟羽可汗协助唐朝平安史之乱，牟羽可汗从中原引入摩尼教，保义可汗出兵西域协助唐朝战吐蕃等，是唐与回鹘友好关系的见证。

回鹘王侯长者麻布幡
新疆吐鲁番哈拉和卓古墓出土。人物头戴山形冠，身着窄袖长袍，为典型回鹘装束。

请能做文章的人写上表奏疏。"唐太宗答应了他们的请求。参天可汗道沿途设置了68个驿站，各有马匹及酒肉供过路使者等享用。

唐天宝三年（744）回纥汗国建立后，与唐朝和平共处了一段较长的时间。回纥使者经常入朝，商贩也频繁往来于中原与漠北之间，许多条干道连接起漠北通往长安的蛛网般的商路，畅通了参天可汗道。这时的参天可汗道起自漠北草原，经呼延谷（今内蒙古包头市境内）至

回鹘王子供养像

甘肃敦煌莫高窟第409窟壁画。也有学者根据主人公穿团龙纹袍，侍从捧着象征权力的权杖，以及双龙纹扇等，认为他是回鹘的一支——沙州回鹘王。

中受降城（今包头郊区），再渡过黄河，穿越沙漠，经麟州（今陕西神木）进入长安。另一条是从中受降城沿大青山东行，经单于大都护府，取道今山西境内，进入东都洛阳，称为"单于路"。

唐朝与回纥的绢马贸易也是通过参天可汗道进行的。中原善于织绢，回纥善于培育良马。安史之乱中，吐蕃乘虚占领了河陇之地，唐朝失去了马场。为了作战，唐朝需要得到马匹，而回纥需要绢帛，于是就有了双方的绢马贸易。

回纥每年赶着大批名马浩浩荡荡从塞外入朝，然后满载茶叶、绢帛等悠然而归。最多时回纥每年向唐朝送马达10万匹，可换绢百余万匹，相当于每匹马换10多匹绢。

唐玄宗认为绢马贸易以每年三四千匹马为最佳，如果年交易额达1.4万匹马，则要花费绢帛50万匹，超过了唐朝正常的承受能力。唐代宗大历八年（773），一匹马换取的绢达40匹，交易数多时，回纥人赶着数万匹马来换绢。由于马价太高，交易量又大，以致唐朝付不出等量的马价绢。因此，当年回纥使者又赶着一万匹马来进行交易时，唐朝只同意买下6000匹。

当时欧洲东罗马的绢价比中国高出百倍，回纥贵族和商人向唐朝大量出口马匹，换取绢帛转销西亚和欧洲。由于有利可图，回纥的大臣和使臣也参与马绢贸易。如回纥可汗的养子药罗葛灵来唐朝觐时，就乘机以个人名义与唐朝交易，共得马价绢7万匹。同样，唐朝很多使者也私自用绢向回纥换取马。

唐朝后期，绢马贸易成为朝廷财政

>>>阅读指南

薛宗正：《回纥史初探》。甘肃民族出版社，2012年8月。

杨圣敏：《回纥史》。广西师范大学出版社，2008年5月。

新疆鄯善县吐峪沟回鹘佛寺出土的壁画残片

的一大沉重负担和非常棘手的问题。唐德宗建中年间（780～783），唐朝拖欠回纥的马价绢高达 180 万匹。唐德宗曾以帛 10 万匹、金银 10 万两偿还回纥马价。史书称回纥"岁送马 10 万匹，（唐）酬以绢帛百余万匹"，使唐朝"财力屈竭，岁负马价"。

绢马贸易促进了回纥经济的发展和商业的繁荣。回纥境内出现了固定的城镇，修建了大量供来往客商、马帮食宿的客栈、酒肆、茶楼，一部分贵族开始建立宫室，逐渐定居下来。回纥商人的足迹沿丝绸之路从中原直到中亚，扮演了国际贸易的中转角色。不少回纥人还在长安城中置房产、开店铺。

唐德宗贞元四年（788），回纥可汗顿莫贺派使臣来唐朝，请求将其族名由"回纥"改为"回鹘"，取"捷鸷（zhì）犹鹘"即"回旋轻捷如鹘"之意。从此，"回鹘"之名开始通行，"回纥道"也变成了"回鹘道"。

唐朝后期，回鹘衰弱西迁，回鹘道变成东西走向，沿天德军城（今内蒙古乌拉特前旗乌梁素海土城子）经居延泽（今内蒙古额济纳旗北）至高昌（今新疆吐鲁番），也称为居延道。

参天可汗道连起大漠和中原，便利了中原和边疆地区经济、文化的交流。中原的丝织品、茶、农作物种子、铁器、生产工具等物资和先进的生产技术沿着参天可汗道向边塞传播，促进了边疆少数民族地区经济文化的发展，有的少数民族开始了定居生活，由游牧转向农耕。同时，边疆少数民族的一些风俗习惯也逐渐影响中原，汉族人不仅学着胡服骑射，也流行起胡饼、油条等回纥食品，长安、洛阳的汉人中出现了"回鹘衣装回鹘马"的景象。更重要的是，民族交流和融合有力地促进了统一多民族国家的形成。

>>>寻踪觅迹

新疆吐鲁番市 古丝绸之路重镇，回鹘的一支——高昌回鹘在此建都。相关古迹有：高昌古城，高昌回鹘宫廷之所在；柏孜克里克千佛洞，新疆著名的佛教石窟寺遗址，始凿于南北朝后期，经历唐、五代至宋、元近七个世纪的漫长岁月，有众多高昌回鹘洞窟；吐峪沟石窟高昌回鹘佛教遗址和壁画；吐鲁番博物馆收藏有回鹘等古代少数民族文书及其他珍贵文物。

84. 唐与回纥和亲

回鹘男供养人像
新疆吐鲁番柏孜克里克千佛洞第32窟壁画。供养人是高昌回鹘世家望族沙利家族成员，其服饰带有唐初官服形制。德国柏林印度艺术博物馆藏。

唐乾元元年（758），回纥葛勒可汗磨延啜向唐朝求婚，唐肃宗许嫁亲生女儿宁国公主，并册立磨延啜为英武可汗。宁国公主出嫁那天，唐肃宗亲自将她送到今陕西咸阳。宁国公主哭泣着安慰父亲："国家事重，死且无恨！"父女含泪而别。

唐朝派宗室、汉中王李瑀为册命使，率左右仆射等官员护送宁国公主去回纥。李瑀率领的大队人马抵达回纥牙帐，磨延啜仪卫森严，头戴胡帽，身穿土黄色的袍子，坐在帐中，却让李瑀等人站在帐外等候。

双方见面后，磨延啜不但不拜唐朝使者，反而不停地盘问李瑀与唐朝皇帝是什么关系、其他使臣是什么官职等等。磨延啜甚至责怪李瑀："我与你们皇帝天可汗都是国家的君主，君臣有礼节，你们见了我，为什么不下拜？"李瑀答道："唐朝天子因顾念可汗您有战功，把爱女嫁给可汗，以结秦晋之好，恩重礼厚。过去我们唐朝与其他少数民族通婚，都是以宗室女为公主。宁国公主乃帝王金枝玉叶，长得漂亮，人品又好，今天不远万里来与可汗成亲，应当行女婿之礼的是可汗，你怎么能坐着接受诏书？"磨延啜听了，连忙起身拜受诏书。第二天，磨延啜立宁国公主为可敦（王后），将唐朝送的丝绸衣服、金银器皿等分给衙官、酋长们。

回纥上下欢欣鼓舞，说："唐朝天子看重回纥，嫁来了真正的公主。"李瑀回国时，磨延啜向唐朝献马500匹，还有貂裘、白羝（xì，一种布）等，并派儿子率军继续帮助唐朝平安史之乱。

宁国公主出嫁才几个月，磨延啜就去世了。按照当时回纥的习俗，宁国公主必须殉葬。在生死攸关的时刻，大唐公主表现出了威严与镇定。宁国公主据理力争，说："按照大唐的风俗，丈夫亡故，妻子应当服丧三年，然后就可以改嫁，这叫终礼。回纥既然万里迢迢与我大唐通婚，不就是仰慕大唐风俗和文化礼仪吗？所以，我是不应该为可汗殉葬的！"但宁国公主还是依照回纥习俗，为磨延啜破颜哭吊。一年后，因宁国公主没有子女，在回纥新可汗的允许下回到长安。

和宁国公主一起嫁给磨延啜的，还有唐朝宗室、荣王李婉的女儿，史书称她为小宁国公主。宁国公主回长安后，按照回纥婚俗，小宁国公主又嫁给继位的牟羽可汗。小宁国公主在回纥生活了33年之久，她去世的消息传回长安，唐德宗废朝三日，以示哀悼。

与宁国公主同时嫁往回纥的，还有唐朝名将、铁勒人仆固怀恩的女儿，她嫁的是磨延啜的儿子移地健。后来，移地健成为牟羽可汗，仆固氏被册封为光亲可敦。11年后，光亲可敦去世，应回纥要求，唐朝又将她的妹妹封为崇徽公主，嫁给牟羽可汗做继室。

唐朝共有六位公主与回纥和亲，即

回鹘王（贵族）像
新疆吐鲁番柏孜克里克千佛洞壁画，德国柏林印度艺术博物馆藏。

宁国公主、小宁国公主、崇徽公主、咸安公主、太和公主和寿安公主。其中，宁国公主、小宁国公主和亲发生在安史之乱时期。

安史之乱后，唐朝与回纥仍然保持着亲密关系。贞元四年（788），唐德宗将八女儿咸安公主嫁给回纥长寿天亲可汗顿莫贺。得到唐朝允婚的消息，顿莫贺非常高兴，派出妹妹、大臣的妻子、国相、都督等1000多人组成的队伍，前来唐朝迎亲，措辞和执礼都很恭敬。顿莫贺上书唐德宗，说："往日两国结为兄弟，如今我是陛下的女婿，是您的半个儿子了。如果吐蕃危害朝廷，儿子自当

>>>阅读指南
崔明德：《中国古代和亲通史》。人民出版社，2007年5月。
李树辉：《乌古斯和回鹘研究》。民族出版社，2010年12月。

高昌回鹘公主像
新疆吐鲁番柏孜克里克千佛洞壁画，德国柏林印度
艺术博物馆藏。

为父亲除害。"为了表示忠心，回纥还断
绝了与吐蕃的来往。经唐德宗允许，顿
莫贺将族名由"回纥"改为"回鹘"。

咸安公主在回鹘生活了21年，按照
回鹘的收继婚制先后嫁给了长寿天亲可
汗、忠贞可汗、奉诚可汗和怀信可汗，
创造了历嫁祖孙三代、两姓、四位可汗
的和亲记录。咸安公主在回鹘备受尊重，
死后也葬在回鹘。她将一生献给了唐朝
与回纥的和亲事业，为维护唐朝与回纥
的友好关系发挥了重要作用。唐代诗人
白居易《阴山道》一诗这样咏赞她："咸
安公主号可敦，远为可汗频奏论。元和
二年下新敕（诏书），内出金帛酬马直。
仍诏江淮马价缣（jiān，细绢），从此不令
疏短织。合罗将军呼万岁，捧授金银与

缣彩（彩色丝织物）。"

长庆元年（821），唐穆宗把妹妹太和
公主嫁给回鹘崇德可汗。太和公主的出
嫁仪式空前隆重，文武百官列队相送，
长安百姓几乎倾城出动前往观礼。回鹘
派来了2000人的迎亲团队，还带来了2
万匹马和上千峰骆驼。由于人太多，唐
朝只允许500位迎亲的人进入长安，其
余的留在太原等候。吐蕃听到消息，出
兵侵犯今陕西定边、宁夏盐池和甘肃交界
一带，阻挠唐朝与回鹘和亲。回鹘出动
两万骑兵，分两路抵抗吐蕃，保护太和
公主，唐朝也发兵三千护送。太和公主
在回鹘担惊受怕生活了22年，其间回鹘
内忧外患、天灾人祸交加，可汗更迭频
繁。直到回鹘瓦解，太和公主几经周折
才返回长安。

几任唐朝皇帝将亲生女儿嫁给回纥
可汗，可见唐朝与回纥的政治关系特别
亲密，回纥诗人坎曼儿在诗中说："古来
汉人为吾师"，也反映了回纥对唐朝的深
厚感情。回鹘在很长时间内一直以外甥
自居，这种像一家人一样的亲密关系正
是民族融合的体现。

>>>寻踪觅迹
　　榆林石窟　位于甘肃瓜州县榆林河峡
谷两岸断崖上，是敦煌莫高窟的姊妹窟。
始建于北魏，唐、五代、宋、西夏、元各
代都有建造。共有洞窟41个，现存壁画
5000多平方米、彩塑200多身，其中有一
批沙州回鹘洞窟。

85. 回鹘的没落及摩尼教的盛衰

福建晋江市草庵摩尼光佛

回纥汗国强盛时期，几乎控制了整个漠北草原。那时，契丹人为之牧羊，鞑靼人为之牧牛，札剌亦儿人为之牧驼。

唐贞元四年（788），回纥改名为"回鹘"。

唐文宗开成年间，回鹘内乱不断，又逢连年自然灾害，导致饥荒和疾疫流行，加上长期与吐蕃的战争，造成国力衰弱。开成五年（840），在西北方劲敌黠戛斯族十万骑兵的攻击下，回鹘汗国解体。

回鹘部众四散迁徙；其中一支南迁、三支西迁。西迁的回鹘有一支到了河西走廊的甘州（今甘肃张掖），史称甘州回鹘。甘州回鹘政权存在近200年，始终与中原王朝保持密切联系，1028年亡于西夏。他们是今裕固族的先民。

西迁的另一支回鹘到达西州（今新疆吐鲁番），建立了西州回鹘王国，建都高昌城（今新疆吐鲁番），史称高昌回鹘。高昌回鹘政权存在了四五百年，与宋、辽保持形式上的臣属关系，创造了灿烂的文明，13世纪先后归附蒙古汗国和元朝。

西迁的回鹘最远的一支越过了葱岭（今帕米尔高原），史称葱岭西回鹘。他们和当地土著以及先期到达那里的突厥等民族一起，在今中亚和我国新疆西南部建立了强大的喀喇汗国。喀喇汗国与宋朝保持友好关系，13世纪初臣服于西辽。

高昌回鹘和葱岭西回鹘经过几个世

>>>小贴士

黠戛斯　唐代西北少数民族。汉代称之为鬲昆、坚昆，南北朝至隋朝称为护骨、结骨、契骨、纥骨。唐初属薛延陀，后为回纥属部。贞观年间，黠戛斯入贡唐朝，唐在其地设坚昆都督府，任命其首领为都督。黠戛斯可汗曾多次率领部众参加唐朝打击后突厥的军事行动。唐宣宗时册封黠戛斯可汗为英武诚明可汗。据专家考证，黠戛斯是今柯尔克孜族先民。

回鹘公主供养像
甘肃敦煌莫高窟第98窟壁画。前为甘州回鹘公主，嫁沙州（今甘肃敦煌）曹氏，后为回鹘血统曹氏女。

回鹘公主供养像
甘肃瓜州县榆林石窟第61窟五代壁画，供养人为沙州回鹘血统曹氏女。

纪的漫长岁月，与当地土著民族融为一体，成为今维吾尔族的直系祖先。

随回鹘一起兴衰的还有摩尼教。

公元240年前后，摩尼教由波斯人摩尼创立并兴起于古巴比伦，曾在古代北非、欧洲、西亚、中亚、西伯利亚、蒙古高原及中国广泛流行。

>>> 阅读指南
田卫疆：《高昌回鹘史稿》。新疆人民出版社，2006年4月。
王媛媛：《从波斯到中国——摩尼教在中亚和中国的传播》。中华书局，2012年5月。

则天后延载元年（694），波斯人拂多诞带着摩尼教教义《二宗经》来到长安（今陕西西安），标志着摩尼教正式传入中原。

开元七年（719），西域吐火罗国支汗那王帝赊上表唐玄宗，推荐摩尼教徒慕阇（shé），称其智慧幽深，精通天文，问无不知，请求唐玄宗允许他设置法堂，传播摩尼教。但当时唐朝并没有认可摩尼教的合法性，加上佛教徒的反对，摩尼教在中原的传教活动受到限制。开元二十年（732），唐玄宗甚至下令民间禁止传播摩尼教，只许回纥侨民信仰。

摩尼教经典残片
德国柏林印度艺术博物馆藏。

摩尼教在传入中原的同时，也传入回纥，并成为回纥的国教。摩尼教能够在中原再兴，并获得较为广泛的传播，主要是依靠回纥的力量。由于回纥帮助唐朝平定了安史之乱，出于与回纥的友好关系，唐朝允许摩尼教在中原传播。

唐代宗大历三年(768)，应回纥可汗的要求，允许摩尼教信徒在长安修建寺院，唐朝赐"大云光明"匾。此后，荆、扬、洪、越等州也建起了大云光明寺，摩尼教快速推进到今湖北、江苏、江西、浙江等江南广大地区。唐宪宗元和二年(807)，回鹘使臣带摩尼教士入唐，奏请在河南府(今河南洛阳)和太原府(今山西太原)建筑摩尼寺。于是，北自太原，南至南昌、绍兴，后来直到岭南，都有摩尼寺，摩尼教盛极一时。

随着回鹘的衰落，唐朝摩尼教也开始走向没落。会昌年间(841~846)，唐武宗下令灭佛，摩尼教也受到波及，寺院被封闭，寺产被没收，摩尼教徒有的被处死，有的被发配，有的被勒令还俗，一时作鸟兽散。

此后，摩尼教在中原转为民间秘密传播，并吸收道教及民间信仰，改称明教。宋元时期明教被下层人民和江湖人士利用，成为对抗朝廷的斗争形式和农民起义的号召旗帜之一。

>>>寻踪觅迹

草庵　位于福建晋江市罗山镇苏内村，是中国唯一保存完整的摩尼教寺院。始建于南宋绍兴年间，现存为元代建筑。庵内依崖石雕一尊摩尼光佛。

福寿宫　位于福建福州台江区，又名明教文佛殿，保存有清代脱胎明教文佛像和铸铁元宝炉等明教文物。

86. 粟特人与安史之乱

各国王子举哀图

甘肃敦煌莫高窟第158窟中唐壁画，表现佛陀涅槃时弟子们悲痛的情景。画面中的剖胸、割耳、自刎等行为是北方游牧民族的一种葬俗，有专家认为与当时此地粟特人的丧葬习俗有关。

粟特人生活在中亚，即今塔吉克斯坦与乌兹别克斯坦境内的阿姆河、锡尔河之间，汉魏时称其为粟弋或粟特。南

北朝时，粟特人建立了康、安、曹、石、米、史、何、穆等城邦，汉文史籍记载为"昭武九姓"，唐朝称之为"九姓胡"。

粟特人没有建立过统一的国家，长期受周边强大外族势力控制，曾臣属西突厥，7世纪中期归附唐朝，受安西都护府统辖。

由于地处中亚西部丝绸之路干线上，粟特人成为一个活跃的商业民族，频繁往来于中亚与中原之间，许多人逐渐在经商之地留居下来。南北朝至唐朝，沿丝绸之路及其周边地区，形成许多粟特移民聚落。隋唐时，粟特人进入中原定居，隋唐军队中有不少番兵番将，其中就有很多粟特人。

安史之乱的发动者安禄山和史思明就是粟特胡人，这使粟特人被卷入了这场著名的动乱。安禄山本姓康，是粟特最大的城邦康国人，其父死

铜坐龙
唐朝。北京丰台区林家坟史思明墓出土，首都博物馆藏。

得早，其母改嫁安姓突厥人，他取汉名时就改姓"安"了。安、史的根据地平卢（今辽宁朝阳）、范阳（今北京及河北）、河东（今山西）一带，唐朝天宝末年时是粟特人聚居和胡化较深的地区。安禄山有不少战将是粟特人，他们构成了安禄山叛乱队伍的核心力量。

胡旋女，胡旋女。心应弦，手应鼓。
弦鼓一声双袖举，回雪飘飘转蓬舞。
左旋右转不知疲，千匝万周无已时。
人间物类无可比，奔车轮缓旋风迟。
曲终再拜谢天子，天子为之微启齿。

胡旋女，出康居，徒劳东来万里余。
中原自有胡旋者，斗妙争能尔不如。
天宝季年时欲变，臣妾人人学圆转。
中有太真外禄山，二人最道能胡旋。
梨花园中册作妃，金鸡障下养为儿。
禄山胡旋迷君眼，兵过黄河疑未反。
贵妃胡旋惑君心，死弃马嵬念更深。
从兹地轴天维转，五十年来制不禁。
胡旋女，莫空舞，数唱此歌悟明主。

在唐朝诗人白居易的这首《胡旋女》中，写到了安史之乱与粟特人的关系：胡旋女不远万里从中亚康国来到中原；自从有了胡旋女，中原人人争学胡旋舞；胡旋女、胡旋舞深得宫廷喜欢，善舞的安禄山也蒙蔽了君王的眼睛；安禄山的兵马渡过了黄河，唐玄宗还没有怀疑他会谋反……

天宝欲末胡欲乱，胡人献女能胡旋。
旋得明王不觉迷，妖胡奄到长生殿。
胡旋之义世莫知，胡旋之容我能传。
……

唐朝诗人元稹的这首《胡旋女》也把胡人、胡女、胡旋舞和妖胡安禄山的叛乱联系起来：胡旋女左旋右转，旋转

粟特描金石榻上的奏乐男伎
以汉人坐具围屏石榻为葬具是旅居中原的粟特人特有的葬俗，是中西文化交融的产物。西安大唐西市博物馆藏。

如风，甚至旋到了君王的长生殿，旋得君王眼花缭乱，神魂颠倒……

粟特武士俑头
北魏。河南洛阳龙门石窟出土。

安史之乱给唐朝造成了巨大创伤，因此，在叛乱被平定前后相当长一段时间里，社会出现了排斥和攻击胡人的情况。德宗建中元年（780），回纥可汗在漠北杀九姓胡两千多人，振武地区（今内蒙古和林格尔）的九姓胡人向地方官张光盛献计密谋诛杀回纥，但张光盛看到胡人自相残杀，喜不自禁，派兵掩袭，将回纥和九姓胡一并杀戮。振武九姓胡人只好通过改名换姓、改换祖籍地等方法，将身份变为汉人。而在平卢、范阳、

>>>阅读指南
毕波：《中古中国的粟特胡人——以长安为中心》。中国人民大学出版社，2011年5月。
张小贵：《中古华化祆教考述》。文物出版社，2010年3月。

祆教火坛图
陕西西安北周安伽墓门额石雕。图中三峰骆驼立于莲座上，承载着火坛，坛中火焰升腾。墓主人安伽为粟特贵族。

尼教和中亚的音乐、舞蹈、历法等传入中原，都有粟特人的功劳。粟特人能歌善舞，绘画、音乐、舞蹈都非常发达，康国乐、安国乐成为隋唐的宫廷大乐，胡旋舞、柘枝舞、胡腾舞等都曾风靡中原。

迁居各地的粟特人最终与其他民族融合，消失在中华民族的历史长河中。今回族、维吾尔族的早期先民中就有粟特人，陕西西安一些汉族中的康、曹、史、安等姓氏据考证也与粟特人有关。"千年之狐（胡），姓赵姓张；五百年狐（胡），姓白姓康。"这句俗话说的就是粟特人的变迁情况。

河东三镇，有很多安禄山和史思明的部将建立的藩镇，聚居着大量粟特人。这些安、史部将投降后，唐朝仍然让他们统辖相关地区，由于他们是胡人或早已胡化的汉人，因此对辖区内的粟特人采取了宽容、庇护的政策，这里的粟特人不仅不受猜忌，有的还坐上了节度使的位子。

粟特人还在欧亚内陆扮演着传播多元文化和多种宗教的角色，对中西文化的沟通、交流起过重要作用。祆教、摩

>>>寻踪觅迹

山西介休市祆神楼 始建于北宋，明清两代曾重修，是中国目前仅存的完整祆教建筑，装饰图案具有浓郁的祆教建筑风格和波斯异域特征。

陕西西安博物院、山西博物院等收藏有当地出土的粟特围屏石榻和石椁等。

87. 反客为主的回族先民

商胡离别下扬州，
忆上西陵故驿楼。
为问淮南米贵贱，
老夫乘兴欲东流。

这是唐朝诗人杜甫《解闷》十二首的第二首，写的是唐大历元年(766)，杜甫寓居四川，看到一伙商胡聚会钱别，就向商胡打听淮南米价以及当地人的生活情况，想乘兴东游。这说明唐代商胡在各地活动频繁。

商胡，唐代文献中也称为贾胡、胡客、番(通"蕃")商，更多地叫番客，主要是指大食(古代阿拉伯帝国)、波斯(古代伊朗)侨居唐朝的商人，他们是中国回族最早的先民之一。

唐朝是个高度发展和对外开放的社会。那时，西亚的阿拉伯人建立了西濒大西洋、东至唐朝西

彩绘胡商俑
唐朝。人俑深目高鼻，颧骨突出，满鬓胡须，头戴尖顶折檐毡帽，身着翻领长袍，足蹬长筒靴，左手执水壶，右手贴右肩拽着背负的鼓鼓行囊，身体前倾，作躬身前行、回头远视状。其特征与《新唐书》记载的大食"男子鼻高，黑而髯"相吻合。洛阳博物馆藏。

大食人俑
唐朝。人俑头戴高帽，身着束腰服装，左臂按于胸前，右臂下垂至腰间，手中握胡瓶，模样拘谨而谦恭。中国国家博物馆藏。

部边陲的大食国，两国在政治、经济和文化等方面保持着频繁的往来。连接唐朝和大食国的通道主要有两条：一条是传统的横贯东西的陆上"丝绸之路"；另

一条是波斯湾—阿拉伯海—孟加拉湾—马六甲海峡—南中国海的海上航线，后世称之为"海上丝绸之路"。随着唐代造船、航海技术的发展，唐朝通往东南亚、西亚和非洲的航路纷纷开通与延伸，海上丝绸之路逐渐替代了陆上丝绸之路，成为唐朝对外交往的主要通道。很多阿拉伯与波斯商人沿着海上丝绸之路姗姗来到唐朝，在广州、泉州、扬州、长安等地经商、居住，成为早期番客。番客一般在冬季回国，春季再来，但由于商业往来频繁，有利可图，不少人便留居唐朝不归，称为"住唐"。

唐代牵驼胡商俑

由于番客在唐朝商业活动的频繁，大食使节随之而来。唐永徽二年（651），大食国第三任哈里发（国王）奥斯曼遣使与唐朝建交，从此，大食使节、贡使、旅行家、匠人、传教士等源源不断来到唐朝。一些大食使臣和其他番客在唐都长安和沿海城市久居不归，有的在唐朝居住竟达40年之久。他们在唐朝购买田宅，娶妻生子，安居乐业。长安城内有专门为番商设立的"西市"，街上有番商开办的香料店、珠宝店、药铺等，被称为"波斯店"。

偏远的海南岛上也有阿拉伯人、波斯人落户，他们有的是因为商船受台风侵袭，上岸避险而留居的，有的是被海盗掳掠被迫留居的。唐玄宗天宝年间，盘踞在万安州（今海南万宁）的海盗冯若芳，"每年劫取波斯船二三艘，取物为己资，掠人为奴婢。其奴婢居处，南北三日行，东西五日行，村村相次。"

此外，来自中亚各国的"诸胡"，也留居在长安、洛阳等地。比如来唐朝的粟特九姓，多久留不归，他们以其国名康、安、曹、石、米、何、史等为姓，世代繁衍，也成了回族早期先民之一。

>>>阅读指南
　　邱树森：《中国回族史（修订本）》。宁夏人民出版社，2012年6月。
　　马平主编：《简明中国伊斯兰教史》。宁夏人民出版社，2010年9月。

番客聚居的地方被称为"番坊"。番坊设番长或都番长，由德高望重、财力雄厚者担任，经唐朝官府任命，代为管理坊内的一切事务。番客之间发生纠纷，番长可以自己处理解决，唐朝官员一般不干涉。今广州光塔路一带就是唐代著名的番坊，这里有一座始建于唐初的怀圣寺，是中国第一座伊斯兰教清真寺，也是世界上最古老的清真寺之一。寺里高耸的光塔昼悬旗，夜举灯，为远道而来的船只导航，见证了当年番坊的繁华景象和1300多年来历史的沧桑巨变。

番客还把伊斯兰教传入唐朝。伊斯兰教与佛教、基督教并称为世界三大宗教，公元7世纪兴起于阿拉伯半岛，创始人为穆罕默德。信奉伊斯兰教的人被称为穆斯林，番客大部分是穆斯林。穆斯林的宗教活动中心为"礼堂"（即清真寺）。为了宗教生

唐代架鹰俑
今天生活在我国西北的维吾尔族、哈萨克族、柯尔克孜族等仍然保存着驯鹰的习俗。

唐代骑驼胡人俑

活的需要，各地番客居住区都修建了"礼堂"，还建起了养育院、市场、公共墓地等。这样，外来的番客变成了常住居民，伊斯兰教也在中国扎根，成为中华民族的主要宗教信仰之一。

>>>寻踪觅迹

怀圣寺 又称光塔寺，位于广东广州越秀区光塔路56号，与扬州仙鹤寺、泉州清净寺、杭州凤凰寺合称中国伊斯兰教四大古寺。

伊斯兰教圣墓 位于福建泉州灵山风景区内，是我国现存最古老、最完好的伊斯兰教圣迹。据明代文献记载，唐武德年间（618～626），伊斯兰教先知穆罕默德的两位贤徒来泉州传教，死后葬于此。

88. 渤海与唐"车书一家"

"上京"残砖
渤海国上京龙泉府遗址出土，中国国家博物馆藏。

疆理虽重海，
车书本一家。
盛勋归旧国，
佳句在中华。

这是唐朝诗人温庭筠在渤海国王子学成回国时写下的送别诗句。意思是：虽然内地（中原）与边疆（渤海国）山海相隔，距离甚远，但唐朝与渤海国车同轨、书同文，和同为一家；王子博学多才，载誉回归故国，但王子美妙的文章诗句仍然在中原流传。诗句形象地说明渤海与中原文化上水乳交融的关系。

渤海国是唐朝时期以粟末靺鞨族为主体建立的政权。

唐朝初年，靺鞨各部分布在松花江以北、牡丹江流域、黑龙江中下游的广大地区，其中，地处最北的黑水部和最南的粟末部最为强大。唐武德五年（622），黑水靺鞨第一次派酋长到长安通好。贞观三年（629），唐朝先后在黑水靺鞨之地设置勃利州、黑水军和黑水都督府进行管辖，封黑水靺鞨酋长为刺史、都督。开元十六年（728），唐玄宗赐黑水靺鞨都督李氏国姓。黑水都督府于唐元和十年（815）前后解体，存约90年，辖地包括黑龙江中下游南北和乌苏里江以东至海的广大地区，治所在今俄罗斯哈巴罗夫斯克市境内。

唐圣历元年（698），粟末靺鞨首领

骑马小铜人
渤海国遗物，黑龙江省博物馆藏。

大祚荣自号国王，在今吉林敦化市境内建立震国，其居民以靺鞨人为主体，也有部分汉人和高句丽人。大祚荣接受唐朝招抚，臣属于唐。开元元年（713），唐玄宗册封大祚荣为渤海郡王，以其所统之地为忽汗州，加授忽汗州都督，大祚荣成为唐朝藩臣。从此，靺鞨改为渤海，成为族名和国名，也是唐朝版图内的一个州。宝应元年（762），唐肃宗诏令渤海为国。

渤海国是一个具有二重性的政权。一方面，它享有高度自治权；另一方面，历代渤海王作为唐朝的地方官，必须得到唐朝的册封才算合法，同时，还有向唐朝朝贡、朝觐、贺正、质侍等义务。

渤海的各项制度都仿效唐朝，如中央建立三省六部，全国推行京、府、州、县制，军事上也仿唐十六卫制，还制定

石灯幢

唐朝渤海国建造，立于渤海国上京龙泉府遗址兴隆寺大雄宝殿前。石灯幢是典型的佛教石雕艺术作品，是渤海国盛行佛教的证明。

殿阶螭首

渤海国上京龙泉府遗址出土，黑龙江省博物馆藏。

法律、设置监狱等。都城上京龙泉府（今黑龙江宁安市渤海镇）形制模仿长安，建筑宏伟壮丽，是当时唐朝东北最大的城市。

渤海国使用汉字，将中原儒学作为文化教育的主要内容，效仿唐朝的教育模式，建立了较为系统的教育体制。渤海不断派遣学生到长安太学"习识古今制度"，不少人在唐朝参加科举考试，有的还考中了进士。这些人多数出身贵族和官僚世家，有的还是渤海王室成员，他们精通儒家经典，汉文造诣极高，回

吉林长白县灵光塔
唐朝渤海国建造。其形制与唐代长安同类塔相似，是研究渤海与唐朝关系以及渤海国佛教的重要古迹。

日本道及黑水靺鞨道等六大水陆干线，通往中原、邻近地区及新罗、日本等国。

与唐朝"车书本一家"的亲睦友好关系造就了渤海的繁荣昌盛。强盛时期，渤海设有5京、15府、62州及130余县，"地方5000里，户10余万"，疆域包括今中国东北东部、朝鲜半岛北部、俄罗斯沿日本海的部分地区，有"海东盛国"的美誉。

历代渤海王的继袭都经唐朝册立。唐朝灭亡后，渤海继续向后梁、后唐朝贡，与中原王朝保持着臣属关系。926年，立国229年的渤海被契丹灭亡，大部分渤海人被强制迁移到辽朝境内，部分人逃往高句丽。

国后大多在渤海官府担任要职，对中原文化在东北地区的传播发挥了巨大作用。

渤海与唐朝的经济联系也十分密切，互市岁岁不绝。渤海出口唐朝的物产主要有毛皮、人参、牛黄、白附子、麝香、马、牛、羊以及特产鲸鲵（ní）鱼等；从唐朝输入的主要是丝织品，也有供贵族使用的金银器、工艺品和书籍等。唐朝在登州（今山东烟台）设立渤海馆，接待渤海使者，办理贸易业务。随着经济的发展，渤海涌现出一批新兴城市，繁荣时有一百余座。渤海的交通相当发达，有朝贡道、营州道、契丹道、新罗道、

>>>阅读指南
　　魏国忠、朱国忱、郝庆云：《渤海国史》。中国社会科学出版社，2006年8月。
　　刘沛东：《大唐渤海国》。中国文史出版社，2013年1月。

>>>寻踪觅迹
　　渤海国上京遗址　渤海五京是指上京龙泉府、中京显德府、东京龙原府、南京南海府、西京鸭绿府。其中上京为都城，遗址位于黑龙江宁安市渤海镇，建有博物馆收藏相关出土文物。此外，黑龙江省博物馆也收藏有渤海国文物。

89. 奚族隐于松漠之间

赑屃（bìxì）与盘龙碑额
隋唐。河北青龙县祖山铁瓦乌龙殿遗址建筑遗存。

有一个民族，甲骨文中就有它的名字，它在历史上活跃了千年之久，它造的车留名青史，它造的琴流传至今。它就是奚。

从甲骨文的记载看，奚在商朝以前就已与中原有了密切的关系。南北朝时期被称为库莫奚的，是东胡系的东部鲜卑宇文部的一支，其居地在松漠之间，即今内蒙古西拉木伦河以南和老哈河流域。库莫奚与北魏、北齐等北朝政权都发生过战争冲突，同时也有一些贸易往来。隋朝单称"奚"，此后一直沿用这个族称。

奚族以游牧为主，兼有农业和狩猎业。"奚车一人驾，朝马二人骑"，造车是奚人享誉中原的一大技艺。传说契丹皇帝平时、战时都爱乘奚车，这种车用毡帐覆盖，人可以住在里面，称为"车帐"。奚人发明的拉弦乐器叫奚琴，一直流传至今，二胡、马头琴等都有奚琴的影子。

唐代是奚族发展的鼎盛时期，它和契丹并强于东北地区，被唐朝称为"两蕃"。这时奚族主要分为阿会、处和、奥失、度稽、元俟折五部。武德年间，奚遣使入唐朝贡。贞观二十二年（648），奚族首领可度者率部臣属唐朝，唐在其地设置饶乐都督府（今内蒙古宁城），

河北青龙县祖山铁瓦乌龙殿遗址建筑遗存

河北青龙县祖山铁瓦乌龙殿遗址建筑遗存

封可度者为饶乐都督、楼烦县公，赐姓李。同时在奚族五部设州，以各部首领为刺史，由饶乐都督府统领。奚族首领实际上成为唐朝的地方官。

由于奚族性烈好战，唐太宗去世后，即时服时叛，时和时战。唐朝为稳定东北边境，对其尽量采取安抚政策。

则天后万岁通天元年（696）五月，契丹贵族李尽忠、孙万荣联合起兵反唐，奚族也跟着参与。武则天龙颜大怒，改李尽忠名为李尽灭，改孙万荣名为孙万斩，并调兵遣将进行征讨。叛军依托有利地形，以逸待劳，采取诱敌深入、据险歼敌的策略，屡次重挫唐军。这时，后突厥默啜可汗乘契丹后方空虚，发兵进攻契丹，奚人随之倒戈，与唐军联合夹击契丹，孙万荣败北身亡。叛乱被平定后，契丹余部和奚族降附后突厥。

景云元年（710），唐睿宗继位，奚王李大酺（pú）遣使进献地方特产，睿宗以嘉宾礼仪款待，并赠送丰厚的礼物。不久，李大酺见唐朝边防松弛，又萌生反意，大举侵犯唐朝边塞，抢掠渔阳（今天津蓟县）、雍奴（今天津武清区）。唐朝派兵追击，被李大酺击退。

先天元年（712），12万唐军兵分三路进攻奚族。四千唐军前锋被李大酺击败。唐军主帅孙佺（quán）生性懦弱，闻讯后不敢救援，引兵欲退，被李大酺抓住战机，打得大败。李大酺派使者责备孙佺，指责唐朝派大军攻打奚族。孙佺无奈，只好谎称是奉诏前来招抚奚族的，前锋将领不服调遣，私自交战而已。李大酺说："既然是奉诏前来，总该有信物吧？"孙佺便将军中携带的万余段绢帛，

>>>阅读指南
陈永志：《契丹史若干问题研究》。文物出版社，2011年12月。
王善军：《世家大族与辽代社会》。人民出版社，2008年12月。

河北青龙县祖山铁瓦乌龙殿遗址建筑遗存

连同大小将官的紫袍、金带等物，全部交给了李大酺。李大酺收了物品，说："请将军回到南边去，不要再来这里骚扰了。"唐军将士恐惧不安，南撤时争相逃命，队伍发生混乱。李大酺乘机发起攻击，唐军除少数突围外，其余全部被歼，孙佺和另一个唐军将领周以悌成了俘虏，被奚人交给后突厥处死了。

开元四年（716），李大酺率部重新归顺唐朝，唐玄宗不咎既往，封李大酺为饶乐郡王，赐食邑 3000 户，并把从外甥女辛氏封为固安公主嫁给李大酺。后来，契丹内部发生冲突，唐朝派李大酺等人前去调停，李大酺战死。唐玄宗任命李大酺的弟弟李鲁苏为奚王，袭兄长官爵，仍然以固安公主为妻，不久又把外甥女

韦氏封为东光公主嫁给李鲁苏。天宝四年（745），唐玄宗再一次封外甥女杨氏为宜芳公主，嫁给奚王李延宠，并封他为饶乐都督、怀信王。

唐朝还把中原的农作物、先进工具和耕作技术传播到奚地，设集市进行交易，奚族地区出现了"仓唐充，居人蕃辑"的繁荣景象。同时，奚族的名马等土特产品以贡物形式进入中原，中原的金帛等物又以回赐名义传入奚地。史载双方关系紧密时期，"每岁朝贡不绝，或岁中二三至"，而唐朝的回赐，每次或"帛 10万"段，或"赐物 1500 疋（pǐ，匹）"。唐代奚族强盛时期，人口达到数十万。

唐朝末期，奚族被强大起来的契丹所并，在辽代成为契丹的附属和重要的军事、政治同盟，相当多的奚族人被契丹族同化。

辽朝灭亡之际，奚族人回离保自称奚国皇帝，建立奚族历史上唯一的国家政权，但仅存国八个月即被女真人所灭。女真贵族强迫奚人分散迁徙，奚人迅速被女真人同化或与汉族融合，渐渐销声匿迹了。

>>>寻踪觅迹

铁瓦乌龙殿遗址 位于河北青龙县祖山上，始建于隋唐。专家推测这里可能就是辽代奚族人回离保所建奚国的皇宫所在地。

90. 赐名蒙归义　册封云南王

南诏图传（局部）

描绘南诏首领细奴逻（右一）年轻时在巍宝山耕牧的情景。《南诏图传》成画于898年，是把佛教故事和南诏历史糅合在一起的连环画式巨幅画卷，形象地反映了南诏的历史、宗教、神话、官制、建筑、风俗、生产等情况。日本京都有邻馆藏。

返程队伍按固定线路经大理下关镇七五村、大理古城城隍庙和湾桥镇，十七日回到三公主的娘家大理喜洲镇。喜洲圣源寺"神都"的大殿中供奉着三公主和她母亲董氏的塑像，人们把从巍山带回来的衣服给三公主换上，以示三公主

每年农历二月初八到三月初三，云南大理喜洲、湾桥一带流行着一种风俗，叫"接金姑"或"接三公主"。

二月初九这一天，洱海周边的白族群众身着节日盛装，启程前往巍山县接三公主回家乡大理省亲。队伍当天到达巍山，在举行一系列祭祀活动后，十三日给巍山天摩牙寺的三公主神像换上新衣服，然后带着换下的旧衣服（表示接到了三公主）返回大理。

回到了母亲身边。

随三公主回到大理的驸马爷细奴逻被供奉在了苍山保和寺内。农历三月初三，白族群众来到保和寺，举行祭拜和歌会等活动，欢送驸马爷回巍山，称为"送驸马"。农历四月二十三日至二十五日，在盛大的"绕三灵"活动中，白族群众又载歌载舞欢送三公主回巍山。

接三公主习俗起源于唐代的南诏国。相传，唐朝时今大理一带有个白子国（部

落），三公主是部落首领张乐进求的三女儿，名叫金姑。金姑嫁给了位于今巍山的南诏首领细奴逻，张乐进求想念女儿，逢年过节就让族人去接她回娘家团聚。后来，细奴逻成了南诏第一任国王，聪慧贤淑、乐善好施的金姑也深受南诏各族人民的尊敬和爱戴。金姑去世后，家乡人民按照习惯，每年仍然到巍山接她回娘家，逐渐形成了"接三公主"习俗，一直延续至今。今天接三公主的路线，据说就是当年三公主回家所走的。

三公主的故事只是个传说，但细奴逻的确是南诏国首任国王。

隋末唐初，在今云南洱海周围，交错杂居着白蛮、乌蛮等许多部落，其中蒙舍诏、蒙巂(xī)诏、越析诏、浪穹诏、邆(téng)赕诏、施浪诏是六个比较大的部落联盟，史称六诏。蒙舍诏地处最南面，又被称为南诏。

唐贞观二十三年(649)，南诏首领细奴逻建立大蒙国。唐高宗时，细奴逻派儿子逻盛入唐朝贡，唐高宗赐以锦袍，封细奴逻为巍州刺史，南诏和唐朝正式建立臣属关系。此后，细奴逻年年派人入唐朝贡，并积极协助唐朝征讨归附吐蕃的蒙巂诏。

细奴逻死后，逻盛继位，亲自到长安朝贡，受到武则天的接见，被赐任职掌朝祭礼仪的鸿胪(lú)寺卿。

南诏王细奴罗像
云南剑川石窟大理国石刻。

到逻盛的孙子皮逻阁掌权时，南诏逐渐强大，其他五诏则逐渐衰弱。南诏打败了反唐的洱河蛮部落，为安定唐朝边疆立了功，唐玄宗赐皮逻阁名为归义，因其是蒙舍诏的首领，所以也叫蒙归义。皮逻阁借机贿赂唐朝剑南节度使王昱，请求统一六诏。王昱上奏朝廷，唐玄宗答应了皮逻阁的要求，还调兵协助南诏

>>>阅读指南
谷跃娟：《南诏史概要》。云南大学出版社，2007年10月。
李晓岑：《南诏大理国科学技术史》。科学出版社，2010年7月。

大理崇圣寺三塔

崇圣寺和三塔中的大塔建于南诏第十代王劝丰祐年间（824～859），二小塔则建于五代。崇圣寺毁于清代咸丰、同治年间，三塔却历经千年沧桑巍然屹立至今。

进行统一活动。

　　在唐朝支持下，开元二十六年（738），蒙归义统一了六诏，并打败了常年来犯的吐蕃，定都太和城（今云南大理太和村），正式建立南诏国。南诏王蒙归义被唐玄宗册封为云南王，成为唐朝管理洱海地区的地方长官。

　　南诏统一后迅速发展强大，进而称雄于中国西南地区，强盛时疆域包括今云南全境和贵州、四川、西藏、越南、老挝、缅甸的部分地区。

　　南诏立国160多年，作为唐朝一个相对独立的地方政权，南诏与唐朝基本上保持友好关系，13代南诏王有10个

王接受过唐朝的委任和册封，有的还与唐朝建立了"兄弟若舅甥"的亲密关系。

　　友好关系促进了中原与南诏的经济文化交流，南诏的生金、丹砂、浪人剑、棉布等土特产传入唐朝，中原汉地先进的农业、手工业也传入南诏。不仅南诏政治经济制度深受中原影响，南诏的城邑建筑也大多模仿唐朝，云南大理崇圣寺三塔中的大塔也叫千寻塔，建于南诏时期，其造型与陕西西安小雁塔相似，为典型的唐代塔式之一。南诏还不断选送王室、贵族子弟到长安、成都学习，几代南诏王的老师都是中原人。不少南诏人精通汉文，擅长诗赋，南诏王隆舜和清平官（宰相）杨奇鲲写的诗还被收录《全唐诗》中。

>>>寻踪觅迹

　　云南巍山县　唐朝称为巍州、阳瓜州，是南诏国的发祥地，四代南诏王在此经营达114年。有南诏早期都城遗址、土主庙、三公主殿等相关文物古迹，以及巍宝山宗教古建筑群、巍山古城等众多名胜。

91. 三路献表　誓为唐臣

异牟寻王议政图
云南剑川石窟造像。异牟寻头戴莲花大宝帽，双手置于腹下，双脚盘坐在龙椅上，两侧有侍从以及持藤杖（权杖）的官员。

只装饰华贵的金缕盒子里镶盛着四件物品——绵、当归、金矿石和朱砂。这是一份精心设计的礼品，每一件东西都有象征意义：绵表示柔服，当归表示归顺，金矿石表示坚定不移的意志，朱砂表示赤胆忠心。唐

唐德宗贞元九年（793）夏天，第六任南诏王异牟寻将唐朝剑南西川节度使韦皋写给他的书信分成三份作为凭证，向唐朝派出了三路使团，一路取道戎州（今四川宜宾），一路取道黔州（今重庆市彭水县、黔江区），一路取道安南（今越南河内）。经过长途跋涉，三路使团都顺利抵达长安。

南诏王给唐德宗上了一封用丝织品写成的文书，称自己为唐云南王孙、吐蕃赞普义弟日东王，请求离弃吐蕃，归顺唐朝。南诏王敬献的礼物很特别：一

德宗见了这份耐人寻味的礼物非常高兴，接受了南诏和好的请求，下诏让韦皋派使者前往南诏慰问。这次事件史称"三路献表"。

"三路献表"表达了南诏"愿归清化，誓为汉臣"之意，其原委可追溯到南诏与唐朝之间发生的天宝战争。

唐朝扶持南诏，是希望牵制吐蕃，但南诏统一后势力迅速壮大，不断向外扩张，在管辖范围上与唐朝发生矛盾。唐玄宗天宝年间，朝政腐败，边臣骄暴贪残。天宝九年（750），第五任南诏王阁逻

云南剑川石窟南诏官员及侍者形象

凤因不满唐朝姚州都督府（今云南姚安）官员张虔陀的横征暴敛和无礼行为，被迫反唐，攻城夺地数十处。

第二年秋，唐朝命剑南节度使鲜于仲通率八万人马兵分三路征讨南诏。唐朝大军压境，阁逻凤派使者前去陈述原委，谢罪并求和，鲜于仲通不理会。南诏转而与吐蕃联合，合力全歼唐军，唐军主帅鲜于仲通只身逃离。从此，南诏与唐朝公开决裂，和吐蕃结成"兄弟之邦"。

唐军遭受惨败，当时把持朝政的宰相杨国忠却谎报军情，捏造胜利的消息，歪曲南诏被迫反叛和被逼应战的事实，请求再次发兵攻打南诏。753年，唐朝派兵再置姚州，以贾瓘为都督，发兵三万攻打南诏，并再次全军覆没，贾瓘被

擒。杨国忠不甘心，下令强行征发十万士兵，754年由新任姚州都督李宓（mì）率领，第三次征讨南诏，结果又大败，唐帅李宓自杀。

这三次战争都发生在唐玄宗天宝年间，故史称"天宝战争"。

天宝战争中，唐朝损兵折将约20万。为了征兵，官府在长安、洛阳、河南、河北等地到处抓人，不从者被带上枷锁强行拉走，父母、妻子哭声遍野。唐朝诗人们严厉谴责这场不义战争——

车辚辚，马萧萧，行人弓箭各在腰。

耶娘妻子走相送，尘埃不见咸阳桥。

牵衣顿足拦道哭，哭声直上干云霄。

……

君不见，青海头，古来白骨无人收。

新鬼烦冤旧鬼哭，天阴雨湿声啾啾！

杜甫的这首《兵车行》以及李白的《古风·羽檄如流星》、白居易的《新丰折臂翁》等都控诉了天宝战争给人民带来的苦难。

战争结束后，南诏顾念原先与唐朝的友好关系，下令各地收埋唐军将士尸骸。这些"大唐天宝战士冢"又被称为"万人冢"或"千人堆"，今洱海周围地区遗迹尚存。阁逻凤还在太和城立碑刻

>>>阅读指南

粟标：《菩萨蛮——南诏风云》。云南人民出版社，2006年10月。

杨周伟：《朝圣 魂归——南诏 大理国》。云南人民出版社，2011年9月。

石，记述天宝战争的前因后果，表明"不得已而叛"唐的苦衷，这块《南诏德化碑》今天还立在太和城遗址内。

天宝战争导致南诏与唐朝关系恶化达40多年。战后唐朝陷入长达八年的安史之乱，南诏则趁机扩大领土，发展各项事业，国力大增。

安史之乱后，唐朝痛定思痛，开始调整边疆政策。鉴于南诏与吐蕃联盟对唐朝构成的重大威胁，唐德宗采纳了宰相李泌"南通云南（南诏）以断吐蕃之右臂"的建议，命剑南西川节度使韦皋招抚南诏。

南诏与吐蕃的关系此时也有了变化。随着结盟日久，吐蕃把南诏当作属国，不断向南诏征兵，摊派繁重的赋税和徭役，南诏王异牟寻不堪其扰，有了寻求与唐朝和好的想法，而韦皋的使者正好就及时地出现了。

韦皋多次派使者出访南诏，并写信给南诏王异牟寻，晓之以理，动之以情，劝其及早与吐蕃决裂，还不失时机地用反间计扩大吐蕃与南诏的矛盾。同时，唐朝在789年至793年的几次战役中取得胜利，极大地打击了吐蕃的嚣张气焰。在韦皋的积极活动下，异牟寻终于下决心和唐朝重归于好，于是就发生了"三路

南诏铁柱
立于云南弥渡县太花乡庙前村铁柱庙前院正殿中央，铁质，实心，直径33厘米，高3.3米，重约2069千克。柱上文字说明其立于南诏第十一世王世隆建极十三年（872）。有专家认为它与古代西南少数民族的祭柱习俗有关。没有任何保护措施，历经千年不倒不锈，堪称奇迹。

献表"这件事。

"三路献表"的第二年（794）春天，剑南节度使官员崔佐时奉命出访南诏。崔佐时来到南诏都城羊苴(jū)咩城（今云南大理）时，吐蕃使者已经先到一步。异牟寻不想让吐蕃知道南诏与唐朝和好之事，便让崔佐时一行穿少数民族服装入城。崔佐时不知异牟寻的难处，认为这样做有失大唐的体面，拒绝了。异牟寻左右为难，只好在夜晚迎接崔佐时一行。崔佐时一到，便大声宣读诏书，让

大姚白塔

位于云南大姚县宝筏山顶。为藏式喇嘛塔，相传为唐天宝年间南诏与吐蕃关系较好时所造。

异牟寻非常紧张。

这时，有个叫郑回的人暗中来见崔佐时，向他说明了异牟寻的苦衷。郑回原本是唐朝的县官，被南诏俘虏，南诏王阁逻凤见他是个清官，又有学识，就很器重他，让当了南诏王室的老师。异牟寻即位后，郑回被任命为清平官（宰相），南诏与唐朝言和，也是郑回平时积极相劝的结果。了解真相后，崔佐时劝异牟寻斩杀吐蕃使者，除去吐蕃封号，献出吐蕃授予的金印，郑回也趁机进言，历数唐朝的好处，异牟寻接受了他们的建议，与吐蕃绝交，回归唐朝。

接着，异牟寻带领南诏文武高官来到苍山神祠，与唐朝使者崔佐时会盟，盟辞大意是南诏与唐各守疆界，互不相犯，永结和好。盟书一式四份，一份藏于苍山神祠，一份沉入洱海水中，一份放在南诏祖庙，一份献给唐朝皇帝。由于会盟是唐德宗贞元年间在苍山神祠举行的，史称"贞元会盟"或"苍山会盟"。

会盟后，异牟寻派弟弟带使团入朝，献上南诏地图、土特产以及吐蕃给的金印。第二年，唐德宗以袁滋为使，赴南诏册封异牟寻，并颁给金印。

和唐朝再次结盟后，南诏继续对外扩张，国力达到鼎盛。异牟寻死后不久，南诏和唐朝时战时和达几十年，成为晚唐最严重的边患。

南诏后期，宫廷内乱不断，加上频繁发动战争，导致国家疲弊，内部矛盾加深。902年，南诏权臣郑买嗣篡位自立为王，改国号为"大长和"，南诏国就此消亡。不久，唐朝也敲响了丧钟。

>>>寻踪觅迹

云南大理市 从唐开元二十七年（739）皮逻阁定都太和城（今大理太和村）、唐大历十四年（779）异牟寻迁都羊苴咩城（今大理古城城西）直至灭国，大理作为南诏都城达160多年，留有都城遗址、苍山神祠、崇圣寺三塔、下关"万人冢"、南诏德化碑等众多相关文物。

92. 唐朝剿抚黄洞蛮

塑群佛陶魂坛
唐朝。广西梧州市旺步水厂工地出
土，广西壮族自治区博物馆藏。

蛮是古代中国南方分布广泛的少数
民族，支系众多，名号繁杂。黄洞蛮也
写作黄峒蛮，南北朝时期主要生活在今
湖南衡阳至五岭之间的深山老林里。随
着汉族封建政权的不断征伐和侵入，一
部分黄洞蛮被迫不断向南迁徙，到了隋
唐时期，已广泛分布于岭南两广地区。

　　崔步蹵(cù)沙声促促，

　　四尺角弓青石镞(zú)。

黑幡三点铜鼓鸣，

高作猿啼摇箭箙(fú)。

彩巾缠蹉(qiāo)幅半斜，

溪头簇队(坠)映茵花。

山潭晚雾吟白鼍(tuó)，

竹蛇飞蠹(dù)射金沙。

闲驱竹马缓归家，

官军自杀容州槎(chá)。

　　唐代诗人李贺这首《黄家洞》诗描
写了唐朝官兵征伐黄洞蛮时激烈的场面，
也描绘了黄洞蛮的文化习俗。"黑幡三点

动物纹提梁铜卣
春秋越人遗物。湖南衡阳渣江区赤石乡
出土，湖南省博物馆藏。黄洞蛮与古越
人有千丝万缕的联系。

铜鼓鸣"说明黄洞蛮是我国古代南方的铜鼓民族。

唐初在今广西左右江地区设置了西原州，州县官由当地少数民族首领充任，居住在西原黄橙洞的黄氏，是黄洞蛮中最著名的一支。唐天宝年间（742～755），黄氏家族强大，与韦、侬二姓共同控制了十余州，有韦氏、周氏家族不肯依附，黄氏把他们一直驱赶到了海边。

安史之乱时，唐朝强征岭南各族男子，让他们自备资粮参与平叛，结果几乎全军覆没，西原人民怨愤不已。唐朝不仅对岭南地区加重赋役剥削，甚至设立买卖僚蛮人为奴的"僚市"，加剧了民族矛盾的激化。

至德元年（756），西原黄洞蛮首领黄乾曜（yào）等聚众举行反唐武装起义，得到了 100 余峒蛮人的积极响应，拥众 20 余万，攻州陷县，席卷数千里，声势浩大。唐肃宗派人前往去"慰抚"义军首领，许官劝降，遭到拒绝。于是，唐朝

广西陆川县何莫村出土的铜鼓上的"文"字形铭文

派遣大军对义军进行大规模围剿。经过 4 年 200 余次战斗，才将起义镇压下去，黄乾曜等首领被杀。此后，黄洞蛮与唐朝的关系趋于缓和，黄氏部分子弟走出峒寨，参加科举考试，加入了读书做官的行列。

经过几十年的发展，黄洞蛮再次强盛起来。唐德宗贞元十年（794），西原黄洞蛮首领黄少卿、黄少高兄弟等聚众起义，围攻邕管经略使所在地（今广西南宁）。唐朝调遣大军镇压，同时派遣使者宣旨劝解，在起义军失利的情况下，黄氏被迫接受招安。唐朝任命黄少卿为归顺州（今广西靖西）刺史、黄少高为有州刺史。

唐宪宗元和二年（807），黄少卿兄弟

>>>阅读指南

　　卢勋、萧之兴、祝启源：《中国历代民族史·隋唐民族史》。社会科学文献出版社，2007 年 5 月。

　　莫俊卿：《壮侗语民族历史文化研究》。中央民族大学出版社，2010 年 8 月。

三足铜案

广西贵港市罗泊湾汉墓出土。形制特别，系用铜鼓改制而成。鼓胸部以下被截除，面焊三蹄足，腹侧有四只铺首，具有明显的地域特色。广西壮族自治区博物馆藏。

再次率部起义，联合其他黄洞蛮义军，攻陷并占据今广西东南地区达 11 年之久。元和十二年（817），唐朝征发江淮、荆湖等地区的兵力讨伐黄洞蛮。由于在南方的深山密林里作战，士兵染上了瘴气疾病，死亡无数。在损兵折将后，唐朝又从湖南、湖北、江西等地调兵，又因长途羁旅，人疲马乏，加上环境生疏，水土不服，伤亡极大。讨伐了两三年，以失败告终。

黄氏控制着蛮僚诸峒，队伍不断扩大，到唐穆宗长庆三年（823），黄少卿占有今广东西部、广西南部 18 州之地，公开与唐朝分庭抗礼，威胁到唐朝对广西的统治。唐文宗大和年间（827～835），唐朝以董昌龄、董兰父子为帅，统领大军强攻黄氏山寨，并采取剿抚齐下的政策，用分化瓦解、各个击破的办法，几乎倾尽国力，才平定了黄洞蛮起义军。

黄洞蛮元气大伤，从此一蹶不振，族姓成员大多奔散：有的走出山寨，融入汉族；一部分南逃越南，成为今越南京族中的大姓；一部分逃散到贵州、湖南，成为后世当地布依族、侗族大姓；留居广西的黄洞蛮余部，其后代就是今天广西壮族黄氏。

>>>寻踪觅迹

广西崇左市 辖江州区、凭祥市和扶绥、大新、天等、龙州、宁明五个县，是黄洞蛮故地，有浓郁的壮族风情。

93. 莫徭自生长

四马方座铜簋
西周。湖南桃江县金泉村出土，具有鲜明的地方特色。湖南省博物馆藏。

秦汉时生活在今湖南、重庆、贵州、广西以及广东北部一带的武陵蛮、长沙蛮或五溪蛮，到了南北朝至隋唐，被称为莫徭蛮。

莫徭据说是由于"其先祖有功，常免徭役"而得名。汉代《风俗通义》与《后汉书·南蛮传》记载了相关的故事。传说在古时候，高辛王和犬戎国交战，犬戎国的吴将军很厉害，高辛王屡战不胜，于是告示群臣：有取得吴将军头者，许女为妻，提升职务，赐以金银。群臣惧怕吴将军，都不敢应战。三天后，高辛王的爱犬盘瓠(hù)咬死了吴将军，立了大功。在历经一系列曲折之后，高辛

王最终答应把女儿嫁给盘瓠，他们成婚后繁衍后代，长期居住在山区，免徭役，不归朝廷统辖。

南北朝时，莫徭归服朝廷，这与湘州刺史张缵(zuǎn)有关。张缵是南朝梁武帝的女婿，娶的是梁武帝第四女富阳公主。梁大同九年(543)春，张缵被任命为湘州刺史，在从建康(今江苏南京)溯江而上赴任的途中，不禁诗情洋溢，写了《南征赋》，描绘沿途所见景色及风土人情。张缵到任后，不辞劳苦，整理州务，访问乡老，抚恤百姓。当时，湘州郡县有"慰劳"上司的"惯例"，张缵宣布废止这一陋规，还裁减了衙门中的病老吏役、关市巡戍等人员。他宽徭省赋，还宣传说减免徭役赋税是皇上的意思。张缵的名声很快传遍了湘州十郡，

广东出土的东汉陶屋
展现了当时南方民族的居住方式。广东省博物馆藏。

很多少数民族开始归附。莫徭当时居住在湘州深山老林中，过着刀耕火种的生活，依靠罗网、猎犬、弓箭等工具狩猎。莫徭生性强悍，长期以来依山为险，不与外界来往，更不服官府管理，这时也闻风归服张缵，从此与官府建立了联系。

庖厨俑
三国·蜀汉。重庆忠县涂井崖墓群出土。

隋唐时期，莫徭遍布今湖南及广东、广西、江西境内，主要从事狩猎和刀耕火种的农业，已经使用铁器。据记载，莫徭男子穿白布衫，女子穿青布衫和斑布裙，不穿鞋袜，赤足在山地上行走。唐代诗人杜甫在《岁晏行》一诗中，描写了曾在洞庭湖滨目睹的莫徭的渔猎生活：

岁云暮矣多北风，潇湘洞庭白雪中。

渔父天寒网罟（gǔ）冻，莫徭射雁鸣桑弓。

⋯⋯

北风呼啸，雪花飞扬，渔网被冻结，捕不成鱼，无奈只好拉弓射雁，莫徭当时的生活应该是比较艰苦的。

唐元和十年（815），诗人刘禹锡被贬任连州（今广东连州）刺史，在四年多任期内，就写下了《莫徭歌》《蛮子歌》《连州腊日观莫徭猎西山》等诗篇，对当地莫徭的生产、生活情景等作了生动的描绘。

莫徭自生长，名字无符籍。

市易杂鲛人，婚姻通木客。

星居占泉眼，火种开山脊。

夜渡千仞溪，含沙不能射。

这首《莫徭歌》中反映了莫徭当时属于不入户籍、自生自灭的化外之人，他们过着刀耕火种的生活，婚姻相对开放。

蛮语钩辀（zhōu）音，蛮衣斑斓布。

熏狸掘沙鼠，时节祠盘瓠。

忽逢乘马客，恍若惊麏（jūn，獐）顾。

腰斧上高山，意行无旧路。

这首《蛮子歌》中则描写了莫徭难为外人懂的语言、斑斓布服饰、祭祀盘瓠的习俗，以及腰系刀斧上山捕猎的生产方式等。

唐代之后，莫徭之名从史书中消失，代之而起的是瑶、瑶人或蛮瑶等称呼。

>>>阅读指南

奉恒高主编：《瑶族通史》。民族出版社，2007年6月。

张正明：《长江流域民族格局的变迁》。湖北教育出版社，2006年10月。

>>>寻踪觅迹

湖南、广西、广东古代莫徭活动区各地博物馆收藏有相关文物。

94. 南中大姓与西南民族融合

爨（cuàn）龙颜碑及碑文选

立于南朝刘宋大明二年(458)，现存于云南陆良县贞元堡小学旁。九百多字的碑文系统追溯了爨氏的族源、迁徙路线以及进入南中后从其始祖爨肃到爨龙颜九代世袭的历史。碑文书法字体介于隶楷之间，备受历代书家推崇。

姓和发配来的各种犯人，则成为南中汉族居民的主体；此外，还有做买卖而定居下来的商人、因出征而流落未回的士兵和民夫、内地战乱或灾荒流亡而来的难民等。很快，南中就出现了一定数量的汉族居民。

南中的汉族人口实行和内地一样的管理办法，由朝廷委派的汉族官吏直接管理，编有户籍，要交纳赋税，服各种兵役和劳役。当地少数民族则不编户籍，由各民族的首领"夷帅"进行管理，夷帅则再听命于朝廷任命的太守或县令。郡县的太守、县官还在移民中选拔和培植一批"豪族大姓"，通过这些大姓控制汉族并牵制夷帅。到了西汉末年，文献中就开始有了关于大姓的记载。

东汉末年至两晋，南中各地形成了

历史上的南中，指今天的云南、贵州和四川西南部一带，这一地区的土著民族在汉代被称为西南夷。

从汉武帝开发西南夷，在南中地区设置郡县，就开始向当地移民。最先来的是汉朝军队，一些官兵在此长期屯田戍守，安家置业，久了就不再返回遥远的故土；朝廷招募来此屯垦、修路的百

许多大姓。这些大姓经过与当地少数民族一代代杂居，民族隔阂逐渐消除，是夷化了的汉族移民后裔。一些学者还认为，大姓同样包括已经汉化的夷帅。大姓与地方官员、少数民族夷帅既相互依存，又相互争斗，经过民族融合与阶级分化，势力逐渐强大。大姓拥有大量土地和附庸在土地上的人口，有的还把持盐、铁等重要经济部门，有的甚至成为拥有部曲（私人武装）的地方当权派。

南中地处偏远，中央王朝势力强大时，大姓一般都遵纪守法，听命于朝廷并服从地方官的管理，一旦王朝势力衰落，情况就会发生变化。东汉末至南北

云南昭通市霍承嗣墓壁画

霍氏是三国两晋时期南中大姓之一，墓主曾官居东晋太守、南夷校尉、刺史等职。墓室西壁共绘披毡椎髻人物27个，是汉晋时期的夷人部曲形象。

朝，中原动荡，南中大姓乘势而起，割据一方，有的甚至与朝廷对立。三国时期，南中大姓抗蜀，严重威胁蜀汉政权的稳固，蜀汉丞相诸葛亮迫不得已率部南征，平定了大姓和夷帅的叛乱。由于诸葛亮实行"南抚夷越"的政策，并没有彻底消灭南中大姓势力，而是利用和支持拥蜀的大姓，并开任用南中大姓担任本土太守职务的先例。此后，大姓势力继续发展壮大，成为两晋时期南中割据纷争的地方势力。

西晋建立后，在继续依靠大姓的同时，曾设置军事长官"南夷校尉"，统兵镇守南中，以加强在南中的统治和对大姓、夷帅的控制，遭到大姓和夷帅的抵制。为维护自身利益，大姓与夷帅联合起来，与晋朝校尉、郡守之间进行长达半个世纪的争权夺利的斗争，晋朝在南

陶椎髻俑

云南水富县楼坝镇乌龟石湾东汉崖墓出土。其体质形态和装束与今彝族十分相像。

中的统治一度垮台。大姓
与夷帅的联合同时促进了
夷人汉化和汉民夷化。

南中大姓之间也互相
争斗。三国两晋时期，南
中大姓在文献中留有记载
的就有数十家，经过长期
的激烈兼并，最后由爨
(cuàn)氏独霸南中。爨氏
是从中原迁来的汉族，在
东汉末年就已经成为南中
有势力的大姓。爨氏中最早见于记载的
是爨习，东汉末年为建伶（今云南晋宁）
县令。蜀定南中后，爨习和孟获等人一

龙首柄铜釜
西汉。贵州水城县黄土坡出土，贵州省博物馆藏。

起成为蜀汉封官。诸葛亮北伐时，爨习
曾率南中精锐从征，参加了著名的街亭
之战。西晋建立后，爨氏在南中地区继
续保持雄厚的势力。后来，爨氏虽然承
认东晋和南朝的正统地位，名义上归其
管辖，实际上已独霸南中。东晋咸康年
间(约339)，成帝司马衍封爨琛为宁州
（今云南）刺史，并承认其世袭地位，从
此，爨氏作为云南的实际统治者长达四
百多年。

从南北朝至隋初，中原政局动荡，
民族纷争不断，爨氏偏安一隅，使云南
保持了较为安定的社会局面，成为当时
西南较为繁荣富庶的地区。由于汉族在
南中只占少数，爨氏及其治下的大姓需
要倚靠夷帅的力量维持对南中各族的统
治，双方通过通婚等方式加强联系。久
而久之，大姓和夷帅逐渐混为一体，大
姓同时成为部落首领，爨氏不仅是行政

带盖铜壶
东汉。贵州兴仁县交乐汉墓出土，
贵州省博物馆藏。

交乐铜车马

东汉。贵州兴仁县交乐汉墓出土，贵州省博物馆藏。

上的统治者，也成为当地各族的首领，身份也由汉人变成了夷人。爨氏统领下的各族人民在长期杂居、交流、通婚中，变得你中有我、我中有你，民族界限逐渐泯灭，融合产生了一个新的共同体——爨人(爨蛮)，"爨"也就由姓氏变成了民族泛称。隋唐之际，爨蛮分为东、西两部分，即乌蛮和白蛮，他们是今天西南彝族、白族等少数民族的先民。

唐朝前期的一百多年间，任命爨氏子孙为刺史，对其地实行羁縻统治。天宝年间，崛起的南诏攻灭了爨氏，南中大姓称强的历史彻底终结。

隋唐时期，今贵州地区也有很多大姓，其中以东谢、南谢、西谢、西赵、牂(zāng)牁等蛮族大姓最为著名。除牂牁蛮以居住地得名外，东谢、南谢、西谢、西赵都是因首领的姓氏得名，其风俗习惯、土特产大致相同，他们是今天侗、水、布依、仡佬等民族的先民。东谢等蛮部都曾入唐朝朝觐，唐朝对他们礼遇有加，并分别在其地设应州、南寿州、庄州、琰(yǎn)州、明州和牂州进行管辖，任命诸蛮首领为刺史，采取比较宽松的统治政策，接受他们大约三年一次的朝贡，双方一直保持着稳定的友好关系。

南中大姓的发展历史是民族融合的一个侧面，也是中华民族血浓于水的见证之一。

>>>阅读指南

范建华等：《爨文化史》。云南大学出版社，2007年1月。

周玲主编：《云南地方史》。西南交通大学出版社，2011年9月。

>>>寻踪觅迹

云南曲靖市 云南历史上政治、经济、文化中心之一，是古代爨文化的发祥地，有爨宝子碑、爨龙颜碑等相关文物。

云南昭通市 古称朱提、乌蒙，是云南最早、最充分接受中原文化影响的地区，有汉孟孝琚碑、晋霍承嗣墓壁画等相关古迹。

95. 青牛白马话契丹

"青牛白马"是关于契丹祖先的一个美丽传说。

相传，东北有两条最具活力的河流，一条是潢河（今西拉木伦河），另一条是土河（今老哈河）。两河从深山中奔流而出，随着山形流淌，波光潋（liàn）滟（yàn），煞是美丽。

在这神奇美妙的山水间，有位神人骑着一匹白马，从马盂山沿土河一直向东，信马由缰。有位久居天宫的仙女也下凡人间，她驾着青牛车，从平地松林沿潢河顺流而下。青牛和白马，

臂鹰牵犬彩绘木俑
形象地反映了契丹人早期的生产、生活状态。

也就是天女和神人，在潢河与土河的交汇处木叶山相遇了，他们相知、相爱，结为佳偶，生了八个儿子。他们的后代渐渐强盛，共分为八个部落。

故事中乘白马的神人就是传说中的契丹始祖奇首可汗，在契丹人的心目中，白马神是契丹可汗的化身。历史学家认为，青牛和白马是两个互相通婚的原始氏族部落。

契丹族属于东胡族系，源于鲜卑柔然部。契丹之名最早见于《魏书》，记载的时间是北魏道武帝登国四年（389），这一年，契丹被北魏打败，退到了潢河以南、土河以北地区。

契丹是个游牧民族，勇敢强悍，把懦弱者和悲哭者视为"不壮"。他们住毡帐，穿左衽、圆领、窄袖的长袍，男女皆髡发，男子在两鬓各留一绺头发，其

渔猎木立俑

打鱼和捕猎是髡发的契丹人早期生活中的重要内容。

余头发全部剃光，妇女则只剃沿前额边的头发。

北魏后期，契丹形成了古八部，各部以马、皮革等与北魏政权保持着朝贡关系。北齐初年，契丹乘柔然新败势衰之际，出兵袭击，杀其首领铁伐，同时西抗突厥，南扰齐边，介入了北方强族间的角逐，但先后被北齐和突厥打得大败，一些部落不得不归附突厥，另有万余家避乱东走，古八部瓦解。

唐初，契丹形成了大贺氏部落联盟。贞观初年，大贺氏联盟长摩会向唐朝贡，接受唐朝颁赐的旗鼓。贞观二十二年（648），唐在契丹设松漠都督府，以大贺氏联盟长窟哥为松漠都督，赐姓李氏。

唐太宗死后，契丹与唐朝的关系一度出现反复。武则天统治时期，契丹转附突厥。开元初年，契丹首领李失活率众脱离突厥，再次附唐，唐玄宗李隆基赐失活丹书铁券，复置松漠都督府，以失活为都督。开元后期，契丹内部争夺权位，另立别长，大贺氏部落联盟消亡。

取代大贺氏部落联盟的是遥辇氏联盟。遥辇氏初期曾依附突厥，天宝初年，后突厥灭亡，遥辇氏首领李怀秀率部重新附唐，唐玄宗封李怀秀为松漠都督，并把外甥女独孤氏封为静乐公主嫁给李怀秀。

唐朝末年，中原战乱，北方汉族纷纷逃入契丹地区，带去了先进的生产技术，对契丹社会经济的发展起了促进作用。契丹八部中的迭剌部由于靠近中原，发展最快，迭剌部首领一直由耶律家族世袭担任。唐天祐四年（907 年），遥辇氏推举耶律阿保机为联盟首领，中华民族历史上的一颗新星出现了。

>>>阅读指南

或跃在渊：《契丹人》。云南人民出版社，2011 年 12 月。

孙进己、孙泓：《契丹民族史》。广西师范大学出版社，2010 年 3 月。

>>>寻踪觅迹

木叶山 位于内蒙古赤峰市，契丹族发祥地，相传就是青牛白马传说发生的地方。

96. 契丹与唐朝的较量

有唐一代，对契丹总体上采取的是怀柔政策，通过册封、联姻、贸易等方式联络感情，在贞观年间，双方关系比较平稳。唐太宗去世后，契丹与唐朝之间出现了时战时和的状态，在武则天统治时期，甚至爆发过大规模的冲突。

则天后万岁通天元年（696）春，契丹发生饥荒，与契丹毗邻的唐营州（今辽宁朝阳）都督赵文翙（huì）刚愎自用，不但不予赈济，反而视契丹首领如奴仆，引起了契丹首领、松漠都督李尽忠及其内兄、归诚州刺史孙万荣等人的不满。他们乘唐朝内忧外患之机，举兵反唐，

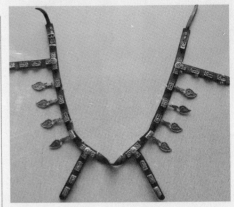

契丹马饰

契丹是马背民族，马具及马的配饰丰富多彩，有"契丹马具天下壮"之说。

鎏金双鱼形银壶

唐朝。内蒙古喀喇沁旗哈达沟窖藏出土。双鱼形酒器在唐代较为流行，寓意好运成双，也为辽代契丹人所喜爱和仿效。

攻陷营州及附近州县，杀死赵文翙，拥兵数万人。武则天一气之下，下诏改孙万荣名为万斩，改李尽忠名为尽灭，并派28位将领率军讨伐，结果大败，唐军几乎全军覆没。

为挽回败局，武则天诏征天下囚犯与官民家奴当兵，又令太行山以东靠近边塞的各州组织武骑团兵，同时任命自己的侄儿武攸宜为清边道行军大总管，率军讨伐契丹。这时，东突厥阿史那默啜可汗为女儿向唐朝求婚，并要求归还河西降唐的突厥人众，他愿意率领部众帮唐朝讨伐契丹，武则天于是册授默啜为左卫大将军、迁善可汗。

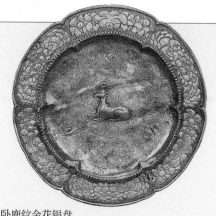

卧鹿纹金花银盘
唐朝。内蒙古喀喇沁旗锦山出土。图案保留浓郁的草原文化特点，是中原文化与北方游牧文化相结合的实物见证。

在唐朝强大的军事攻势之下，契丹战事出现失利。在攻打檀州（今北京密云）时，唐将张九节募死士拼死抵抗，孙万荣败走入山，李尽忠病死。默啜可汗乘机突袭松漠都督府，俘虏了李尽忠和孙万荣的妻儿。孙万荣并没有失去斗志，而是迅速收合余众，复振军势，并攻克冀州（今河北冀州）、瀛州（今河北河间），掳掠官民数千人，河北大为震动。

则天后万岁通天二年（697）三月，武则天急令王孝杰、羽林卫将军苏宏晖率军17万与孙万荣战于东硖石谷（今河北迁安东北）。因道路险隘，王孝杰只得率领精兵作为前锋，奋力作战。孙万荣依托有利地形，先佯退诱敌跟进，然后突然回军反击。苏宏晖畏惧而逃，导致唐军援兵不继。孙万荣乘机奋力冲杀，唐军主帅王孝杰坠崖而死，唐军死伤殆尽。孙万荣军乘胜进兵幽州（今北京西南），势不可挡。

唐军全军覆没，武则天又命自己的侄儿武懿宗等率兵20万进击契丹。正当孙万荣与唐军对峙时，突厥默啜可汗率军乘虚袭击契丹后方，俘虏了老弱妇幼。消息传来，契丹军心动摇，军中奚人乘机叛离，并与唐军联合，前后夹击，大败契丹。孙万荣在败退中又多次遭到唐军截击，走投无路中为家奴所杀。契丹余众或降唐，或投奔突厥。

击败契丹，武则天非常高兴，大赦天下，并改年号为"神功"，以纪念胜利。

此后，契丹与唐朝断绝往来十几年，直到开元初年契丹首领李失活才率部重归唐朝，唐玄宗重新恢复松漠都督府建制，封失活为都督，任命契丹八个部落酋长为刺史。唐朝先后封宗室外甥女杨氏永乐公主、封慕容氏燕郡公主、封陈氏东华公主、封独孤氏静乐公主，让她们与契丹和亲。

唐朝与契丹在对峙、冲突、和解的过程中，也增进了了解，并潜移默化地互相影响。

>>>阅读指南
　　豆子：《唐朝从来不淡定3·千夫莫挡武则天》。辽海出版社，2011年12月。
　　豆子：《唐朝从来不淡定4·守业更比创业难》。中国华侨出版社，2012年4月。

>>>寻踪觅迹
　　内蒙古自治区赤峰市博物馆　收藏众多契丹文物。

97. 白马活胡儿

唐代笔记小说集《朝野佥（qiān）载》卷五有一则"白马活胡儿"的故事。说是广平（今河北南部）有一个叫宋察的人，他的祖先原本是胡人，和汉人通婚已经三代了。宋察的妻子给他生了一个男孩，但这孩子的眼睛是蓝色的，鼻梁高高的，一点也不像宋察。宋察怀疑孩子不是自己的，心里闷闷不乐。不久，家里的赤红马产下了一匹白色的小马，宋察这才恍然大悟：我家原来有白马，但绝种已经25年了，现在赤红马又产下了白马，同样道理，我的曾祖父是胡人，现在我的儿子也像胡人，这是遗传返祖现象啊！

唐朝是我国多民族统一国家的重要发展时期，和亲与联姻是朝廷处理民族关系的手段之一。据统计，从唐太宗开始的243年间，唐朝皇室与少数民族正式和亲达23次，是历代王朝和亲次数最多的。其中，与吐蕃和亲两次，与吐谷浑和亲三次，与突厥和亲两次，与契丹和亲四次，与奚和

三彩四孝塔式罐
陕西咸阳唐契苾明墓出土。契苾明是唐初名将、铁勒人契苾何力之子，他们父子都是唐朝皇族的女婿。咸阳博物馆藏。

三彩胡人牵驼俑
唐朝。河南洛阳关林出土，洛阳市博物馆藏。

唐代粉彩牵马胡俑

唐代三彩胡人牵驼俑

人入居长安。安史之乱中，朔方、安西、大食、回纥、南蛮等地 20 万各族士兵参加平叛，收复失地后，唐朝允许部分外族军众留住京城，并允许他们和当地女子结婚。

唐朝是一个强盛、开放的社会，一些因入使、朝贡、通商等寓居中原的外国人，也与唐人通婚，并在当地置办田产，安居乐业，久而久之，就成了唐朝的臣民。

唐代各民族间和亲、杂居、通婚，淡化了夷夏观念，促进了民族融合。

亲三次，与回纥和亲六次，与于阗、宁远国、南诏和亲各一次。和亲的女子除了皇帝的亲生女儿，大多数是把宗室女或大臣之女加封，以公主身份出嫁。和亲的对象一般都是少数民族首领或王子王孙。同样，在唐朝供职的少数民族文武官员，有很多娶唐朝公主或宗室女为妻，唐高祖有 19 个女儿，有一半招的是少数民族女婿。

统治阶级上层的婚姻观念促进了民间的异族通婚。贞观年间，突厥有近万

>>>阅读指南

牛志平：《唐代婚丧》。三秦出版社，2011 年 9 月。

陈弱水：《隐蔽的光景——唐代的妇女文化与家庭生活》。广西师范大学出版社，2009 年 7 月。

>>>寻踪觅迹

陕西历史博物馆、洛阳博物馆收藏众多唐代胡人俑等相关文物。

98. 唐代的羁縻府州制度

彩绘木团扇
新疆吐鲁番阿斯塔那唐墓出土，与中原地区的扇子有着极深的渊源。新疆维吾尔自治区博物馆藏。

羁縻制度是历代封建王朝在少数民族地区实行的一种民族政策。"羁"就是用军事和政治手段加以控制，"縻"就是给予经济和物质利益。羁縻就是保持或基本保持少数民族原有的社会组织形式和管理机构，承认其酋长、首领在本民族和本地区的政治统治地位，任用他们管理本地方事务。

羁縻制度正式形成于唐朝。在此之前，秦的属邦政策、汉的属国政策等均带有羁縻性质。

唐朝疆域辽阔，民族众多，各地区和各民族情况不尽相同，在总结秦汉以来历代经验的基础上，唐朝在少数民族地区设置了一种带有自治性质的地方行政机构——羁縻府州。据文献记载，从

唐初到开元十三年（725）设置黑水都督府为止，100多年间，唐朝一共设置了856个羁縻府州。这些羁縻府州遍布东西南北边疆民族地区，涉及突厥、回纥、党项、吐谷浑、奚、契丹、靺鞨、室韦、高句丽、羌等民族。

唐朝的羁縻机构分为府、州、县三级，按民族部落大小，大者设府，小者

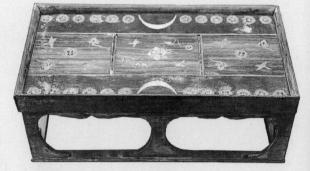

双陆棋盘
唐朝。新疆吐鲁番阿斯塔那唐墓出土。双陆棋是一种两人对弈的游戏，源于古代伊朗，魏晋时传入中国，明代之前曾广泛流行于民间。新疆维吾尔自治区博物馆藏。

木围棋盘

唐朝。新疆吐鲁番阿斯塔那唐墓出土。表面纵横各 19 条棋道，共有 361 个交叉点，形制与现在的围棋盘一样。表明围棋棋道在唐代已定型为纵横各 19 道，而且已传入西域并在民间流传。

设州，以相关民族的首领为都督、刺史，管理本府州的具体事务，职位可以世袭。羁縻府州享有优惠的经济政策，百姓不向唐朝缴纳赋税，户口也不上报朝廷，但其首领要向朝廷象征性地朝贡纳赋，如进贡地方土特产品等，而唐朝以赏赐的形式回赠的物品价值则要大得多。有的羁縻府州还可以保留原有的军队，但只能"慎守封疆"，不可擅自行动，同时必须服从朝廷或都护府（都督府）的调遣。

唐朝先后设立了单于、北庭、安西、安南、安北和安东六个都护府对全国的羁縻府州进行直接管理，其中安西、北庭都护府管辖西域各羁縻府州，安北、单于都护府管辖北疆各羁縻府州，安东都护府管辖东北各羁縻府州，安南都护府辖有南疆各羁縻府州。都护府设有大都护、副大都护等官职，由朝廷命官担任，官位为从二品或正三品，常常有皇族的王兼任都护的情况。

羁縻制度对处理唐朝中央与地方少数民族的关系，巩固中央集权统治，保持边疆地区的稳定，以及统一多民族国家的形成和发展发挥了积极作用，因此被后世历朝所继承，成为处理民族关系的重要政策，只是名称和具体措施有所不同而已。

>>>阅读指南

彭建英：《中国古代羁縻政策的演变》。中国社会科学出版社，2004 年 11 月。

龚荫：《中国历代民族政策概要》。民族出版社，2008 年 7 月。

>>>寻踪觅迹

唐单于都护府遗址 位于内蒙古和林格尔县土城子。唐龙朔三年（663）在此设云中都护府，统辖碛南突厥部落诸府州，辖境相当于今内蒙古阴山、河套一带，第二年改名单于都护府。

唐北庭都护府遗址 位于新疆吉木萨尔县，建有北庭西寺遗址博物馆等。唐长安二年（702），唐朝改原庭州城设立北庭都护府，景云二年（711）升为大都护府，管理天山以北至巴尔喀什湖以东、以南的广大地区，存在近 90 年时间。

99. 贡赐与绢马贸易

退浑儿，退浑儿，朔风长在气何衰。
万群铁马从奴虏，强弱由人莫叹时。
退浑儿，退浑儿，冰消青海草如丝。
明堂天子朝万国，神岛龙驹将与谁？
唐代文学家吕温《蕃中答退浑词二首》中的"退浑儿"，是唐朝对吐谷浑人的称呼。

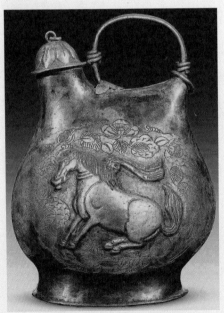

舞马衔杯银壶

陕西西安何家村唐代窖藏出土。唐代马不仅用于战争、交通、运输、驿传，还用于宫廷娱乐活动。唐玄宗时宫中养了好几百匹舞马，玄宗生日，舞马披金戴银，随乐曲翩翩起舞，曲罢衔着酒杯给皇帝祝寿。银壶上的舞马衔杯造型表现的正是这样的情景。陕西历史博物馆藏。

吐谷浑等少数民族有向历代中原王朝贡献名马的传统。据史籍记载，从汉武帝到唐玄宗开元年间，中原王朝总共接受大宛、康居贡马一万多匹。吐谷浑人擅长养马，早在东晋时就曾一次给前秦苻坚送马5000匹。隋炀帝西巡时，曾专门派人到吐谷浑人牧马的海心山（青海湖湖心岛），求名马青海驹的"龙种"。为投中原皇帝所好，吐谷浑专门驯养了供皇宫和皇室玩赏的"舞马"。唐高宗即位后，封吐谷浑王诺曷钵为驸马都尉，诺曷钵送青海马到长安谢恩，唐高宗说"良马人所爱"。唐安西节度使高仙芝从西域回长安，骑的就是深受中原皇室喜爱的吐谷浑名马青海骢（cōng）。

吐蕃进贡的狮子骢则是一种烈马。传说贞观年间，吐蕃向唐太宗进贡了一批良驹，其中有一匹叫狮子骢，膘肥体壮，凶猛强悍，唐太宗见了甚是喜爱。唐太宗亲自控驭狮子骢，但费尽心机也难以驯服，于是便向身边侍卫发出悬赏令：谁能驯服这匹马，重赏！结果还是没有人能驯服狮子骢。当时还是默默无闻的唐太宗才人武则天知道了这件事，便自告奋勇说她能驯服狮子骢，唐太宗

打马球图（局部）

陕西乾县章怀太子墓壁画。画面上有 20 匹各色骏马，比赛场面精彩激烈。马球运动发源于波斯(今伊朗)，是唐代流行的一项体育运动，唐朝宫廷也很盛行。章怀太子是唐高宗李治和武则天的次子。

传至今。

突厥也经常向唐朝贡马。贞观年间，敕勒骨利干部落遣使朝贡，献马百匹，其中有十匹特别优良，唐太宗很喜欢，还给它们起了名。薛延陀及回纥九姓部落也将大量马匹送进唐朝的马厩，有时一次就有 5000 匹之多。

西域诸国是向唐朝贡献良种马的主要地区，龟兹、于阗、康国、安国、吐火罗国、石国、史国、曹国、米国等都曾向唐朝贡马，甚至大食人也向唐朝贡献骏马。

听了吃了一惊。不过武则天向唐太宗要三样东西：铁鞭、铁锤、匕首。唐太宗问："这些又不是驯马的东西，你要它们做什么？"武则天说："此马性情暴烈，必须用特殊手段对付它。我先用铁鞭抽它，如果它不服，就用铁锤砸它的脑袋；如果它还不服，我就用匕首捅死它！"唐太宗说："这么一来，朕的良驹不就被你刺死了？"武则天道："良驹应该成为君主的坐骑，驯不服，留它又有何用？"武则天驯马的故事虽然只是个传说，却流

唐朝不仅对贡马来者不拒，同时还千方百计购买各地良马，用以改良中原马的品种，增加马匹储备。唐武德年间，康国曾献良马四千匹，《唐会要》记载，

>>>阅读指南

魏明孔：《西北民族贸易研究——以茶马互市为中心》。中国藏学出版社，2003年6月。

李鸿宾：《唐朝的北方边地与民族》。宁夏人民出版社，2011年1月。

当时唐朝的官马都是这些良马的后代。唐太宗和唐高宗年间，唐朝拥有官马万匹之多，分别牧养在八个官办养马场里。到了开元年间，连王侯、将相、外戚都拥有众多马匹，军队战马更是以几十万计，将领除了国家配备的战马外，常常还另外备有私人坐骑。

由于马匹数量充足，品质优良，唐朝骑兵战斗力极强，许多名将把骑兵战术发挥到了极致，创造了许多光辉战例。如李靖曾利用强大的骑兵部队，多次进行长达数千里的战略奔袭，将逞雄一时的突厥、薛延陀、吐谷浑打败。天宝六年（747），唐将高仙芝率领庞

三彩腾空马女骑俑
陕西西安西郊制药厂唐墓出土，西安博物院藏。

大的骑兵队伍，经过百余日行军，翻越帕米尔高原，长途征伐位于今克什米尔西北部的小勃律国。

贡马除了表示友好，也是一种贸易形式，与少数民族"贡"相对应的，是中原王朝的"赐"。除了马，少数民族贡的还有各种土特产，而唐朝所赐则种类繁多，以绢、茶、铁器等生产工具为多，并且赐的物品价值往往是贡品价值的数倍，贡赐成为少数民族换取中原绢帛等手工业品的主要途径之一。唐朝与版图内及周边许多民族都建立了朝贡关系，各族首领和使者定期或不定期来朝时，来的往往不是一个或几个人，而是一个个使团，其中跟随着大量商人，借朝贡的机会开展贸易活动，被用来贡赐的商品越来越多，尤以马和绢为大宗，逐渐就演变出贡赐并行的绢马贸易。

黑釉三彩马
马是唐三彩的一个重要种类，也从一个侧面说明马在唐代的重要性。

牧马图

唐朝韩干作，上有宋徽宗"韩干真迹"题字。牧马人络腮胡须，体格高大肥壮，为胡人相貌；马匹神骏雄健，是来自西域的品种。台北"故宫"藏。

在唐代，绢帛用途广泛，可以作为流通的货币。绢可以换马，还可以买鱼、买炭、买画、买瓷等，连米价也以绢帛来计算。白居易在《卖炭翁》中曾写道"半匹红绡一丈绫，系向牛头充炭直"，说的就是绢帛作为货币使用的情况。唐宪宗时，宰相裴度重修福先寺，想请白居易撰写寺院的碑文。裴度有个自视甚高的幕僚叫皇甫湜（shí），是大文学家韩愈的弟子，听说裴度舍近求远，请白居易而不请他，非常生气，就说要辞职。裴度只好改请皇甫湜写碑文。皇甫湜向裴度要了一斗酒，转身回家畅饮，然后一挥而就，第二天就给裴度送来了写好的碑文。裴度送给皇甫湜车马和丝绸，可皇甫湜不满意，嫌报酬不高，提出必须按当时"每字三匹细绢"的通例支付。裴度笑道："真是不羁之才啊！"立即给了皇甫湜9000匹绢，作为3000字碑文的酬谢。

贡赐与绢马贸易是中原王朝和农耕民族同周边少数民族特殊的交流形式，它既是一种政治上的交易，也是一种经济互补。绢马贸易在历史上维持的时间较长，曾经为民族间的政治联系和经济交流发挥了重要作用。唐朝后期，随着茶马贸易的兴起，绢马贸易退出了历史舞台。

>>>寻踪觅迹

陕西咸阳博物馆 展出当地出土的历代马俑文物精华五十余组，上起战国，下迄隋唐，涵盖了马与中国古代交通、战争、游乐生活和民族交往等不同社会侧面的密切关系。

100. 茶马古道远　人间到天堂

茶马古道沿线的旅游景点经常可以看到各种各样的茶马古道路线示意图

前面那座山，你是什么山？过了昌都寺，才能到雅安；巴塘奶茶甜，理塘糌(zān)粑香，过了八宿，就到芒康。

前面那条江，你是什么江？过了中甸城，才能到丽江；大理姑娘好，普洱茶叶香，茶马古道远，人间到天堂。

这首《茶马古道歌》所唱的茶马古道，绵延在中国西南川、滇、藏等地的险山恶水和原野丛林之间，千百年来，无数马帮在这条路上默默行走，串起了众多的民族和不同的文化。

茶马古道起源于古代的茶马互市。互市是我国历史上不同民族或不同地方割据政权之间一种特殊的经济交往与沟通形式，在不同时期、不同地区有互市、合市、和市、交市、榷(què)场等称谓，主要包括绢马互市和茶马互市等内容。茶马互市起源于唐朝，兴盛完备于明朝，衰弱于清朝，维系时间长达千余年之久。

唐朝饮茶之风极为兴盛，茶成为人们日常生活中与柴米油盐一样不可须臾或离的必需品，这种风气逐渐波及周边少数民族地区。西部、北部少数民族的饮食多奶肉、少菜蔬，他们很快就被茶叶的芳香及其助消化的功能所吸引，于是，茶马互市逐渐取代传统的贡赐贸易和绢马贸易，成为中原与边疆少数民族地区间的主要贸易形式，其中与吐蕃、回纥的茶马贸易最为繁荣。

四川天全县二郎山茶马古道上有很多晒茶的古老设备

史书记载，唐朝中后期，吐蕃上层已非常盛行饮茶，赤都松赞赞普曾专门派使者向唐朝求赐茶碗，据说唐朝皇帝没有直接满足赞普的要求，而是派了一位工匠去吐蕃。这位巧匠到达吐蕃后，用当地的陶土造出了口宽、质薄、足短、精细并有光泽的茶碗，赞普非常满意，亲自给茶碗起了名字。唐玄宗开元年间，吐蕃与唐朝在赤岭（今青海日月山）等地互市，双方交换的物品主要是马匹和茶叶、绢帛等。唐德宗贞元末年，唐朝与回鹘进行茶马互市时，交换"动至数万马"。唐朝还在边境州府设立互市监，专门负责管理与少数民族政权间的商贸交易。

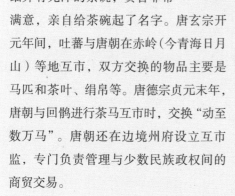
表现茶马古道活动情景的雕塑

因茶马互市的兴盛，茶马古道也四通八达。一队队马帮载着茶叶、布匹、盐和日用器皿等从四川、云南出发，沿着茶马古道进入西藏，然后又带着藏地的马匹、皮毛和药材回来。茶马古道主要有三条线路：即青藏线（唐蕃古道）、滇藏线和川藏线，其中滇藏线和川藏线

>>>阅读指南

李旭：《茶马古道——横断山脉·喜马拉雅文化带民族走廊研究》。中国社会科学出版社，2012年2月。

刘勇：《中国红——茶马古道》。时代出版传媒股份有限公司、黄山书社，2012年5月。

的发展与茶马贸易密切相关。滇藏线从云南普洱茶的产地今西双版纳、普洱等地出发，经云南下关（大理）、丽江、中甸（今香格里拉）、迪庆、德钦，到西藏的芒康、昌都、波密、拉萨，而后再经泽当、江孜和亚东出境，分别到缅甸、尼泊尔、印度；川藏线是由四川的雅安出发，经泸定、康定、巴塘、昌都至拉萨，再经日喀则出境到尼泊尔、缅甸和印度。以上三条线路只是茶马古道的主干线，茶马古道还有众多的支线、附线，构成一个庞大的交通网络，地跨川、滇、青、藏，向外延伸至南亚、西亚、中亚和东南亚。

滇藏茶马古道还与吐蕃向外扩张及其与南诏的贸易活动有关。唐高宗统治期间，吐蕃势力进入洱海北部地区，在那里建立了神川都督府，设置官员，向当地白蛮、乌蛮征收赋税，摊派差役，双方的贸易也获得了长足发展，茶马贸易就是重要内容之一。南诏建立后，茶

茶马古道遗迹

马古道上的贸易继续进行，大理、丽江、中甸、德钦等地都是茶马贸易的重要枢纽和市场。滇藏线茶马贸易的茶叶，以云南普洱的茶叶为主，也有来自四川和其他地方的。内地的汉商把茶叶和其他物品运进云南，销售给当地的坐商或往来于藏区的贩运商，又从当地购买马匹和其他牲畜、土特产品、药材等，运到内地销售。

茶马古道是人类历史上海拔最高、通行难度最大的高原文明古道。茶马古道所穿越的青藏高原东缘横断山脉地区是世界上地形最复杂、最独特的高山峡谷地区，崎岖险峻和通行之艰险世所罕见。有人统计，经川藏线至拉萨，"全长约四千七百华里，所过驿站五十有六，渡主凡五十一次，渡绳桥十五，渡铁桥十，越山七十八处，越海拔九千尺以上之高山十一，越五千尺以上之高山二十

又七，全程非三四个月的时间不能到达。"茶马古道沿线高寒地冻，氧气稀薄，气候变幻莫测。民谚形象地描述了行路的艰难："正二三，雪封山；四五六，淋得哭；七八九，稍好走；十冬腊，学狗爬。"

茶马古道上的运输工具主要是骡马、牦牛和人力，其中人力占据相当大的比重。比如由雅安运茶叶至康定，就是大部分靠人力搬运，称为"背背子"。途中休息，背子不卸肩，用丁字形杵拐支撑着歇气。杵头为铁制，行走时点击在硬石块上，天长日久，路上留下一个个窝痕，今天犹清晰可见。而从康定到拉萨，有的路段要攀登陡峭的岩壁，如果两马相逢，往往进退无路，只得双方协商作价，将瘦弱马匹推下悬崖，让一方的马匹通过。长途跋涉，还要携带帐篷和自卫设备……

茶马古道既是一条经济动脉，也是一条文化古道，是汉、藏等民族沟通、联系并在情感、心理上彼此亲近和靠拢的纽带。在长达千余年的时间里，沿线的二十多个民族通过茶马古道互通有无、彼此交融，不同民族文化的碰撞和融合，构成了茶马古道独一无二的魅力。

>>>寻踪觅迹

今湖南、云南、四川、西藏等茶马古道沿线各地均保留有众多古道遗迹、古码头、古桥、古镇、古街等。

101. 开元通宝　货币范式

上海博物馆藏开元通宝钱

唐朝建立前，从西汉开始使用的五铢钱已经在全国流通了700多年，其间历经盛衰，形制混乱，大小轻重已无统一标准，劣钱大量出现。为整治混乱的币制，武德四年（621），唐朝开始铸行"开元通宝"钱，同时废除了五铢钱，中国古代货币进入了一个新的发展阶段。

开元通宝简称开元钱或通宝钱。"开元"是指开创新的纪元，有大唐开国奠基之意；"通宝"是指在全国流通。武德年间所铸的开元通宝钱上四字是初唐书法家欧阳询的手笔，既可按上下右左的顺序读作"开元通宝"，也可自上顺时针读作"开通元宝"。

唐朝开元钱的种类按年代划分主要有三种，即武德开元（初唐开元）、中唐开元（月痕开元）和会昌开元。钱币背面有光背、星月纹和汉字纹等。

背面有月纹的开元钱也叫"掐月开元"或"月痕开元"，对于这个凸起的月纹有什么含义，由于无明确记载，导致众说纷纭。有一种传说流传甚广，就是认为月纹是指甲痕。说是唐高祖在看蜡制的钱样时，手指无意间在样钱上掐了一下，在样钱背面留下了一个指甲印。工匠们在正式铸造时，不敢改动有皇帝指甲印的钱样，便铸出了有指甲印的开元钱。还有说在蜡样上留下掐痕的是文德皇后。传说毕竟只是传说的。其实，在唐

背面有月纹的开元钱

朝之前就已经有在钱币背面铸造背纹的习惯，这些背纹或作为装饰，或表示铸造地，或是铸钱的炉别记号，因此有史学家和钱币学家认为，开元钱背面的月纹应该是一种兼具装饰和炉别的记号。

唐朝还铸有极少量的金、银、铅质开元钱。传说唐玄宗经常在长安承天门楼上设宴娱乐，筵席间兴致高昂时，便向楼下抛撒金钱作为赏赐。唐代诗人张祜的《退宫人》描写了这样的情景："开元皇帝掌中怜，流落人间二十年。长说承天门上宴，百僚楼下拾金钱。"诗中"金钱"指的就是金开元钱，它不用于流通，仅供赏玩或赏赐之用。

开元通宝规定每十文重一两，每一文的重量称为一钱，"钱"从此成为重量

金开元通宝和银开元通宝
陕西西安何家村窖藏出土，陕西历史博物馆藏。

单位，"十钱一两"的进位制也由此诞生。开元通宝结束了钱币以重量为单位的历史，转为按数记值，转向抽象化、符号化，这是继秦始皇统一货币后又一次重大的货币改革。

开元通宝在唐朝流通了近300年，并成为之后历代的铸币标准，前后沿袭了近1300年。五代十国时期的后梁、后晋、闽、南汉、南唐、吴越等政权仍铸造和流通开元通宝，只是形制与唐朝有所区别。通宝之称则一直沿用至近代。

上海青浦区徐泾镇金联村唐代窖藏钱币
共约230千克，绝大多数为唐开元通宝，极少数为唐乾元通宝和隋五铢钱等。

>>>阅读指南
　　路瑞锁：《都是货币惹的祸》。现代出版社，2012年8月。
　　卢嘉彬、常华：《中国古钱币》。湖南科技出版社，2009年4月。

>>>寻踪觅迹
　　北京古代钱币博物馆　坐落在北京德胜门箭楼下清代真武庙内，集钱币收藏、展览、交流、交易于一体，有"中国历代货币系列"陈列。
　　上海博物馆钱币馆　近7000件文物，集中展现了中国货币发生、发展和中外经济文化交流的历史概貌。

102. 丝绸编织民族关系网

陕西扶风县法门寺塔地宫出土的蹙金绣织物

1981 年 8 月，陕西扶风县建于东汉末年的法门寺塔在历经千年风雨后倒塌了半边，剩余的一半神奇地伫立着。1987 年 4 月，考古专家们在现场探查法门寺塔塔基结构时，意外地发现了塔下的地宫，数千件唐朝皇家稀世珍宝重见天日。

法门寺塔地宫存放着大量丝织品，有 700 多件、40 多个品类，很多是后世人不曾见过的珍品。据地宫中找到的《物账碑》记载，这些精美的丝绸是唐朝皇室成员用来供佛的，他们包括武则天、唐懿宗、唐僖宗、惠安皇后等。

这批丝织品包括丝线、裙、衫袍、披帛、被褥席褥、帽巾、鞋袜、手巾、枕倚、佛衣等，分为锦、绫、罗、纱、绢、绮、刺绣等九大类，几乎囊括了唐人日常生活服饰的所有品类和丝绸织造工艺的精华。织物图案和颜色丰富多彩，印花、贴金、捻（niǎn）金、织金、蹙金等以金银作为装饰的精湛工艺前所鲜见，代表了唐代丝绸织造技术的最高水平。

这批丝织品中最为珍贵的是五件蹙金绣衣物，以捻金线（圆金线）夹织而成。捻金线的平均直径只有 0.1 毫米，最细的仅 0.06 毫米，比头发丝还细，每米金丝线上绕金箔3000捻回，即使现代工艺也不可企及。织金锦和蹙金绣对后世纺织用金技术产生了重大影响，中国名锦中的蜀锦、宋锦、云锦等都以使用金线为特色。

中国丝绸织物工艺发展的鼎盛时期在唐朝，无论是产量、品种、工艺、质量都堪称"世界之最"，丝绸产区扩大，生产部门分工精细，丝织技术精巧高超，丝织品花式繁多。

锦是以两种以上的彩色丝线提花的多重丝织物，质地厚重，瑰丽多彩，是丝绸中最为鲜艳华美的。周代就已出现织锦，唐朝织锦不但数量显著增多，而且涌现出一大批新工艺、新产品，花纹风格也为之一新。由经锦向纬锦过渡，是唐代织锦技术的一大转折。经锦和纬锦是指丝织物花纹的两种织法，经锦采用单色纬线和多色经线织，纬锦采用单

唐晚期花卉夹缬绢幡

中国传统印染技艺有"四缬"，即夹缬、蜡缬、绞缬和灰缬，就是今天所说的夹染、蜡染、扎染、蓝印花布。夹缬在唐代曾盛极一时。

色经线和多色纬线织，花纹更丰富多彩。唐太宗时的陵阳公窦师伦是个织锦纹样设计家，他创制了不少丝绸花式，其中有一种对称结构的纹样成为唐代织锦常用的特色图案，被称为"陵阳公样"，对雉、斗羊、翔凤、游麟等花样流行了几百年。唐朝是民族文化大融合的时期，西域、中亚艺术的涌入，也使唐锦纹样呈现多元性风格，如唐锦中具有代表性的联珠纹就是波斯萨珊王朝最流行的纹样。唐代织锦纹样清新、华丽、丰满的特点影响深远，当今生活中的纺织品还随处可见团花纹等唐代流行的表现形式。

唐朝的纺织品生产分工明确，朝廷设立了管理纺织业的专门机构织染署，织染署下设25个"作"，各有专门的分工。其中有十个"作"专司织造，分别从事绢、纱、绝（shī，粗绸）、罗、绫、

>>>阅读指南

刘治娟：《丝绸的历史——连接东西方文明的彩带》。新世界出版社，2006年12月。

赵丰：《中国丝绸艺术史》。文物出版社，2005年6月。

变体宝相花纹云头锦履
新疆吐鲁番阿斯塔那唐墓出土，新疆维吾尔自治区博物馆藏。

绮、锦、布、褐（粗布）等生产；有五个"作"专司织带，分别制造组、绶、绦、绳、缨；有四个"作"专司纺制䌷（chóu，厚实的丝绸），分别生产䌷、线、弦、网；有六个"作"专司练染，分别负责染青、绛、黄、白、皂、紫六种色彩。25个"作"中，除了布"作"和褐"作"，其余均直接或间接与治丝和织绸生产有关。

唐朝初年，把全国分为十个道，各道每年都要向朝廷交纳一定数量的贡赋，丝织品是其中很重要的一项，因此各地也都有相应的管理和生产机构，如织锦坊等，民间私营纺织作坊的数量和规模也相当巨大。各道向朝廷交纳的丝织品，不仅名目繁多，花式新颖，并且各地都有代表性的名品，如：剑南、河北的绫罗；江南的纱；彭、越二州的缎；宋、亳二州的绢；常州的䌷；润州的绫；益州的锦等。

唐朝疆域辽阔，民族众多，南北丝绸之路和参天可汗道、回纥道等四通八

达的交通网有力地促进了各地的商品流通和文化交流，丝织品就是唐朝与周边少数民族进行经济文化交流的重要媒介。

在今青海、新疆等唐代少数民族的活动区域，出土了许多中原的丝织品，如青海都兰吐蕃墓葬群发现的大量唐代丝织品中，就有112种为中原汉地制造，品种齐全，图案精美。新疆吐鲁番阿斯塔那唐墓出土的丝绸堪称精品，锦、绮、绢、纱、罗、刺绣、染缬（xié）等品类俱全，联珠纹、对兽纹、汉字纹、团花、宝相花等织锦富丽优美，体现了盛唐风采。

唐朝的丝织技术对西南少数民族也有重要影响。唐朝中叶与南诏发生战争，南诏军队曾攻入今四川，掳走大批能工巧匠，唐朝先进的纺织技术也随这些俘虏传到了南诏，南诏纺织的锦缎水平从此直逼当时闻名的蜀锦。

美丽的丝绸将唐朝与周边少数民族紧密地联结在了一起。

>>>寻踪觅迹

中国丝绸博物馆 位于杭州西湖畔，是世界上最大的丝绸专业博物馆，有历史文物厅、蚕丝厅、染织厅、现代成就厅等专题陈列，全方位展示了中国5000年的丝绸历史与文化。

陕西扶风县法门寺博物馆 收藏、保护、展示和研究法门寺唐塔地宫出土文物的专题博物馆，有法门寺大唐珍宝等专题陈列。

103. 盛世唐装　锦绣中华

捣练图（局部）
唐朝张萱作。传为宋徽宗赵佶摹本，美国波士顿艺术博物馆藏。图中人物装束即襦裙装。

唐朝是我国封建社会空前繁荣强盛的时期，又是一个开放包容的社会，政治稳定，经济发达，技术进步，对外交往频繁，这一时期的女子服饰款式多样，色彩艳丽，图案精美，是中国古代服装中最为精彩的篇章，也是唐文化的重要标志之一。

唐朝女子日常最基本的服装叫襦（rú）裙装，即上穿短襦或衫，加半臂（即短袖），下着长裙，肩披帛。襦很短，一般

只到腰；衫为单衣，长至胯或更长；裙子长而多幅。从整体效果看，上衣短小而裙长曳地，使体态显得苗条、修长、婀娜。披帛通常由轻薄的纱罗制成，长度可达两米以上，披搭在肩上并盘绕于两臂之间，走起路来，不时飘舞，十分美观。

唐朝女装衣料有丝绸、棉、葛、麻、毛等，丝绸最常用。尤其是裙子，面料多为丝织品，无论是款式、颜色还是花样，都群芳争艳，瑰丽多姿。有一种高腰襦裙在贵妇间非常流行，它将裙带高高系在腰线以上，甚至系在胸线上方，或者直接把裙腰提高到胸部，无论身材丰腴还是消瘦，穿了都能达到别样的飘逸效果。

>>>小贴士

不一样的"唐装"　当代生活中有一种样式古典的服装，叫作"唐装"，其实它并不是唐朝的服饰风格，与唐朝没有任何关系。当代"唐装"实际上是唐人街华侨华人的中式着装，是清末中式着装风格的服装，它是海外华侨华人根据清代满族马褂改良而成的。在西方国家，中国人聚居的街区被称为"china town"，音译为"唐人街"，因此唐人街华侨华人所穿的中式服装便叫作"唐装"。

还有一种袒胸装，将裙子高束在胸际或上身只穿抹胸（贴身小衣），在胸下部系一阔带、两肩、上胸及后背袒露，外披透明罗纱，肌肤若隐若现，美不可言。这种装束早期只在宫廷妃嫔、歌舞伎间流行，后来豪门贵妇也予以垂青，这是中国古代女装中最大胆的一种，足以想见当时思想开放的程度。

唐初女子衣衫窄衣小袖，风格较为简约；到了盛唐，衣裙渐宽，裙腰下移，服色艳丽；至中晚唐时，褒衣博带，宽袍大袖，色彩靡丽，流行的大袖衫袖宽往往四尺以上，大气、飘逸。

唐朝东西方文化和商贸交流频繁，对异域和异族文化广收博采，随着四方宾客纷至沓来，胡风、胡俗盛极一时，女子穿胡服也成为一种潮流，长安、洛阳等大城市尤盛。唐代胡服的基本特征是翻领、对襟、窄袖、锦边。天宝年间，鲜卑族才子元稹来到长安，没想到一进城，发现处处可见身穿胡服、头戴浑脱帽（一种胡帽）、脚蹬高腰靴的女子，英姿飒爽中带着妩媚。元稹不禁大为感叹，作诗道："自从胡骑起烟尘，毛毳（cuì）腥膻满咸洛。女为胡妇学胡妆，伎进胡音务胡乐。火凤声沈多咽绝，春莺啭罢长萧索。

胡服女俑

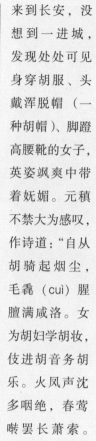

彩绘木胎舞女俑
新疆吐鲁番阿斯塔那唐墓出土。女俑面部妆容明显可以看出敷粉、抹胭脂、画黛眉、贴花钿、点面靥、描斜红、涂唇脂等。新疆维吾尔自治区博物馆藏。

胡音胡骑与胡妆，五十年来竞纷泊。"

受开放的风气影响，唐朝妇女还流行穿男装。《新唐书》记载，高宗时一次宴会上，太平公主"紫衫、玉带，皂罗折上巾"（当时男子的一种装束），为皇帝和皇后跳舞，皇帝、皇后不仅不生气，反而笑得很开心。到了天宝年间，女子穿男装已经成为非常普遍的一种现象，士人的妻子穿戴起丈夫的衣衫、帽子和靴子，侍女们也纷纷仿效，甚至杨贵妃在温泉沐浴之后，穿的也是和唐玄宗一

簪花仕女图（局部）

唐朝周昉作。图中贵妇穿的是大袖纱罗衫，云髻高耸，顶戴折枝花朵，脸上晕染娥眉，丰颊厚体，尽显雍容气质。辽宁省博物馆藏。

样的锦袍。女性穿男装，透露出温婉洒脱、从容大度的大唐气质。

除了衣裙，唐朝女子的鞋帽装饰也美丽多姿。唐朝女子的鞋有履、靴、屐等，履以锦、麻、丝、绫等织成，也有用蒲草编的，履身常加绣饰，履头有圆头、高头、云形、花形等状式。

唐朝女子追求美容美饰，发式、头饰、面妆、佩饰等内容丰富。发式以梳髻为主，或绾于头顶，或结于脑后，形制多样；头上饰品多以玉、金、银、玳

瑁等材料制成，工艺精美；面部化妆有敷粉、抹胭脂、画黛眉、贴花钿、点面靥、描斜红、涂唇脂等诸多方法，淡妆者采其二三，盛妆者悉数运用。其中花钿是一种额饰，用金箔片、云母片等材料剪成各种花朵形，贴于眉间；面靥是在面颊酒窝处用胭脂点染，用金箔等粘贴；斜红是在太阳穴处用胭脂染绘两道红色的月牙形纹饰。

女子雍容华贵的服饰是唐朝恢弘气象的体现，是中华民族文化的一朵奇丽之花。唐朝与300多个国家和地区有过友好往来，惊艳的女子唐装迅速影响四周诸多国家和地区，时至今日，在我国很多少数民族以及日本、韩国、朝鲜的传统服饰中，仍然可以窥见唐装的影响。

>>>阅读指南

纳春英：《唐代服饰时尚》。中国社会科学出版社，2009年8月。

李怡：《唐代文官服饰文化研究》。知识产权出版社，2008年6月。

>>>寻踪觅迹

乾陵博物馆　位于陕西乾县。乾陵是唐高宗李治与武则天的合葬墓，陵园仿唐长安城格局营造，规模宏大，有17座子孙及王公大臣陪葬墓，已发掘永泰公主墓、章怀太子墓、懿德太子墓等五座墓葬，出土的4000多件精美文物均收藏在乾陵博物馆。此外，100多幅绚丽多彩的墓室壁画堪称地下艺术画廊，是研究唐代建筑、服饰、风俗、宫廷生活等的珍贵资料。

104. 民族瑰宝唐三彩

三彩贴花钱柜
唐朝。陕西西安东郊王家坟出土。柜面上有盖，盖边有一投钱小口。陕西历史博物馆藏。

1905年，为改善中国东西部的交通，清朝政府开始修建陇海铁路，铁路西线开封至洛阳段要经过洛阳城北的邙山，这一带是汉唐以来的著名墓葬区。修路工程毁坏了一批唐代墓葬，发现了众多随葬品，有彩色的马、骆驼、仕女、乐伎俑、枕头等。古董商将这些出土器物运到北京，引起了著名学者罗振玉、王国维等的注意，经他们鉴定，这是失传已久的唐三彩。

唐三彩是唐代彩色釉陶的总称，也是唐代陶器的代表，因釉色以黄、绿、白三种为主而得名，实际上唐三彩还有蓝、赭、紫、黑等颜色。唐三彩是一种低温铅釉陶器，以铜、铁、钴、锰、锑等原料为着色剂，在烘制过程中，陶坯上涂的彩釉发生化学变化，形成浓淡协调、斑驳陆离、花纹流畅的独特风格，在色彩的相互辉映中，显出堂皇富丽的艺术魅力。

唐三彩的造型丰富多彩，主要可分为动物、生活用具和人物三大类。动物以马和骆驼较多，这与当时的时代背景有关。马是古代人们重要的交通工具之一，战争、耕田、运输都需要马，骆驼则适合长途跋涉，唐三彩的产地西安、洛阳、扬州是陆上和海上丝绸之路的连接点，丝绸之路上的交通工具主要就是马和骆驼。出土的三彩马和骆驼背载丝

>>>阅读指南
华文图景收藏项目组：《唐三彩收藏实用解析》。中国轻工业出版社，2008年1月。
焦小平：《唐三彩》。吉林文史出版社，2010年1月。

三彩镇墓兽

镇墓兽一般放在墓门口，是用来镇魔避邪、守卫亡灵的一种冥器，最早见于公元3世纪墓葬，初为一件，后则成对。

唐三彩的生产经历了初创并走向成熟、高峰和衰退三个阶段，这三个阶段与初唐、盛唐、晚唐三个历史阶段大致对应。从7世纪初到8世纪，是唐三彩的漫长初创期，大量制作的是单一色釉，品种也较为单一。8世纪初中叶，即唐高宗到唐玄宗统治时期，随着唐朝国力

绸和其他物品，驮着赤髯碧眼的中亚胡人，或者由他们牵着，神态各异，那高大的形态和坚毅负重的神情，似乎还带着丝绸古道的万里风尘。

唐三彩器物形体圆润、饱满，与唐代艺术健美、阔硕的特征一致。马和骆驼肥壮丰满，武士、天王强壮有力，女俑则高髻广袖，体态丰满，充分反映了当时的社会风貌。众多胡伶、胡商、西域奴仆、牵马陶俑等胡人形象，是唐朝各民族间频繁交流的真实写照。

三彩天王俑

是唐代新出现的殉葬俑。与镇墓兽一起摆在墓道或墓室前面，镇墓兽在前，天王俑在后，通常成对出现，左右各一，文献中将它们合称为"四神"，用于避邪，确保墓主亡灵平安。天王俑脚踩的是夜叉，是阴间的一种恶鬼。

三彩凤首壶
甘肃甘谷县出土。具有胡瓶的造型特征，体现了唐朝对外来文化广采博收的自信与胸襟。甘肃天水博物馆藏。

的强盛，唐三彩生产进入鼎盛时期。由于厚葬之风盛行，无论是皇亲国戚、文武大臣还是平民百姓，都用唐三彩陪葬，现今出土的唐三彩陶器，大量都烧制于这一时期，其数量之多，质量之精，代表了唐三彩烧造的最高水平。安史之乱后，唐朝政局动荡，经济严重衰退，典章制度和厚葬之风一去不复返，唐三彩的制作也走向衰退。

唐三彩在唐朝是作为一种冥器，用于随葬的，同时由于烧制温度低，胎质疏松，不耐水，实用性较差，属于中看不中用的。唐朝灭亡后，唐三彩的制作

工艺在北方地区流传，出现了辽三彩、北宋三彩和金三彩等，但其数量、质量以及艺术性都远不及唐三彩。在日本的奈良时期和朝鲜的新罗时期，也曾经仿制过唐三彩，分别被称为奈良三彩和新罗三彩。后来，唐三彩工艺在中国渐渐失传。20世纪初唐三彩重见天日后，经过众多专家和艺人多年的研究和探索，失传千年的唐三彩生产工艺才得以恢复并继续传承。

唐朝之前，只有单色釉，最多就是两色釉并用，唐三彩首创在一件器物上同时使用三种釉色，这在中国陶瓷史上是一个划时代的里程碑。有专家认为，唐三彩中的蓝釉技术是从波斯（今伊朗）引进的，唐三彩中呈蓝色的钴料也是从波斯进口的。唐三彩中的凤头壶、胡人俑等造型，表现了唐人对异域文化广收博采的自信与气魄。

唐三彩与诗歌、绘画、建筑等共同构成了唐文化的旋律，是中华民族宝贵文化遗产的重要组成部分。

>>>寻踪觅迹
洛阳博物馆 辟有唐三彩专题展。此外，洛阳唐三彩博物馆和陕西唐三彩艺术博物馆都是私人专题博物馆，收藏有各种经典造型的唐三彩高仿作品和部分真品。
河南孟津县南石山村 唐三彩仿古工艺品生产专业村和唐三彩文化产业基地，有唐三彩相关企业70余家，完整地展现了唐三彩生产的整个工艺流程。

105. 唐代胡食

麻花
南北朝。新疆且末县扎滚鲁克村墓出土，新疆维吾尔自治区博物馆藏。

史之乱时，唐玄宗与杨贵妃逃到咸阳，中午没饭吃，宰相杨国忠亲自去市场买来胡饼给玄宗吃，说明陕西流行胡饼。唐人传奇小说《虬髯客传》中记载唐初名将李靖在去太原的路上，夜宿灵石旅舍，遇到豪侠张虬髯，二人就着羊肉吃胡饼。小城灵石也有卖胡饼的，可见胡饼的流行。文献记载唐朝僧人鉴真从扬州出发东渡日本时，携带的海粮中就有"干胡饼二车"，说明扬州也流行胡饼。

日本和尚圆仁在《入唐求法巡礼行

唐代文化的特点是气魄宏大、异彩纷呈，"胡食"流行就是唐代饮食文化丰富多彩的一种体现。

所谓胡食，是指从西域（今新疆和中亚）传入中原的食品，其中以饼为代表的面食最为突出。唐代和尚慧琳在《一切经音义》一书中说："胡食者，即铧锣、烧饼、胡饼、搭纳等是。"铧锣即油焖大米饭，现在叫作抓饭，是一种大米加羊肉、葡萄干混合制成的油焖饭。烧饼是汉代以来的传统胡食，类似今天的芝麻烧饼，在唐代又称为胡麻饼，胡麻即芝麻。

胡饼是唐代最流行的食品，食者甚众，一般由专人制作，在食店出售。安

新疆吐鲁番阿斯塔那唐墓出土的唐代宝相花纹月饼

花式糕点心

新疆吐鲁番阿斯塔那唐墓出土的千年前的糕点、饺子、馄饨、春卷、干果等食物保存完好，无论是模压还是手制，花纹均精美、清晰可见，是研究古代饮食文化的重要实物资料。

记》中记载长安流行胡饼的情形："立春节，赐胡饼、寺粥。时行胡饼，俗家亦然。""胡麻饼样学京都，面脆油香新出炉。寄于饥馋杨大使，尝看得似辅兴无。"这是唐宪宗元和十四年（819）白居易任忠州（今重庆忠县）刺史时，给万州（今重庆万州区）刺史杨归厚寄去当地制作的胡饼时所附的诗《寄胡饼与杨万州》。辅兴是唐代长安城内的一个坊名，辅兴坊胡饼店制作的芝麻胡饼很有名。从诗中可知道当时四川流行的胡麻饼"面脆油香"，已经可以与长安的胡麻饼相媲美了。

胡饼如此流行，它是什么样子的呢？根据敦煌保存下来的唐代寺院收支文书记载，当时敦煌的僧人和工匠都吃胡饼，每个饼用面半升，个头很大，有些胡饼

还要用油。1969年新疆吐鲁番阿斯塔那唐墓中出土了一枚直径达 19.5 厘米的面饼，类似今天新疆的素馕(náng)，专家认为它就是唐代的胡饼。今天的馕有油馕、素馕之分，唐代的胡饼也有油胡饼、肉胡饼等品种。《唐语林》是北宋人王谠(dǎng)编撰的一部有关唐人佚事杂说、典章故事的书，书中记载唐朝有一种叫"古楼子"的肉胡饼，中间要夹 500 多克羊肉，可以想象饼有多大。

唐代志怪小说《广异记》记载，中

>>>阅读指南

黄新亚：《消逝的太阳——唐代城市生活长卷》，湖南人民出版社，2006年5月。

于学军：《细嚼烧饼》，河南大学出版社，2008年1月。

彩绘劳作女俑

新疆吐鲁番阿斯塔那唐墓出土。一组四件，反映家奴劳作的情景，可以清楚地看到从舂粮、筛杂质、磨粉到擀面、烙饼的劳动全过程。新疆维吾尔自治区博物馆藏。

唐名将马燧贫贱时被人追杀，逃亡途中饥饿难忍，遇到一个叫"胡二姊"的女子，用胡饼救了他一命。她"解所携袄，有熟肉一瓯，胡饼一个。（马）燧食其饱"。后来马燧发达，多方打听，怎么也找不到胡二姊，只好立庙常年祭祀。饥饿之人只吃一个胡饼就饱了，可见胡饼很大，分量很足。

其实，中原饮食的胡化并非始自唐代，而是汉魏以来民族大融合的产物。文献中有"灵帝好胡饼，京师皆食胡饼"的记载，说明东汉末年洛阳就已经流行胡饼。唐代文化呈现出一种"大有胡气"的全面开放状态，在饮食上，胡食之风更趋强烈，不仅啮(niè)胡饼成了一种时髦的享受，而且"贵人御馔，尽供胡食"。烧饼、胡饼、搭纳等成为北方人最为普通的主食；以羊肉、奶酪为主料，烤炙

等胡法烹饪流行；胡人饼肆、胡姬酒肆数量众多，生意兴隆；饮胡酒一度成为风尚。"葡萄美酒夜光杯，欲饮琵琶马上催。醉卧沙场君莫笑，古来征战几人回。"王翰的这首《凉州词》写出了当时许多名人对葡萄酒的追捧。唐代饮食文化这种强烈的胡化色彩，反映了当时文明开放、进步发达的时代风貌。

实际上，烧饼、胡饼等胡食的"胡"味在唐代已经很少，在长时间的流行中，它已经融合为中原的主流食品之一了。今天，当我们吃着各种各样的面食，谁会想到它们和遥远年代的胡食有什么关联呢？

>>>寻踪觅迹

新疆维吾尔自治区博物馆 保存有吐鲁番阿斯塔那唐墓出土的千年前的糕点等食物实物。

106. 茶兴于唐

调琴啜茗图（局部）

唐朝周昉作。画面中一位红衣仕女正在弹古琴，旁边侍女端着茶托恭候。美国堪萨斯市纳尔逊·艾金斯艺术博物馆藏。

就派人找到陆羽，召他入宫，命他煎茶。

陆羽用自带的清明前采制的茶精心煎了一碗，献给唐代宗，果然茶香扑鼻，茶味鲜醇，清汤绿叶，与众不同。唐代宗让陆羽再煎一碗，给积公品尝。积公喝了一口，连叫好茶，接着一饮而尽，然后急忙放下茶碗，走出书房，连喊"渐儿（陆羽字鸿渐）何在"。唐代宗奇怪地问："你怎么知道陆羽来了？"积公说："刚才喝的这种茶，只有陆羽才能煎得出来。"

原来，陆羽是个弃儿，是积公和尚把他养大成人的。积公好茶，陆羽便学会煮茶，并对茶产生了深厚的兴趣。陆羽20多岁时，出游巴山峡川，然后一路南下，考察长江中下游和淮河流域各地，搜集了大量第一手的茶叶产制资料。唐代宗永泰元年（765）前后，陆羽写成了

唐代饮茶蔚然成风，唐朝皇帝自然也好茶。相传有一次，竟陵（今湖北天门）龙盖寺（今天门西塔寺）住持智积禅师（积公和尚）被唐代宗李豫召入皇宫，宫中的烹茶能手用上等茶叶煎出一碗茶，请积公品尝。积公喝了一口，便放下茶碗，不再尝第二口了。唐代宗问起原因，积公答道："我喝的茶都是弟子陆羽为我煎的。喝惯他煎的茶，再喝其他人煎的，就觉得淡而无味了。"唐代宗听罢，

世界上第一部茶叶专著《茶经》，此后经过十几年的修改、完善，才正式定稿。

唐朝之前没有"茶"字，只有"荼"字。陆羽将"荼"字减去一画，就变成"茶"字，因此就有中国饮茶始于唐代的说法。中国是茶叶的故乡，在秦汉时期甚至更早之前就已经有饮茶的习俗了。南北朝时期，南方饮茶已较为普遍。唐朝中后期，饮茶之风已遍及大江南北、塞内塞外。唐朝之前，饮茶属于药饮或解渴式的粗放时代，《茶经》的问世，标志着中国茶道文化正式形成。

金银丝结条茶笼

陕西西安法门寺塔地宫出土。法门寺塔地宫出土了一套唐僖宗的御用茶具，包括茶笼、茶槽、茶碾、茶罗、茶匙、茶碗等，证实了唐代宫廷茶道的存在。茶笼出现于晚唐，是用于烘焙茶叶或盛茶饼的。法门寺博物馆藏。

《茶经》共分三卷十章，约 7000 余字，论述了茶的本原，如何采茶、制茶、煮茶、饮茶，茶叶产地，唐代及其以前有关茶事的记载等，是一部综合性的茶学著作，陆羽因此被后世誉为"茶仙"，并尊为"茶圣"，祀为"茶神"。

法门寺塔地宫出土的鎏金银茶碾

唐朝时把茶叶制成茶饼，茶饼含水量较高，煎茶前要先放在茶笼中烘焙，然后用茶碾将茶碾碎，方可煎煮。

唐朝茶被看作生活必需品，"茶为食物，无异米盐"，对茶的嗜好已无地域和身份、地位的区别。唐朝佛教禅宗盛行，禅宗的坐禅修行方法要求排除杂念，茶有提神养心的功效，北方崇尚饮茶首先从寺院开始，并直接影响到社会的各个层面。当时寺院设有专门品茶的茶堂、专管煮茶待客的"茶头"等，寺门前还有给香客施茶水的"施茶僧"。南方寺院周围则遍植茶树，僧人自采自制，饮茶念佛，修身悟道。因此后世不少佛门圣地都种茶树，有"自古名寺出名茶"之说。

法门寺塔地宫出土的鎏金龟形银茶盒

一碗喉吻润，二碗破孤闷。

三碗搜枯肠，惟有文字五千卷。

四碗发轻汗，平生不平事，尽向毛孔散。

五碗肌骨轻，六碗通仙灵。

七碗吃不得也，惟觉两腋习习清风生。

……

卢仝（tóng）的这首《七碗茶歌》把唐朝文人对茶的热爱表现得淋漓尽致。唐朝文人把煎茶、品茶作为一种寄托感情、表现自我的文化追求，热衷于烹茶品饮，经常举办茶会，以茶会友，以茶赋诗，交流思想，成为茶文化的重要推动者，《全唐诗》中以茶为题和涉及茶事的诗达到几百首之多。

唐朝宫廷也盛行茶道。唐代宗大历年间，朝廷在今浙江湖州顾渚山等地设置贡茶院，专门生产宫廷御用茶叶。每年宫廷都要举办盛大的清明茶宴，参加者有王公大臣、皇亲贵戚，还有外邦使者等，因此，每年春分至清明时节，官府要派员上山督造贡茶，新制茶叶必须快马加鞭，在清明节前送到长安。唐朝还向茶叶主产区征收品质优异的贡茶，此后，贡茶制度一直延续到清代。

伴随着饮茶高潮，唐朝茶叶生产迅速发展，茶区进一步扩大，有80个州产茶，茶叶品种有近150种。随着种茶、贩茶成为有利可图的行当。唐德宗建中元年（780），朝廷下令征收茶税，此后，这一税种为历代沿袭，直到清朝中叶才取消。

唐朝的饮茶之风很快就波及回纥、吐蕃等周边少数民族，并与他们结下了不解之缘，中原与边疆地区的茶马互市从此持续了1000多年，茶成为凝聚中华民族的重要纽带之一。茶和茶文化还借助唐朝强大的影响力传入日本、朝鲜等国家，传往世界各地。

>>>阅读指南

黄仲先：《中国古代茶文化研究》。科学出版社，2010年11月。

《图解茶经——认识中国茶道正宗》。南海出版公司，2010年6月。

>>>寻踪觅迹

湖北天门市 古称竟陵，陆羽故里。有陆羽亭、文学泉、古雁桥、陆羽公园、陆羽纪念馆、西塔寺（龙盖寺）等相关人文景观。

浙江湖州市 陆羽撰写《茶经》的地方，被誉为"中国茶文化的发源地"，有长兴县顾渚山贡茶院（遗址）、吴兴区杼山陆羽墓等相关古迹。

107. 唐朝国教——道教

老君石雕像

唐代华清宫朝元阁老君殿遗物，当年接受过唐玄宗的膜拜。老子像的眉目异于中原人，据说是因为雕塑者是西域人元伽儿。西安碑林博物馆藏。

唐朝初年，绛州（今山西新绛）有一个叫吉善行的人声称自己在羊角山（今山西浮山县二峰山）看见过一个白发、白须、骑白马的老人，老人自称是老子李耳，是当今李姓皇帝的远祖，预言李唐王朝可以享国千年。晋州（今山西临汾）总管府长史贺若孝义听说这件事后，报告给了当时的秦王李世民，李世民又转奏唐高祖李渊。李渊一听，大喜过望，

立即下令在羊角山吉善行遇老子处兴建老子祠，派大臣杜昴（mǎo）专程前往举行隆重的祭祀活动，还封吉善行为朝散大夫，赐给御袍、束帛等。这一年，李渊正式认老子为李唐皇室的祖先。

老子是春秋时期哲学家、思想家和道家学派创始人，被道教尊为始祖，有太上老君等多种称呼。李唐皇室父系出自陇西汉族，母系为鲜卑血统，是汉族与鲜卑族的混血儿。李氏利用道教始祖姓李、皇室也姓李的巧合，附会自己是老子的后代，主要是为了提高出身门第，

河北易县老子道德经幢

刻于唐玄宗开元二十六年（738），上刻唐玄宗御注的《道德经》81章，书写者为唐代书法家苏灵芝。

张果见明皇图（局部）

元朝任仁发作。民间传说"八仙"之一张果老（右一）的原型是唐玄宗李隆基时期一个有名的道士，据说唐玄宗曾把他迎入长安，向他请教道术，画面描绘的正是这个场面。故宫博物院藏。

显示血统的高贵，证明自己是"神仙之苗裔"，巩固对国家的统治。

唐朝历代皇帝都对老子尊崇有加，累加封号，道教也得到扶植和推崇。武德八年（625），李渊钦定三教的排位次序，道教为首，佛教次之，儒教第三。唐高宗继续执行尊祖崇道政策，曾亲临今河南鹿邑县老子故里老君庙致祭，追封老子"太上玄元皇帝"尊号，并下令全国各州都要设置道观，上州三所，中州两所，下州一所，每观各度道士七人。

>>>阅读指南

[英]巴瑞特著，曾维加译：《唐代道教——中国历史上黄金时期的宗教与帝国》。齐鲁书社，2012年9月。

周国林：《一本书学会道教常识》。中华书局，2012年3月。

最崇信道教的唐朝皇帝是玄宗。他给老子加封"大圣祖玄元皇帝"等一系列称号；下诏改老子祠为庆唐观，改羊角山为龙角山，改浮山县为神山县，并命得力太监高力士到龙角山任监修，大兴土木扩建庆唐观，将唐初几位皇帝的御容造像供在观中，还御题了"龙角山纪圣铭"六字碑额；要求各地增建老子庙，广铸老子像或绘祀老子像；御注《道德经》，把《道德经》列为上经，排在《论语》等儒家经典之前，作为科举考试的正式科目……

道士在唐朝享有很高的社会地位。道士隶属于管理皇族事务的宗正寺管辖，位列诸王之后，道士犯法，只按道规处罚，不与民同罪。唐玄宗等皇帝都把著名道士请到京城来，加官封号，百般宠

唐代老君造像

宗的两个妹妹金仙公主和玉真公主出家当了道士，其父唐睿宗为她们修建了华丽的宫观。唐玄宗的两个女儿新昌公主和永穆公主也相继出家为道。玄宗时的荆南节度副使李筌曾入山访道。著名诗人贺知章晚年向唐玄宗辞官还乡，并请求度为道士，得到恩准。唐玄宗还同意贺知章把他京城的家捐赠出来作为道观，并赐名"千秋观"。贺知章离京时，唐玄宗不仅亲自写诗为他送行，还在京城东门设立帐幕，让百官给他饯行。著名诗人李白、陈子昂等也都是道教信徒。

在皇室的推动下，道教在盛唐时进入了兴盛时期，全国道观林立，道士数以万计，涌现了许多道教流派和学者，道教的教理、教义、修炼方术等理论建设获得全面发展和完善，建立起了相当系统化的哲学体系，对统一多民族国家的形成和中华民族性格的塑造起了重要作用。

幸，不仅自己接受道教的法箓（符书），还要求大臣百官去太清宫、太微宫等道观听道士讲道家理论。唐玄宗还听从道士司马承祯的建议，下令在五岳名山建真君祠，祠内诸神形象、冠冕、章服、佐从神仙、殿宇设计以及各项制度，都由司马承祯按道教经典推意创造，从此，道教得以参与五岳祭祀等国家重要的祭典活动。

在崇道风气的影响下，出家的人剧增，甚至波及宫廷和士大夫阶层。唐玄

>>>寻踪觅迹

山西浮山县　境内二峰山即唐代龙角山，天圣宫古遗址即唐代庆唐观所在地，龙角山纪圣铭碑、老子道德经幢、乐舞石刻等唐代遗物尚存。

河南鹿邑县　老子故里，有太清宫、老君台等与老子相关的名胜古迹。

108. 唐武宗灭佛

龙门石窟卢舍那佛

奉先寺是河南洛阳龙门石窟规模最大、艺术最为精湛的一组摩崖群雕，开凿于唐高宗年间，共有九尊大佛，中间的卢舍那佛高 17.14 米，丰腴圆润，带着含蓄、安详的微笑，神态庄严又不失慈祥，向下俯视的双眼恰好与朝拜者仰视的目光交会，给人一种强烈的震颤。据说武则天为开凿这个气势磅礴的洞窟捐献"脂粉钱两万贯"。

晚念佛经，宪宗时还举行迎佛骨的活动。

在统治者的提倡下，佛教在唐朝进入了黄金时代，寺庙林立，宗派繁多。公元 841 年唐武宗李炎即位时，全国大中型寺院将近 5000 所，小型庙宇多达 4 万余座，僧尼近 30 万人，为寺院做工的人达 15 万人。

佛教势力的日益膨胀对封建国家构成了冲击。全国寺院占有良田数十万亩，形成了一个个相对封闭的庄园，寺院以收取地租和发放高利贷牟利，占有大量社会财富，以至达到了"十分天下财，而佛有七八"的程度。而僧尼们极少耕种，大量劳动人手投靠寺院为寺户、佃户，导致国家的纳税户大为减少。僧尼不向国家交纳

唐朝建立后，虽然尊崇道教，但大部分时期是佛道并重的，历任皇帝对佛、道二教的态度各异，有的扬佛抑道，有的佛道并奉，有的则崇道抑佛。高宗、中宗、睿宗都很信佛，武则天更是大力提倡佛教，到处造佛像、建明堂，寺院可与宫室比美，极尽奢华。肃宗、代宗在宫内设佛坛，让数百个和尚在里面早

鎏金银捧真身菩萨

陕西西安法门寺塔地宫出土。是咸通十二年（871）
唐懿宗39岁生日时为供奉佛指舍利而造的。菩
萨高髻，头戴宝冠，裸胸披帛，双臂饰钏，下穿
羊肠大裙，全身披挂珍珠璎珞，双腿左屈，右跪
于莲台上，手捧着置有发愿文鎏金银匾的荷叶形
托盘。做工讲究，精致瑰丽。法门寺博物馆藏。

租税，很多人为了逃避赋役，出家为僧，
僧人越来越多，不仅造成国家税收减少，
供养僧人还要浪费许多钱财，甚至使国
家兵源日趋紧张，成了当时一大社会问
题。同时，在朝廷内部，几十位僧人被
封官重用，日渐形成政治势力，冲击正
常的国家政治秩序，一些与权贵交往密
切的僧人气焰嚣张，朝中大臣们十分不
满。对此，唐武宗也感到担忧。

另一方面，唐朝道风盛行，道教和
佛教不仅思想上的冲突加剧，而且为了

政治地位的高下，一直在明争暗斗。唐
武宗是个虔诚的道教徒，即位之前就偏
好道术，并与赵归真等道士交往密切。即
位不久，唐武宗就把赵归真等81个道士
召入皇宫，在宫内设置"金箓(lù)道场"，
授受道家法箓（符书）。赵归真因曾遭京
师一些僧侣的讥谤，常感"痛切心骨，何
日忘之"，这时便利用武宗对道教的偏
信，向武宗引荐其他道士，共同诋毁佛
教，使武宗排佛之念日增。

会昌元年(841)六月，在自己的生日
庆阳节上，唐武宗设斋请僧人、道士讲
法，他赐给道士紫衣，僧人却什么也没有，
这是一个明确的信号，说明他不喜欢佛法。
很快，在接下来的六年时间里，唐武宗就
发出了一个接一个的排佛敕令。

会昌二年，唐武宗下令僧尼中的犯
罪者和违戒者还俗，并没收其全部财产。

会昌三年，由于谣传有奸细假扮僧
人藏在京师，唐武宗发布"杀沙门令"，

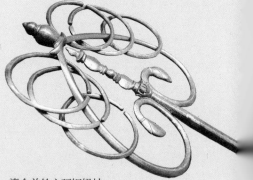

鎏金单轮六环铜锡杖

唐朝皇室供奉的佛教法器。陕西西安法门寺塔
地宫出土，法门寺博物馆藏。

山西五台县南禅寺唐代大佛殿是中国现存最古老的木结构建筑

于减轻经济负担，巩固了中央集权统治。

唐武宗灭佛使佛教受到沉重打击，山东、河北一带到处是"僧房破落，佛像露坐"，"圣迹陵迟，无人修治"的惨淡景象，江南地区也是"刹宇颓废，积有年所"。

长安城中 300 多个裹头僧被杀。

会昌四年，唐武宗敕令拆毁全国凡房屋不满 200 间、没有敕额的一切寺院、兰若（泛指佛寺）、佛堂等，命其僧尼全部还俗。

会昌五年三月，唐武宗敕令不许寺院建置庄园，检查核对所有寺院及其所属僧尼、奴婢、财产的数量。四月，勒令东京洛阳、西京长安各留寺院两所，每寺留僧 30 人；各节度使治所留寺院一所，留僧 5 人至 30 人不等；全国其他寺庙全部拆毁，僧尼全部还俗，所有废寺的铜像、钟磬悉数交给盐铁使销熔铸钱，铁器交当地州县铸为农具。八月，唐武宗下诏宣布灭佛结果：强迫还俗的僧尼 26 万多人，拆除寺院 4600 多所，拆除招提（私立的僧居）、兰若 4 万多所，收缴良田数千万亩，收奴婢为两税户 15 万人，还勒令摩尼教、祆教等外教徒 3000 多人还俗。灭佛成功，官府收回大量土地、财物和纳税人口，扩大了税源，有利

大量佛寺被毁，直接导致留存至今的唐代建筑极少。唐武宗的年号为"会昌"，故佛教徒称这次灭佛活动为"会昌法难"。会昌六年，唐武宗去世，继位的唐宣宗废止了灭佛政策。

>>>阅读指南

汤用彤：《隋唐佛教史稿》。武汉大学出版社，2008 年 12 月。

李尚全：《简明中国佛教史》。上海社会科学院出版社，2011 年 12 月。

>>>寻踪觅迹

山西五台县南禅寺　因地理位置没有被唐武宗灭佛波及。其中的大佛殿建于唐德宗建中三年(782)，是中国现存最古老的木结构建筑，殿内还有塑像、砖雕等唐代遗物。

山西五台山佛光寺　始建于北魏，经历了唐武宗灭佛毁寺、唐宣宗兴佛重建的过程，现存北魏、唐、金、明、清各代建筑。主殿东大殿是唐宣宗大中十一年（857）在武宗灭佛时拆毁的弥勒大阁旧址上重建的，殿内有 36 尊隔千年仍然色彩鲜艳、栩栩如生的唐代彩塑。

109. 唐诗折射盛唐气象

琉璃堂人物图（局部）

五代南唐画家周文矩作，宋代摹本。画的是唐代诗人王昌龄与诗友李白、高适等聚会吟唱的情景。美国大都会艺术博物馆藏。

"熟读唐诗三百首，不会作诗也会吟。"这句话就像唐诗一样为人们耳熟能详，它用十分通俗的语言，评价了唐诗的成就和影响。

目前可考的唐诗作者有 2000 多人，流传下来的唐诗约有 5 万首。唐朝国家统一，经济繁荣，政治开明，文化发达，对外交流频繁，社会充满自信，繁荣的诗歌反映的是盛唐的精神面貌。

唐诗的形式多种多样，大致有五言古体诗、七言古体诗、五言绝句、七言绝句、五言律诗、七言律诗等六种。唐诗的风格也丰富多彩、推陈出新，不仅继承了汉魏民歌、乐府的传统，还创造出叙事言情的长篇作品，其中风格优美整齐的近体诗是当时的新诗体，至今仍然为人们喜闻乐见。

从唐朝建立到唐玄宗时代，社会安定，经济发展，国势强盛，这使诗人们有了读万卷书、行万里路的可能。许多诗人都有一段漫游的经历，他们观光京城，寻仙五岳，壮游黄河上下、长江南北，去风光绮丽的浙江东部寻幽探胜，有的还远走东北、西北边陲体验军旅生活。游历开阔了诗人的眼界，激发了创作灵感，国家的辽阔广大和繁荣昌盛使

辟雍砚

河南洛阳唐朝履道坊白居易故居出土，河南博物院藏。

文苑图（局部）

五代南唐画家周文矩作。画的是唐朝诗人李白等四人运思觅句的情景。由于画上有宋徽宗赵佶题"韩滉文苑图"及"天下一人"押等，曾被认为是唐代韩滉作，今人考证乃周文矩《琉璃堂人物图》的后半部。故宫博物院藏。

他们的自豪感和豪迈气概油然而生。在积极的心理状态支配下，诗人们喜欢选取雄伟的景象、开阔的境界做题材，如边塞奇险的风光、沙场紧张的战斗、祖国壮丽的山川等，从而使唐诗具有博大、雄浑、深远、超逸等特点，充满创造的活力、崭新的体验和美感。

唐朝政治开明，科举制度使普通士人获得了登上政治舞台的机会，各地也都招贤纳才，许多有才能的人对前途充满积极乐观的情绪，他们关心国事民生，满怀抱负和期望，相信自己能够建功立业，有所作为。这种积极奋发的精神表现在诗歌创作上，形成的是思想感情鲜明爽朗、富有气势的风格。即使唐朝中后期从盛世走向衰弱，诗人们虽然对社会危机感到忧虑，但仍然对国家充满信心和责任感，他们敢于揭露社会矛盾，在安史之乱最阴晦的日子里，仍然唱出了时代的最强音。同时，他们身经丧乱，目击时艰，抱负、气魄却依然宏大、豪迈，还在企图乘时建功立业，发之于诗，悲唱中包蕴着忧国救世的仁者情怀、傲

>>>阅读指南
　　周勋初：《唐诗研究入门》。凤凰出版社，2008年12月。
　　王曙：《唐诗的故事》。远方出版社，2010年5月。

青釉褐彩诗句瓷壶

唐朝。湖南长沙望城区古长沙窑遗址出土。出土发现了193件题诗壶，其中有八首在《全唐诗》中能找到。中国国家博物馆藏。

对权贵的抗争精神和超脱痛苦的自由意愿，充满了雄浑悲壮的色彩。

唐朝是一个统一的多民族国家，南北文化交融，中外交流频繁，社会开放而多元，各种思想和文化兼容并包，给社会注入了新的气息和活力，诗人们兼收并蓄，使唐诗于万千气象中呈现出阳刚与阴柔相兼、多样性与统一性共存的特点，被后世艳羡并赞美不已。

集中地体现了盛唐气象的诗人，是最富有魅力的。王维几乎是个全才，9岁就会作诗属（zhǔ）文，政治感遇诗、山水诗、边塞诗、赠别诗，都是第一流

的。他佛法造诣很深，诗里充满禅意，还是书法家、音乐家和画家，被后人推崇为文人画的始祖，据记载仅宋朝宫廷就有126幅他的画作。

李白的魅力更是无人可以匹敌。他不甘心走一般的科举之路，要凭借自己的才能和声誉直取卿相。他常自比为大鹏鸟，可以任意地遨游于天地之间。杜甫在赴长安应试途中与离开长安东下漫游的李白相遇，竟然放弃考试，跟随他漫游了许多地方，别后还写了许多诗怀念他。还有一个叫魏万的人，为了一睹李白的风采，竟追踪几千里才得以见面。

唐朝诗人的性格各异，造就了他们的诗歌不同的特色。他们的魅力既是属于个人的，又是属于那个时代的，只有辉煌的时代，才能为辉煌的人物提供形成魅力的条件。

唐诗是中华民族文化宝库中一颗璀璨夺目的明珠，千百年来，它不断地滋润着中国的文学艺术，影响和塑造着中华民族的文化精神和气质品格。

>>>寻踪觅迹

河南洛阳白居易故居　位于洛阳安乐乡狮子桥村，这里是唐朝东都洛阳履道坊的西北隅，发掘的遗迹有宅院、庭园、水渠、作坊、道路等，出土的大量珍贵文物揭示了与这位伟大诗人生活息息相关的种种文化现象。遗址上建有纪念馆等相关建筑。此外，洛阳城南龙门东山有白园、香山寺等与白居易有关的古迹。

110. 诗人李白的身世之谜

上阳台帖（局部）

李白传世的唯一书法真迹。草书，5行，共25字，款署"太白"二字。正文右上"唐李太白上阳台"七字为宋徽宗赵佶瘦金书题签。故宫博物院藏。

唐玄宗天宝元年（742），42岁的诗人李白来到京都长安，与著名诗人、太子宾客贺知章相识。读了李白的《蜀道难》诗稿后，贺知章赞叹不已，称李白为"谪仙人"，意即天上下凡的神仙。二人志趣相投，贺知章邀李白去酒肆中饮酒相谈，到了那里，才发现忘记带钱了，便解下腰间的金饰龟袋充作酒钱，留下了"金龟换酒"的佳话。经过贺知章的推荐，李白受到了玄宗皇帝的接见，并被安排在翰林院供职，"谪仙"之名也传遍长安城。

诗人杜甫与李白一见如故，结为挚友。在《寄李十二白二十韵》一诗中，杜甫称赞李白："昔年有狂客，号尔谪仙人。笔落惊风雨，诗成泣鬼神。声名从此大，汩没一朝伸。文采承殊渥，流传必绝伦……"诗中"狂客"指贺知章，"谪

清平调图（局部）
清朝苏六朋作。描绘唐玄宗召李白作《清平调》的情景。广州美术馆藏。

仙人"指李白。后人高度评价李白在诗歌创作上的巨大成就，尊之为"诗仙"。

李白作为古今中国伟大的诗人之一，他的身世却是个谜，一直是学术争论的一个问题。李白身世最原始的记载有两个：一是唐朝当涂县令李阳冰根据李白临终前的嘱托，将李白的作品汇编成十卷本的《草堂集》，并为之作序，序中说李白是陇西成纪（今甘肃秦安）人，是十六国时期西凉的建立者李暠(hào)的九世孙；二是李白儿子伯禽手书的先世谱牒残纸，也说其祖籍为陇西成纪。

李白本人自称是"陇西布衣"。陇西李氏是李姓中最显要的一支，西汉名将李广就出自于此，因此后世不少李姓人物都自称是李广之后。西凉王李暠就自称是李广的16世孙，而唐朝的建立者李渊则自称是李暠的六世孙。李白的《赠张相镐》写道："本家陇西人，先为汉边将。功略盖天地，名飞青云上。苦战竟不侯，富年颇惆怅。"李白诗中所指屡立战功却没能封侯的先祖就是汉将李广，这样一来，李白与唐朝皇室就是同宗。有的学者认为李白与唐朝皇室认李广为祖先都是附会，有的学者认为李白纯粹就是胡人。由于没有明确的历史文献记载，自然也就没有确切的历史结论，历史之谜仍然待解。

李白的父亲是个平民，名字也无确切记载，唐人称他李客。李白的出生地也有多种说法，比较普遍的一种说法是

>>>阅读指南
　　皮波人物国际名人研究中心：《李白》。国际文化出版公司，2013年2月。
　　李白等：《最美的诗》。高等教育出版社，2012年3月。

李白出生在西域的碎叶城，即今吉尔吉斯斯坦国托克马克市的阿克别希姆遗址。李白五六岁时随父亲到了绵州昌隆县（今四川江油），并在那里长大成人。碎叶是唐朝安西四镇的辖区，是古丝绸之路上的重要城镇之一，回纥、突厥等少数民族角逐于此。唐代西域各国多用突厥文字，李白通晓突厥文，他的诗中西域风情可以信手拈来，加上他四方游历以及豪放的性格，有的学者推测李白有西域少数民族血统。

太白醉酒图
清朝苏六朋作。描绘李白醉酒于唐玄宗李隆基官殿内，由两个内侍搀扶侍候的情景。上海博物馆藏。

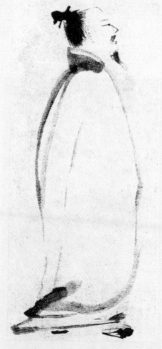

太白行吟图
南宋梁楷作。寥寥数笔就把"诗仙"李白飘逸的风度和才思横溢的神韵勾画得惟妙惟肖。日本东京国立博物馆藏。

其实，李白的身世怎样已经不重要，在源远流长的中华文化中，李白是一颗璀璨夺目的巨星，他不仅仅属于西域、唐朝或者其他某个地方，他属于整个中华民族，是中华民族的骄傲。

>>>寻踪觅迹
四川江油市 境内青莲镇为李白故里，有陇西院、太白祠、衣冠墓、磨针溪、粉竹楼、洗墨池等相关遗迹。市区建有李白纪念馆、太白公园、太白洞等景点。

111. 书至初唐而极盛

颜勤礼碑文拓片（局部）
颜真卿撰文并书，是颜真卿为曾祖所立。碑藏陕西西安碑林，因久埋土中，碑未受损，历历如新，书体雄迈道劲。

书法是我国独特的艺术。唐代是我国封建经济文化发展的高峰，也是书法艺术的鼎盛时代，名家辈出，书体竞秀，涌现出无数灿烂的篇章。

唐朝书法的繁荣，与唐朝皇帝的喜好与倡导有重要关系。唐太宗李世民就是一位书法家，他特别推崇东晋王羲之的书法，以重金向民间求购王羲之的真迹，认真勾摹临习，还亲自撰写了《王

羲之传论》，用"尽善尽美"评价王书，从此确立了王羲之的"书圣"地位。

唐朝对书法教育十分重视。国子监六学中就有书学，专门培养书法人才；书法是科举考试的六个科目之一和选择官吏的四大条件之一；朝廷为书法家设立专门的官职，叫侍书学士，很多书法大师都担任过这个职务；贵族子弟中书法好的或者其他善书法的人，可能进藏书丰富的弘文馆学习书法，阅览皇宫里

玄秘塔碑文拓片（局部）
唐裴休撰文、柳公权书并篆额。碑藏陕西西安碑林。

收藏的历代名家书帖。这样，学习书法蔚然成风，唐朝君臣的书法造诣达到了前所未有的高度。唐朝二十几位皇帝，书法高手就有十几个，唐太宗、唐高宗、唐玄宗等都有传世的书法作品，不仅文臣武将、诸王善书，后妃、公主中也不乏工书者。

唐朝的楷书和草书对后世影响最大。初唐有楷书四大家——欧阳询、虞世南、褚遂良和薛稷，其中以欧阳询的成就最高，他的书法被后人称为"欧体"。

代表楷书发展顶峰的是颜真卿。颜真卿初学褚遂良，后师从另一个著名书法家张旭，同时汲取初唐四大家的特点，兼收篆隶和北魏笔意，另辟蹊径，自成一格，字体气势磅礴，深厚雄健，被称为"颜体"。颜体字体现了盛唐的繁荣大气，并与颜真卿高尚的人格契合，是书法美与人格美的完美结合，是后世楷书的正统标准。

比颜真卿晚一辈的书法家柳公权遍观前代各家笔法，认为颜真卿、欧阳询的笔法最好，精研并吸取了颜、欧之长，然后自成一家，后世把他与颜真卿并称为"颜柳"。柳体字较之颜体，略显"瘦硬"，骨力遒劲，有"柳骨"之称，二者

张旭草书《古诗四帖》（局部）
原迹藏辽宁省博物馆。

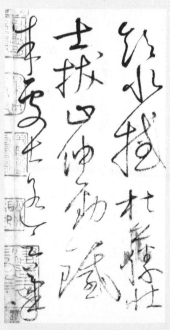

自叙帖（局部）
怀素晚年草书的代表作，通篇为狂草，共126行、698字。原迹藏台北"故宫"。

九成宫醴泉铭碑文拓片（局部）

由魏徵撰文、欧阳询书，记载唐太宗在九成宫避暑时发现泉水之事。碑现立于陕西麟游县九成宫遗址上。

享有"颜筋柳骨"之誉。

在楷书高度繁荣的同时，唐朝草书也取得了辉煌的成就，其代表人物当属张旭和怀素，他们的草书称为"狂草"。张旭是狂草的开山鼻祖，喜饮酒，往往大醉后挥毫作书，如醉如痴，世人称之为"张颠"。怀素是个僧人，俗姓钱，也好喝酒，每当酒兴起时，不分墙壁、衣物、器皿，任意挥写，时人谓之"醉僧"。"颠张醉素"的狂草"颠不越度"，"醉不失态"，处处都能体现书法艺术所必不可少的规矩与法度，是法与意的完美结合。

怀素把草书送上了顶峰，有人认为千年之下，没有人能出其右。相传怀素小时候家里很穷，年少时就出家当了和尚，诵经坐禅之余，对练字产生了兴趣。由于买不起纸张，他就找来木板和涂盘代纸书写。后来，他在寺院附近种了很多芭蕉树，以芭蕉叶代纸，临帖挥毫。老芭蕉叶剥光了，小叶子又舍不得摘，他干脆带了笔墨站在芭蕉树前，对着鲜叶书写，就算太阳照得如煎似熬，刺骨的寒风冻僵手脚，他都不管不顾。他把练字用坏的秃笔埋在一起，好似一座坟，取名为"笔冢"。

唐朝的篆书、隶书、行书也都跨入了新的境界，书法普及到了民间甚至边疆地区，民间也不乏书法高手。

"书至初唐而极盛"。唐代墨迹流传至今者甚多，大量碑帖等书法作品完全可以和辉煌的唐诗相媲美，是盛唐留给中华民族的宝贵精神财富。

>>>阅读指南

李楠：《中国书法百科全书》。北京燕山出版社，2010年10月。

王元军：《唐代书法与文化》。中国大百科全书出版社，2009年1月。

>>>寻踪觅迹

陕西西安碑林 收藏从汉魏至明清各代的碑石、墓志等共2300余块，汇集了历代名家楷、草、隶、篆等各类书体，唐代书法名家负有盛誉的作品在这里几乎都可以找到。

112. 吴带当风

维摩诘图
甘肃敦煌莫高窟第103窟唐朝壁画。人物生动传神，富有张力，属吴道子一派画风。维摩诘是在家修行的佛教居士，过着世俗生活，但能够虔诚修行，被称为菩萨。

繁荣的唐朝也迎来了一个新的绘画高峰期。

唐朝有一个画家，据说能通过观赏公孙大娘舞剑，体会用笔之道，他就是吴道子。

吴道子初为民间画工，开元年间被唐玄宗召入宫中，此后一直为宫廷作画。

吴道子的绘画题材十分广泛，神鬼、人物、山水、鸟兽、草木、楼阁无不涉及，无不精妙，尤其精于佛道人物画，长于壁画创作。据记载他曾在长安、洛阳两地寺观中绘制了300余堵墙的佛道壁画，形态各异，无有雷同。有一次，吴道子在洛阳与善于舞剑的斐旻（mín）将军相遇，斐旻身穿战袍，在天宫寺大殿前为吴道子表演剑舞，剑舞左旋右转，变化万端，如神出鬼没，吴道子深受启发，即兴在天宫寺墙壁上画了一幅壁画，随后书法家张旭又在墙壁上题字。洛阳百姓大饱眼福，说："一日之中，获观三绝！"

吴道子的绘画具有独特的风格，所画人物衣褶飘举，线条流畅，具有天衣飞扬、满壁风动的效果，被称为"吴带当风"。他喜欢用焦墨勾线，略施淡彩，深浅微分，富有立体感，世称"吴装"。

吴道子的山水画有变革之功，他创造了一种笔简意远的山水"疏体"画法，自成一家。相传天宝年间唐玄宗忽然想起

虢国夫人游春图（局部）

唐朝张萱作。描绘杨贵妃的姐姐虢国夫人（前排中）出游赏春的情景。画面洋溢着雍容、自信、乐观的盛唐风貌。此图为宋代摹本，辽宁省博物馆藏。

蜀中嘉陵江山清水秀，风光无限，就让吴道子前往考察，回来后在宫中的大同殿上作画。吴道子从容不迫，挥笔一日而成，嘉陵江旖旎风光跃然纸上。

吴道子的绘画对后世影响极大，被尊为"画圣"，民间画工尊之为祖师。

吴道子只是盛唐绘画的代表人物之一。唐朝绘画不仅名家辈出，而且在题材、内容和技法等方面都达到了一个新的高度。

初唐驰名的画家当数阎毗和阎立德、阎立本父子，阎立本尤其擅长绘画，特别是肖像画与历史人物画。他曾奉诏为唐太宗画像，又奉诏画长孙无忌、魏徵、房玄龄、杜如晦等24位功臣像于凌烟阁。他画的唐太宗及众臣像，逼真传神，时人誉之为"丹青神化"。阎立本的一些创作还与初唐政治密切相关，他的《职贡图》《西域图》等描绘了少数民族人物的形象，反映了唐朝与边疆各民族的友好关系。

初唐著名的画家还有来自西域的尉迟跋质那、尉迟乙僧父子，他们善画宗

职贡图

唐朝阎立本作。描绘的是唐太宗时，南洋婆利、罗刹、林邑等国使者入唐朝贡的情景。此为宋代摹本，台北"故宫"藏。

甘肃敦煌莫高窟第148窟盛唐壁画

教故事、异族人物、飞禽走兽等，并将西域和中亚的艺术表现形式与中原地区传统的绘画技法相结合，被称为"尉迟派"。

唐朝的山水画蓬勃发展，并且形成风格不同的南北两大流派。北派以李思训、李昭道父子为代表，称为青绿山水；南派以王维为代表，称为水墨山水。传说李思训也曾奉唐玄宗之命绘嘉陵江山水，他精勾细描了几个月，绘出了一幅金碧辉煌、亮丽壮观的150千米嘉陵江风光图。而诗人王维多才多艺，诗、书、画都很有名，音乐也很精通，思想上深受禅宗影响。他的画精练、淡雅，富有诗意和禅意，"画中有诗，诗中有画"，被后世尊为文人画的始祖。

人物画代表唐代绘画的最高水平，其中就包括擅长描绘宫廷女性的张萱和周昉。他们的仕女画以现实生活中的妇女为主体，在造型上以"雍容丰肥"为时尚。张萱的人物造型以"曲眉丰颊"为特征，喜以朱色晕染耳根，着色艳丽而不芜杂，鲜明而不单调。周昉笔下的贵族妇女，优游闲逸，容貌丰肥，衣褶劲简，色彩柔丽，为当时宫廷和士大夫所重。

唐人养马成风，许多画家专攻鞍马，出现了一个马画创作高潮，其中以曹霸及其弟子韩干最为著名。曹霸取马于真形，所画之马，瘦骨嶙峋，剽悍劲健；韩干则背师道而独行之，善画肥马，又多有夸张。相传韩干少年时代在一家酒

辋川图（局部）
唐朝诗人王维晚年隐居辋川（今陕西蓝田）时所作，现存画作为唐人摹本。日本圣福寺藏。

画也是名作纷呈，气象万千。敦煌莫高窟唐朝壁画数量之多，内容之丰富，前所未有。其题材以佛经故事为主，同时也反映了唐代社会的生产和生活情况，如耕地、收获、拉纤、伐木、射猎以及角抵、乐舞等。唐代帝陵和皇族贵戚陵墓中的大批壁画色彩鲜艳，场面宏伟，内容极其丰富。

肆做工，一次，他给王维府上送酒，正好王维有事外出，他等得无聊，就在地上随便画了些马。王维回来后发现韩干画的马很有特点，就推荐他向曹霸学画。经过十余年的艰苦学习，终于青出于蓝而胜于蓝。为了观察马的习性，韩干经常跑到马厩里一待就是好几个时辰，甚至搬到马厩里和饲养人一起住。韩干笔下的马形神兼备，短而身肥，强悍威猛，符合盛唐气象，被称为"唐马"。

唐朝的花鸟走兽画进入独立发展的阶段，受到宫廷与民间的广泛欢迎，并涌现出一批长于画花鸟禽兽的画家，如薛稷画鹤、韩滉、戴嵩画牛等。

此外，唐朝的寺院、石窟和陵墓壁

这些壁画的作者虽然无名，却给我们留下了极具艺术价值、史料价值和民族特色的作品。

唐朝绘画是中华民族文化史上一颗璀璨的明珠，其成就超越了以前各代，对后世产生了深远的影响。

>>>阅读指南
陈师曾：《陈师曾讲中国绘画史》。凤凰出版社，2010年1月。
唐朝晖、罗文中：《千古画谜——中国历代绘画之谜百题》。湖南人民出版社，2009年6月。

>>>寻踪觅迹
阎立本墓 位于江西玉山县武安山上。
甘肃敦煌莫高窟 有大量唐代洞窟和壁画。

113. 龟兹乐舞风靡中原

南山截竹为觱(bì)篥(lì),

此乐本自龟兹出。

流传汉地曲转奇,凉州胡人为我吹。

傍邻闻者多叹息,远客思乡皆泪垂。

世人解听不解赏,长飙风中自来往。

枯桑老柏寒飕(sōu)飗(liú),

九雏鸣凤乱啾啾。

龙吟虎啸一时发,万籁百泉相与秋。

忽然更作渔阳掺,黄云萧条白日暗。

变调如闻杨柳春,上林繁花照眼新。

岁夜高堂列明烛,美酒一杯声一曲。

唐代诗人李颀的这首《听安万善吹觱篥歌》对龟兹乐舞作了传神的描绘。

觱篥也作筚篥,是古代一种管乐器,音色深沉凄哀,能演奏行腔委婉、跌宕起伏的旋律,"渔阳掺"则是曲调名。觱篥歌出自龟兹,是龟兹乐。

龟兹是古代西域三十六国之一,在今新疆库车县一带。丝绸之路的繁荣,使龟兹成为东西方文化的重要交汇地,"以歌言声、以舞言情"是龟兹各民族的典型特征。龟兹乐舞萌发于西汉初期,发展、成熟于魏晋南北朝,兴盛于隋唐。相传很久以前,龟兹境内有座大山名叫耶婆色鸡,山中有股碧澄清澈的泉水,飞泻之声舒缓动听。龟兹人纷至沓来,从

龟兹乐舞舍利盒

新疆库车县苏巴什古寺遗址出土。器上所绘正是闻名唐代的龟兹乐舞图。

新疆拜城县克孜尔石窟第171窟乐神夫妇壁画，一人弹箜篌，一人在舞蹈

叮叮咚咚的滴水声中撷音编曲，从此，龟兹乐以美妙无双的动人旋律流传四方。这无疑是前人对龟兹乐发自内心的赞美。

龟兹乐有歌曲、解曲、舞曲等形式，声乐、器乐、舞乐三种类型既可独立成曲，又可组成套曲，还有一种结构复杂的大型乐章称为"大曲"。龟兹乐以热烈激昂著称，"铿铿锵锵，洪心骇耳"。龟兹乐的乐器极为丰富，据考证有二三十种之多，主要有筚篥、箜篌、琵琶、笙、箫、笛、大鼓、腰鼓、羯鼓、铃、铜钹、

弹筝等。这些乐器音域深厚宽广，音响洪亮，节奏感强，便于制造热烈的气氛。龟兹受到了中亚、西亚、南亚以及中原文化的影响，龟兹乐在形成和发展的过程中，也吸收了其他民族的音乐文化精华，如笙、箫、弹筝、大鼓等来自中原，羯鼓是西域少数民族的乐器，曲颈四弦琵琶是从印度和波斯传入的，其诞生地则在更西的两河流域。

唐代龟兹舞大致分为健舞、软舞、歌舞戏、习俗舞、模拟舞、执具舞、宗教舞等，舞蹈中普遍使用道具，用得最多的是披帛彩带，其次是璎珞、花绳，带有杂技表演性质的舞蹈还使用盘子、碗等，面具使用也很普遍。

龟兹乐舞远在西汉张骞通西域时就开始传入中原。前秦苻坚平龟兹，将一大批龟兹乐舞伎人带到中原，揭开了龟兹乐舞大规模东传的序幕，从此中原随处可以听见胡乐铿锵，庶民百姓"皆所爱

好"，"传习尤盛"，"耽爱不已"。隋朝初年，中原流行三种龟兹乐，即西国龟兹、齐朝龟兹、土龟兹，其中，西国龟兹是北周武帝娶突厥阿史那公主时随嫁而来或在此前后直接从龟兹传来的，齐朝龟兹是从北齐传来的，土龟兹则是指传入中原很久，又经过中原人民再创造的乐曲。唐朝将它们统称为龟兹乐。

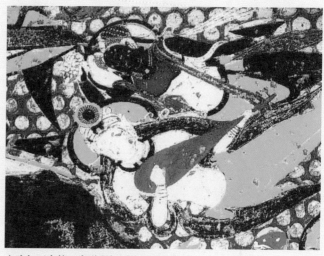

克孜尔石窟第8窟弹琴舞蹈的飞天壁画

龟兹乐舞对隋唐时期音乐、舞蹈、杂技、戏剧的发展和繁荣产生了重大影响。隋朝《九部乐》和唐朝《十部乐》里都有龟兹乐。隋唐宫廷著名的音乐家苏祗婆、白明达都是龟兹人。

苏祗婆生于西域音乐世家，从小随父亲学艺，因善弹琵琶而名噪乡里。西突厥阿史那公主嫁到北周时，苏祗婆随同来到了中原。北周灭亡后，苏祗婆流落民间，以卖艺为生。一天傍晚，隋朝音律学家郑译在长安西市的街市上徘徊，忽然，一阵动人的琴声传来，郑译循着声音走进一家胡人开设的酒肆，看见一

克孜尔石窟第76窟天宫伎乐壁画

>>>阅读指南

周吉：《龟兹遗韵——论当代库车地区维吾尔族传统音乐与龟兹乐的传承关系》。中央音乐学院出版社，2008年5月。

张国领、裴孝曾主编：《龟兹文化研究》（共四卷）。新疆人民出版社，2006年4月。

众神之舞（局部）

新疆库车县库木吐拉石窟新 2 窟穹顶壁画。库木吐拉石窟开凿于公元 4 世纪至 11 世纪，现存洞窟约 112 个，壁画数千平方米，是研究龟兹文化的重要资料。

位高鼻深目的西域乐师正在演奏琵琶，他就是苏祇婆。苏祇婆从父亲那里学会了龟兹乐律"五旦七声"，郑译对此很感兴趣。他们通力合作，将"五旦七声"与中原传统的音乐调式理论相结合，创立了一套新的音乐理论体系，是古代中国音乐文化的一次重大变革。

白明达也是随阿史那公主来到内地的。他担任过隋炀帝的乐官，曾为隋炀帝写的歌词配曲，后来又在唐朝宫廷任职，曾总管宫内乐舞事宜。有一次，唐高宗在清晨听到微风中委婉动听的鸟鸣，就让白明达谱曲。当一首空灵婉转的西域名曲呈送到高宗手中时，高宗不禁吟唱起来，不觉龙颜大喜，即刻赐名《春莺啭》，并令宫廷教坊习练演奏、配置乐舞。这首软舞曲后来在唐朝风靡一时。

据记载，白明达创作的乐曲，有乐名可查的就有 14 首之多。

唐朝时常派遣龟兹乐队到四邻各国、各民族地区巡回表演，并将龟兹乐作为对外交往的厚礼馈赠，因此龟兹乐舞的传入并与中原传统音乐的相互融合，对中国音乐的发展产生了重大影响。今天我国维吾尔族乐舞和西北一些少数民族的音乐就源于龟兹乐，世界非物质文化遗产木卡姆更是古代龟兹乐的直接遗存。

>>>寻踪觅迹

克孜尔石窟 也叫克孜尔千佛洞，位于新疆拜城县，是中国四大佛教石窟之一。始凿于公元 3 世纪，5 世纪至 8 世纪初为鼎盛时期。现存完整洞窟 130 多个，留存壁画一万多平方米，生动地反映了龟兹文化和古丝绸之路的风貌。

114. 多民族的和声——燕乐

受律辞元首，相将讨叛臣。

咸歌《破阵乐》，共赏太平人。

四海皇风被，千年德水清。

戎衣更不著，今日告功成。

主圣开昌历，臣忠奉大猷。

君看偃革后，便是太平秋。

唐武德三年（620），秦王李世民打败了另一个隋末农民起义将领刘武周，欢庆胜利时，将士们把上面的歌词填入当时的军歌《破阵乐》中进行演唱，歌颂李世民的功劳。

李世民登基后，让宫廷艺术家对这首乐曲进行加工、整理、补充，形成一支富丽堂皇的大型乐舞，定名为《秦王破阵乐》。唐太宗李世民亲自绘制了《破阵舞图》，作为舞蹈的队形。舞者120人，披甲执戟，以战阵形式排列。舞队左圆右方，前面模仿战车，后面排着队伍，队形展开像簸箕伸出两翼，作打仗的态势。乐舞总共有三场，每场变化四种阵形，歌舞相和。随着唐朝的声威，《秦王破阵乐》甚至名扬国外，据说玄奘西游时，天竺（今印度）国王谈起这首曲子，表示对大唐非常神往。

《秦王破阵乐》就是燕乐。燕乐又称隋唐大曲或燕乐大曲，在隋唐宫廷音乐中占有重要地位，因常在宫廷宴会上表演，"燕"通"宴"而得名。

燕乐继承了汉乐府音乐的成就，是在吸收西域等地民族音乐成分的基础上

甘肃敦煌莫高窟第220窟初唐药师经变图中盛大的乐队

骆驼载乐俑

陕西西安唐鲜于庭海墓出土。驼背上有五个乐舞俑，有胡人也有汉人。中国国家博物馆藏。

创作的，保存了较多外来音乐的面貌，仍以相应的国家或民族冠名。隋朝燕乐按音乐来源和乐队编制分为七种，称为"七部乐"，即《国伎》《清商伎》《高丽伎》《天竺伎》《安国伎》《龟兹伎》《文康伎》（礼毕），后来又增加康国乐和疏勒乐，并将《清商伎》列为首部，改《国伎》为《西凉伎》，变成了"九部乐"，其中以国家或民族名称立名的就有七部，它们是来自四方的胡乐。

唐初，改隋"九部乐"为"十部乐"，取消了礼毕乐，增高昌乐和燕乐，并把燕乐列为首位。唐玄宗时，又将"十部乐"改为"坐部伎"和"立部伎"两部分。坐部伎在室内坐奏，人数较少，乐器声音较清细，乐师需要有较高的技艺；立部伎在室外立奏，人数较多，常是很喧闹的合奏，有时还加入百戏（杂技）等。

燕乐中包括多种音乐形式，如声乐、器乐、舞蹈、百戏等，其主体是歌舞音乐。在歌舞音乐中，大曲综合了歌唱、器乐、舞蹈等多种表现形式，规模最为宏大。唐朝著名的大曲有《霓裳羽衣曲》《秦王破阵乐》等60余部。

《霓裳羽衣曲》是唐玄宗李隆基创作的。传说唐玄宗梦游月宫，看见仙女穿着美丽的衣裳在跳舞，那优美的舞姿、悦耳的音乐，使他如醉如痴。他问那舞曲叫什么名称，仙女们说叫《霓裳羽衣曲》。醒来后，唐玄宗对梦中的情景还记得清清楚楚。不久，有人给唐玄宗送来一部由西域传入的《婆罗门曲》，其中有些旋律竟与他在梦中听到的《霓裳羽衣曲》很相似。唐玄宗便把二者结合起来，创作了一部新的燕乐大曲，曲名就叫

>>>阅读指南

关也维：《唐代音乐史》。中央民族大学出版社，2006年5月。

刘崇德：《燕乐新说——唐宋宫廷燕乐与词曲音乐研究》（修订本）。黄山书社，2011年8月。

陕西西安唐苏思勖(xù)墓壁画乐舞图

《霓裳羽衣曲》。《霓裳羽衣曲》是一部具有浓郁浪漫主义色彩的宫廷歌舞作品。传说唐玄宗曾亲自指导乐工们排练《霓裳羽衣曲》，并让杨贵妃领舞、妃嫔们参加表演，一时盛况空前。

隋唐不少皇帝爱好音乐，有的甚至是宫廷音乐的组织者。隋炀帝好尚华丽，集中了六朝以来流散在各地的乐工，常常做极豪华的表演。唐太宗动用100人表演《破阵乐》，借此颂扬自己的武功。唐玄宗精通音律，能作曲，还是打羯鼓的能手。唐朝鼎盛时，隶属宫廷乐舞机构太常寺和鼓吹署的乐工舞伎总数竟有数万人。凡是群臣朝贺、招待兄弟民族使者、为皇帝祝寿、庆丰收、为皇后立寺等，只要宫廷举行大宴，都要表演十部乐，每部乐舞的演出制度，如乐舞者人数、服饰、所用乐器等，都有规定。

唐朝还成立了最早的音乐教育机构——教坊和梨园。唐玄宗时，在宫中和长安、洛阳设置了五处教坊，负责管理和培训燕乐伎工，另外精选数百乐工，集中在长安的梨园，皇帝亲自参与训练，这些人被称为"皇帝梨园弟子"，这是后世称戏曲界为"梨园行"，称演员为"梨园弟子"的由来。

隋唐燕乐标志着歌舞音乐发展的一个高峰，它是汉魏以来各族人民共同创造的艺术精华，对后世的词乐、曲乐有深远的影响，宋元之曲都源于隋唐燕乐，是隋唐燕乐发展衍变的结果。

>>>寻踪觅迹

中国民族音乐博物馆　位于江苏无锡市，陈列的171种462件乐器、600多件文献资料，展示了中国民族音乐史的发展脉络。

上海音乐学院东方乐器博物馆　位于上海市徐汇区青少年活动中心院内，收藏500多件(套)中外乐器。

115. 胡舞旋中原

胡旋女，胡旋女，心应弦，手应鼓。
弦鼓一声双袖举，回雪飘飘转蓬舞。
左旋右转不知疲，千匝(zā)万周无已时。
人间物类无可比，奔车轮缓旋风迟。
……

白居易的这首《胡旋女》，描写胡旋女在鼓乐声中急速起舞，旋转的舞姿像雪花在空中飘摇，像蓬草迎风飞舞，连

反弹琵琶图
甘肃敦煌莫高窟第112窟唐朝壁画。乐舞伎高超的弹奏技艺、绝妙的舞蹈和优雅迷人的姿态成为大唐文化一个永恒的符号。

飞奔的车轮都比她缓慢，急速的旋风也比她逊色。

胡舞是指从汉代起传入中原的西域舞蹈。隋唐时期，胡舞在中原各地盛行，其中以胡旋舞、胡腾舞、柘枝舞、剑器舞、绿腰舞等最为著名。

胡旋舞是唐代最盛行的舞蹈之一，因多旋转蹬踏动作而得名。胡旋舞节奏鲜明欢快，伴奏音乐以打击乐为主，舞者多为女子，有独舞，也有三四人舞。起舞时两脚足尖交叉，左手叉腰，右手擎起，全身彩带飘逸，裙摆旋为弧形。胡旋舞在唐朝风靡一时，连唐玄宗的杨贵妃也痴迷得天天在长生殿上练习。据说有一次杨贵妃领着一群宫女在唐玄宗面前跳胡旋舞，美妙的舞姿看得唐玄宗忘乎所以，顺手接过乐手的鼓槌，击鼓为她们伴奏，竟把羯鼓都击破了。

胡腾舞是一种男子独舞，动作以蹲、踏、跳、腾为主，伴奏音乐有横笛、琵琶等丝竹乐器。胡腾舞舞步变化多端，既刚毅奔放，又柔软潇洒、诙谐有趣，有时急蹴环行像小鸟在飞翔，有时跳起空中动作像车轮旋转，有时反手叉腰身子后仰，好像一钩弯月。舞者有时还手

胡旋舞石刻墓门

宁夏盐池县苏步井乡唐墓出土。在两扇墓门上，各浅浮雕一个跳胡旋舞的男性，旋身扬臂对舞于一圆形毯上。宁夏博物馆藏。

持酒杯，边喝边舞。作为一种能够展现男性阳刚之气的舞蹈，胡腾舞在北方贵族中很受欢迎。

　　昔有佳人公孙氏，一舞剑器动四方。
　　观者如山色沮丧，天地为之久低昂。
　　霍如羿射九日落，矫如群帝骖(cān)
　　龙翔。
　　来如雷霆收震怒，罢如江海凝清光。
　　……

　　唐大历二年(767)，诗人杜甫看了公孙大娘弟子的剑器舞后，写了这首《观公孙大娘弟子舞剑器行》，回忆自己年幼

时观看公孙大娘表演剑器舞的情景。诗中说公孙大娘作舞时，剑光四射，好像神话中的后羿射落了九个太阳。她步法矫捷，剑绕身转，寒光闪闪，好像一群仙人乘龙飞翔。伴奏的鼓声像雷霆震怒，常常使观众为之色变，觉得天空都低昂不定。舞罢收剑，又像江海收波，凝聚了清光。公孙大娘是唐玄宗时著名的舞蹈家，她的剑器舞无人能及，传说著名书法家张旭看了她的剑器舞之后，深受启发，草书大有长进。

唐代鎏金铜胡腾舞俑

舞者右臂上扬，左臂下弯，右腿斜踢，左腿单足挺立于垂瓣莲托之上，长袖甩出，裙角飘曳，背挂酒壶，微醺的神情更显舞姿潇洒。甘肃山丹县博物馆藏。

柘枝舞俑

按照舞蹈的风格特点，唐朝胡舞可分为健舞和软舞两大类。健舞动作矫捷雄健，节奏明快，胡旋舞、胡腾舞、剑器舞等都是健舞；软舞节奏比较舒缓，优美柔婉，抒情性强，代表性的软舞有柘枝舞、《绿腰》、《春莺啭》等。

柘枝舞是女子独舞，伴奏以鼓为主，舞者身穿薄软的绣花罗衫，腰系饰银腰带，头戴缀珠的花帽，帽上有时还缀着小铃铛，在鼓声中出场。随着鼓点的节奏，舞姿变化丰富，刚健、婀娜兼而有之，同时注重眉目传情，眼睛富于表情。曲终舞毕，还要向观众流波送盼，留下妩媚的一瞥。退场时，又少不得斜倾身向观众一拜。

《绿腰》又写作《六幺》《录要》，贞元年间，乐工给唐德宗献了一支曲子，德宗听了很满意，叫人将其中最精彩的部分摘录下来，于是这个乐段就叫《录要》。《录要》曾被编为琵琶曲，成为当时的流行乐曲，软舞《绿腰》就是根据这个曲子编成的。《绿腰》是女子独舞，舞者穿的是长袖舞衣和长长的裙裾，舞姿轻盈，疾徐变化。舞袖低回时，像莲花出浪；节奏加快时，舞袖飞举，像风搅雪花，整个人似乎要凌空飞起……

胡舞豪放、活泼、优美的风格与唐朝朝气蓬勃、欣欣向荣的景象以及开放、向上的时代精神相吻合，不仅在唐朝近300年间盛行不衰，而且早已融化于中华艺术的大动脉之中，在今天维吾尔、哈萨克、乌孜别克等民族的民间舞蹈中，还能见到它们的遗踪。

>>>阅读指南

[美] 查尔斯·本著，姚文静译：《中国的黄金时代——唐朝的日常生活》。经济科学出版社，2012年9月。

李斌城主编：《唐代文化》。中国社会科学出版社，2007年4月。

>>>寻踪觅迹

榆林石窟　位于甘肃瓜州县榆林河峡谷中，始建于北魏，唐、五代、宋、西夏、元各代都有建造。精美的壁画中耕获、宴饮、冶炼、嫁娶、弈棋、酿酒、音乐、舞蹈等画面，生动地反映了古代人民的生活场景。第25窟两幅盛唐巨幅经变画中绘有美妙绝伦的乐舞场面。

116. 五代十国　乱世割据

石雕彩绘武士像

河北曲阳县五代王处直墓出土，中国国家博物馆藏。

安史之乱后，唐朝开始走向衰弱，一部分地方军政长官拥兵自重，史称藩镇割据。唐乾符二年（875）至中和四年（884），农民战争席卷唐朝半壁江山，黄巢领导的起义军曾攻入长安，建立大齐政权。后来起义虽然被镇压，但唐朝国力已衰，各地割据势力有增无减，全国藩镇达近50个，他们或互相攻伐，或联合对抗朝廷，其中以朱全忠（朱温）、李克用等人的势力最大。唐昭宗时，朱全忠控制了朝政大权。唐天佑四年（907），朱全忠废唐哀帝，自立为帝，建国号为梁，史称后梁，唐朝灭亡。此后，中国北方地区又经历后唐、后晋、后汉和后周五个较大的朝代更替，史称"五代"。与此同时，南方各地陆续并存过九个较小的割据政权，即吴、南唐、吴越、楚、前蜀、后蜀、南汉、南平和闽，北方河东地区则有北汉政权，合称"十国"。五代与十国并存，历史上将这一时期称为"五代十国"。

事实上，当时边疆地区还有一些并存的少数民族政权，东北有辽，西北有高昌，西南有吐蕃、大理等。

一般认为五代十国结束于公元960年北宋建立，共53年，但实际上，十国中有六国是在960年之后灭亡的，最后灭亡的是北汉，那已是979年。

五代十国大体上延续唐朝后期的政治体制。五代各朝主要掌控中原与关中

金书铁券

俗称免死牌。钱镠(liú)因平叛有功，唐昭宗封其为镇海、镇东节度使，并赐以铁券。券上所刻诏书明确昭示免除钱镠本人九次死罪，免其子孙三次死罪等。钱镠后来成为五代十国之吴越国的开创者。中国国家博物馆藏。

地区，势力范围没有超出华北地区，也没能像唐朝一样成为藩镇认可的共主。各地藩镇在唐朝灭亡后或奉五代为宗主，有些依旧拥护唐室，其他则是保境固守或称帝争天下。

五代十国时期，大小统治者激烈角逐，兵燹(xiǎn)不断，社会经济、文化受到较大影响。特别是中原地区，因长期战乱和天灾，经济凋敝，民生痛苦，大量人口流移南方。相对而言，南方九国重大战事较少，政局比较稳定，北方流民带来大批的劳动力和先进的技术，加速了南方经济的发展，甚至发展出若干个以大城市为中心的经济区域。蜀地农业、工商业发达，江南两淮重农桑、水利与商业贸易，其中吴越、闽与南汉的贸易最为兴盛，湖广则运茶到黄河一带交换衣料、马匹以获利。全国的经济重心从黄河流域逐渐转移到长江流域。

五代十国时期是中国封建国家的第二次大分裂，但同时也是民族交往密切的阶段，北方少数民族进入中原甚至建立政权，加速了民族融合的进程。

>>>阅读指南

张泽咸：《五代十国史》。中国大百科全书出版社，2012年1月。

于元：《五代十国——乱世风雨》。吉林文史出版社，2012年1月。

>>>寻踪觅迹

安岳、大足石刻 中国晚期石窟艺术的代表。四川安岳石窟有历代造像十万余尊，以唐、五代和宋代造像最为精妙。重庆大足石刻开凿于唐末至宋代，其中北山摩崖造像中有众多五代时期作品。

吴越国遗迹 浙江临安市锦城镇和玲珑镇有吴越国王陵，杭州西湖周围有许多始建于吴越国时期的寺庙、宝塔、经幢、石窟等古迹。

117. 后唐皇帝的三支箭

沧州铁狮子
又名镇海吼，五代后周广顺三年(953)铸。采用泥范明浇法铸造，传说重约40吨，1984年经过准确称量，重为29.30吨，是我国最大的铸铁文物。

后唐皇帝李存勖(xù)有三支珍贵的箭，他把它们供奉在家庙里，出征打仗时取出来，放在精致的丝套里，带着上阵，打完仗又送回家庙，表示完成了任务。

李存勖是沙陀人。沙陀源于西突厥处月部，姓朱邪。唐初，沙陀人居住在今新疆准噶尔盆地东南、天山山脉东部一带，因境内有叫沙陀的大碛(沙漠)而得名，后来陆续内迁。唐懿宗时，李存勖的祖父朱邪赤心因功被赐姓名李国昌。李存勖的父亲李克用是唐末最强大的藩镇之一，因帮助唐朝平黄巢起义被授河东节度使，并封为晋王。朱全忠建立后梁之后，李克用仍然使用唐朝"天佑"年号，以复兴唐朝为名与后梁争雄。

李存勖从小喜欢骑马射箭，胆力过人，11岁就随父亲作战，得胜后替父亲到长安向朝廷报功，受到唐昭宗的赏赐和夸奖。李存勖长大后一表人才，能文能武，是父亲的得力助手。李克用临终前把三支箭交给李存勖，嘱咐他要完成三件大事。第一件事是讨伐称雄一隅的卢龙节度使刘仁恭，攻克幽州(今北京)。刘仁恭兵败时李克用曾经收留他，但他后来却背离了李克用。第二件事是征讨契丹，解除北方边境的威胁。契丹首领耶律阿保机曾与李克用结为兄弟，相约共讨朱

>>>阅读指南
　　蔡向东主编：《后唐庄宗李存勖》。远方出版社，2010年1月。
　　王连升主编：《讲述五代十国》。山西教育出版社，2010年3月。

全忠和刘仁恭，但阿保机却没有践约。第三件事就是要消灭朱全忠建立的后梁。

李存勖牢记父亲的嘱托，三年后（911），他打败了朱全忠统帅的50万后梁大军，接着攻破燕地，活捉刘仁恭，九年后又大破契丹，将耶律阿保机赶回北方。经过十几年的战斗，李存勖称帝建立后唐，随后基本上完成了父亲的遗命。公元923年，李存勖称帝建立后唐，随后攻灭后梁，统一北方。

五代的后晋、后汉、后周与十国的

击和鼓乐伎
四川成都五代十国之前蜀开国皇帝王建墓出土。

北汉政权，其建立者也都是沙陀人，并且都与李克用有关。后晋石敬瑭是李克用义子李嗣源的部下和女婿，后汉刘知远是李嗣源和石敬瑭的下属，而北汉刘崇则是刘知远的弟弟。

李存勖的三支箭代表的是五代十国时期繁杂的民族关系，尽管五代的很多建立者都是沙陀人，但他们受中原汉族封建文化的影响，已经基本上汉化，而民族政权并立、时战时和的局面终会结束，民族融合、国家统一乃是大势所趋。

"闽王王延翰"铭铜鎏金狮形香炉
王延翰是五代十国之闽国创建者王审知的长子。福建博物院藏。

>>>寻踪觅迹

后周皇陵　位于河南新郑郭店村，是五代时期中原保存下来的唯一较为完整的陵墓群。现存陵墓为后周太祖郭威嵩陵、后周世宗柴荣庆陵、后周恭帝柴宗训顺陵和世宗皇后符氏懿陵。

四川成都永陵博物馆　即五代十国之前蜀开国皇帝王建的陵墓。王建原为唐朝将领，唐亡后称帝建立前蜀。墓中棺床三面刻有24个石雕伎乐，各执不同乐器，或演奏，或舞蹈，俨然一支宫廷乐舞队。

118. 刻在铜柱上的盟誓

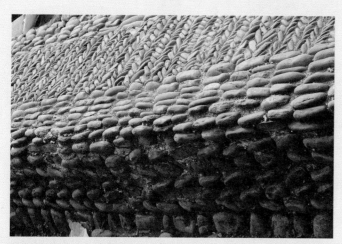

湖南永顺县彭氏老司城城基全部用鹅卵石铺成，既美观又结实

五代十国之一的楚国由原唐朝武安军节度使马殷所建，全盛时据有今湖南全境、广西东北部、贵州东部和广东西北部，史称马楚或南楚。

在唐末纷扰中举乡兵割据自保的吉州（今江西吉安）人彭玕、彭瑊兄弟，因受到五代十国中吴国的压迫而投奔楚国，得到楚王马殷的器重，双方联姻并结盟。彭瑊先后被授以辰州（今湖南沅陵）和溪州（湖南永顺、古丈等县）刺史，经略湘西。彭氏以武力和私恩征服了当地蛮酋，经过20余年的经营，到彭瑊的儿子彭士愁袭任刺史时，地辖今湖南、重庆、湖北、贵州边地的20余州，成为割据一方的强大势力。

马殷死后，继位的马希范横征暴敛，民众苦不堪言。后晋天福四年（939）八月，彭士愁率领溪、奖（今湖南新晃）、锦（今湖南麻阳）等州少数民族起兵反抗，爆发了湘西历史上著名的溪州之战。

楚王马希范派五千军队征讨溪州，彭士愁战败，弃州凭高结寨，据险固守。寨筑山顶，四面石崖陡峻，楚军制造木梯，筑成栈道，攀上山峰，包围山寨，并截断山寨的水源和粮道。一天，趁着大风，楚军将火箭射入山寨，焚烧营寨，彭士愁率兵乘夜冲下山，撤往深山。交

>>>阅读指南

柴焕波：《永顺老司城——八百年溪州土司的踪迹》。中南出版传媒集团，2013年1月。

姜正成：《五代十国那些事儿》。中国社会出版社，2012年6月。

韩熙载夜宴图（局部）
南唐顾闳中作。描绘五代南唐大臣韩熙载（中坐者）家中夜宴活动的情景。故宫博物院藏。

意进入溪州；溪州各部酋长犯罪，只能由彭士愁惩罚，楚国不能出兵干涉；彭士愁继续任溪州刺史……

溪州之盟化干戈为玉帛，使溪、锦、奖州各族人民过上了安居生活。彭氏政权封闭自守，却在五代和宋、元、明、清等朝代变更的剧烈动荡中偏安一隅，世袭二十几代，使溪州人民得享八百多年没有战乱、相对安定的生活，直至清雍正六年（1728），彭氏统治才告结束。

楚国前后仅存56年，就被南唐攻灭，而南唐很快又称臣于后周。五代十国正如南唐后主李煜所唱，"恰似一江春水向东流"，在中华民族的历史舞台上亮相几十年，便匆匆谢幕了。

战半年多，双方都损失惨重。第二年正月，彭士愁派遣儿子及溪州诸部酋长携溪、锦、奖三州的印信、地图，向楚国请降。彭士愁在溪州各族百姓中威望颇高，马希范一时对他也无可奈何，就同意罢兵议和。双方经过谈判，缔结盟约，并将盟约内容刻在一根铜柱上，立在酉水畔，这就是保存至今的溪州铜柱。

溪州铜柱用2500千克铜铸造，地上部分高约4米。柱上镌刻了2000余字盟文，除了记述溪州之战的经过、划定楚国与溪州的边界、约定互不侵犯外，盟约还确定：楚国对溪州属地免征赋税，不抽兵差；其他地区的楚国军民不能随

>>>寻踪觅迹

老司城 位于湖南永顺县灵溪镇司城村，是彭氏政权800多年的统治中心。有祖师殿、彭氏宗祠、土司德政碑以及古街道、古城墙、牌坊、古墓葬等众多相关文化遗存。

南唐二陵 位于江苏南京市郊祖堂山南麓，是南唐开国皇帝李昪（biàn）的钦陵和第二代皇帝李璟的顺陵。

古今民族（族群）名称